십자매(작은부리십자매)

남생이

도롱뇽사촌

왕사마귀

에인절피시

번역 및 감수 (가나다순)

김남정(농학석사)
- 경북대학교 대학원 잠사학과를 졸업하였습니다. 농업과학기술원 유용곤충과 연구사로 10여 년간 근무하면서 광대노린재, 왕귀뚜라미, 꽃무지류, 울도하늘소, 나비와 나방 등에 대한 생리와 생태를 연구하면서 대량으로 곤충을 사육할 수 있는 기술을 개발하고 있습니다. 또한 광대노린재 등 여러 곤충의 사육법에 대한 특허를 갖고 있으며, 많은 곤충들이 길러지고 다양한 곤충들이 우리와 함께 할 길을 탐색하고 있습니다.

박해철(이학박사)
- 강원대학교 병리곤충학과를 졸업하고 고려대학교 대학원 생물학과에서 곤충 분류 및 생태를 연구하였습니다. 농업과학기술원 유용곤충과 연구사로 근무하면서 무당벌레, 반딧불이, 길앞잡이, 물방개 등도 함께 연구하고 있습니다.
지은 책으로는 《자원곤충학》, 《신비한 곤충의 세계》, 《반딧불이》 등이 있으며, 옮긴 책으로는 《자연학습도감 곤충》이 있습니다. 인터넷상에서 '한국의 곤충자원 (http://goodinsect.niast.go.kr)'과 '사이버곤충생태원(http://www.niast.go.kr/cig/default.htm)'을 운영하고 있습니다.

한상훈(농학박사)
- 보전생태학 및 진화생물학을 전공하였습니다.
경희대학교 생물학과를 졸업하고 일본에 유학하여 동경농대와 북해도대학 대학원에서 동물학을 전공하였습니다. 환경부 자연보전국 생태조사단을 거쳐 현재 국립공원관리공단 반달가슴곰관리팀 팀장으로 활동하고 있습니다. 국제적으로는 국제자연보전연맹(IUCN) 종보전위원회(SSC)의 조류와 포유류 전문가 위원으로 있으며, 국내외의 조류학회와 포유류학회, 동물학회, 양서파충류학회에 소속하고 있습니다. 주로 동북아시아 지역의 포유류와 조류, 양서·파충류의 생물 다양성 보전생태와 진화생물학을 평생의 연구 과제로 현장 중심으로 연구하고 있습니다.
지은 책으로는 《한국의 포유류》(공저), 《백두고원》 등이 있으며, 옮긴 책으로는 《지구에서 사라진 동물들》, 《자연학습도감 동물》 등이 있습니다. 2001년 6월 한 달 동안 백두산 일대에서 남한 학자로서는 분단 이후 처음으로 북한 현지 동물 조사를 하였습니다.

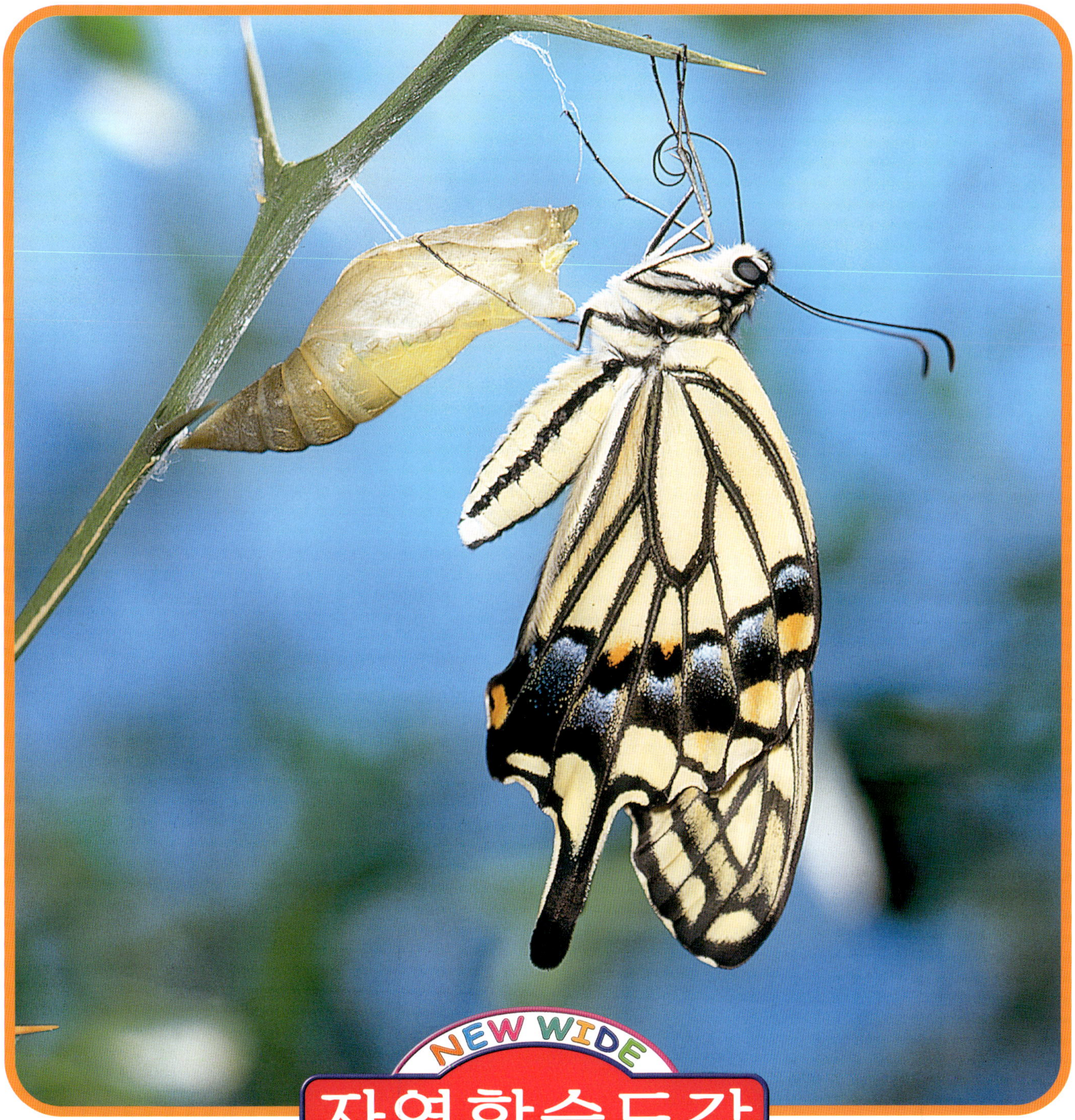

NEW WIDE

자연학습도감

사육과 관찰

Breeding & Watching of Animals

차례

🐛 곤충 ……… 5

육생 곤충 ……… 6
나비, 장수풍뎅이, 사슴벌레,
무당벌레, 귀뚜라미 등

수생 곤충 ……… 38
수채(잠자리의 애벌레), 물방개,
소금쟁이 등

곤충 이외의 작은 동물 ……… 46
달팽이, 공벌레, 지렁이, 거미 등

🐹 동물·애완동물 ……… 53

포유류 ……… 54
햄스터, 다람쥐, 페럿, 토끼, 개,
고양이 등

양서·파충류 ……… 74
개구리, 도롱뇽사촌, 거북, 도마뱀,
이구아나 등

조류 ……… 86
닭, 비둘기, 문조, 잉꼬, 카나리아 등

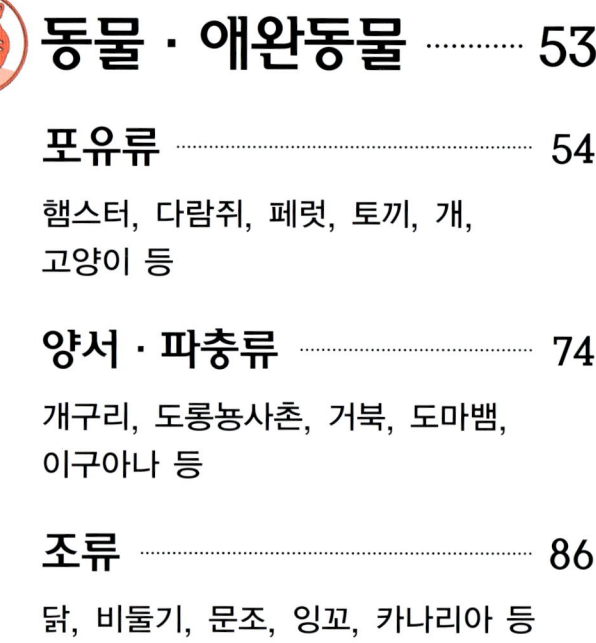

NEW WIDE 자연학습도감 사육과 관찰

🐟 수서 생물(담수) ········ 95

어류 ········ 96
금붕어, 붕어, 미꾸라지, 열대어 등

어류 이외 ········ 112
미국가재, 새우, 조개 등

🦐 수서 생물(해수) ········ 117

어류 ········ 118

어류 이외 ········ 120
해파리, 불가사리, 성게, 말미잘, 조개 등

🦁 대형 동물 ········ 131
사자, 코알라, 코끼리, 돌고래, 수리 등

사육·관찰정보관 ········ 145
찾아보기 ········ 166

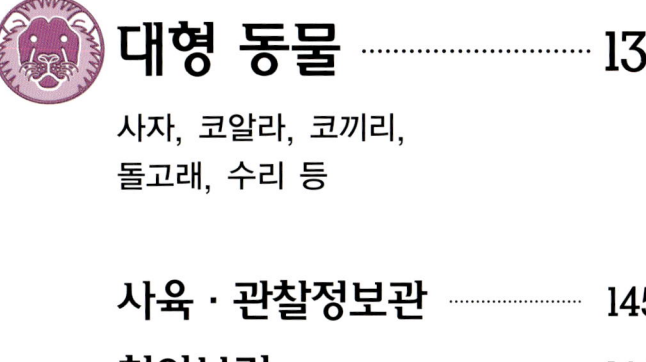

도감을 보는 방법과 사용법

이 도감에서는 곤충, 애완동물, 수서 생물 등 여러 가지 생물을 기르는 방법과 관찰 요령을 소개하고 있습니다. 곤충 이름 왼쪽에 * 표시가 있으면 국내에서 분포가 확인되지 않는 종을 의미합니다.

1 '곤충', '애완동물', '수서 생물' 등 사육하는 생물을 마크(그림)와 색으로 그룹별로 구분하였습니다.

2 사육하는 생물마다 사육 세트의 전체 사진, 또는 그림으로 설명하고 있습니다. 사육에 있어서 무엇이 필요한지를 한눈에 알 수 있습니다.

3 '관찰'과 '실험' 등의 항목이 많이 있어서 학교 공부에도 도움이 됩니다.

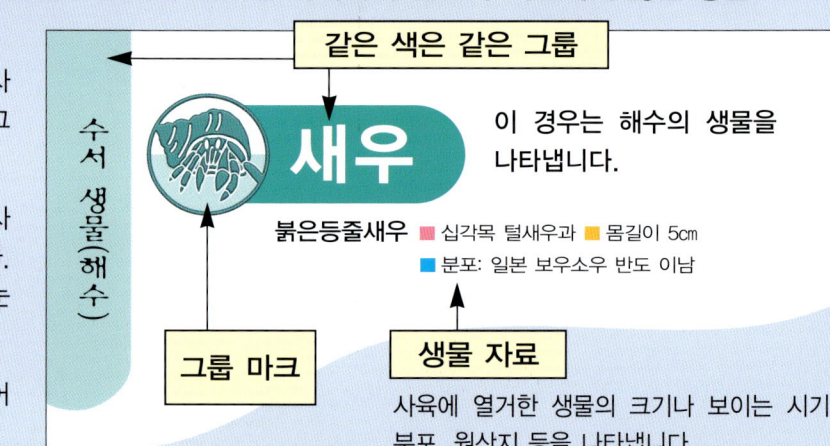

같은 색은 같은 그룹

수서 생물(해수)

새우

이 경우는 해수의 생물을 나타냅니다.

붉은등줄새우 ■ 십각목 털새우과 ■ 몸길이 5cm
■ 분포: 일본 보우소우 반도 이남

그룹 마크

생물 자료
사육에 열거한 생물의 크기나 보이는 시기, 분포, 원산지 등을 나타냅니다.

자세한 해설이 있습니다.

사육 세트의 전체를 한눈에 알 수 있습니다.

● 새우(해수)의 사육 세트의 예입니다.

- 수조 — 기르는 새우의 마리 수에 따라 사육 상자의 크기를 바꿉니다. 4~5마리를 기를 경우에는 60cm 수조가 좋습니다.
- 전등
- 수온계
- 히터
- 필터
- 공기 펌프

사육 세트의 사진으로 알기 어려운 것은 다른 사진을 올려놓았습니다.

● **마크(그림)의 종류** 본문의 내용을 한눈에 알 수 있도록 마크(그림)가 붙어 있습니다.

관찰	실험	 주의	
관찰 마크 기르는 법, 겨울을 나는 법, 산란의 모습 등을 소개하고 있습니다.	**실험 마크** 햄스터의 '볼주머니 실험' 등, 간단히 할 수 있는 실험을 소개하고 있습니다.	**주의 마크** 사육에 있어서 특히 해서는 안 되는 것을 주의하고 있습니다.	**연필 마크** 알아 두면 편리한 간단한 지식이 각 페이지마다 소개되어 있습니다.

곤 충

일반적으로 곤충은 짧은 기간에 생활사 전체가 이루어지므로, 사육하면서 관찰하기에는 더할 나위 없이 좋은 생물입니다. 또한 먹이만 있으면 특별한 사육 장치가 필요치 않은 경우도 많습니다. 여기에선 곤충 말고도 달팽이, 공벌레, 지렁이, 거미 등의 작은 동물들도 포함하였습니다.

줄점팔랑나비

호랑나비

■ 날개 편 길이 65~90mm ■ 시기: 3~10월 ■ 분포: 전국

호랑나비는 마을과 공원 같은 곳에서 자주 볼 수 있는 나비입니다. 봄에 보이는 것들은 몸이 비교적 작고, 여름에 보이는 것들은 몸이 큽니다. 애벌레는 탱자나무, 귤나무, 산초나무, 황벽나무 등의 잎을 갉아 먹으므로 그들의 잎을 잘 관찰하면 알이나 애벌레를 찾아낼 수 있습니다. 나비 사육은 애벌레 기르기를 중심으로 합니다.

호랑나비

● 애벌레 기르기

뚜껑
도망가지 않도록 뚜껑은 잘 덮습니다.

사육 상자
알이나 어린 애벌레 때는 작은 병에다가 뚜껑에 구멍을 내어 사용해도 좋습니다. 어른벌레가 되면 어린 애벌레보다 100배 이상이나 먹기 때문에 많은 먹이를 넣어 주기 위해서라도 사육 상자가 필요하게 됩니다.

애벌레

눈처럼 보이게 하여 상대를 겁주는 효과를 냅니다. 실제로는 가슴에 난 반점입니다.

⚠ **주의**
● 허물벗기를 하고 있는 애벌레를 만지거나, 움직여서는 안 됩니다. 허물벗기에 실패하여 죽는 경우도 있기 때문입니다.

관찰 호랑나비의 알에서부터 날개돋이까지

알 직경 1mm로 옅은 노랑색입니다.

부화 알 껍질을 먹습니다.

어린 애벌레 새똥을 닮았습니다.

허물을 벗고 나면 마지막 애벌레가 됩니다.

알은 약 5일 정도 지나면 부화됩니다. 애벌레 기간은 봄~여름 사이로 20~25일 걸립니다.

> **먹이**
> 마지막 애벌레가 되고 나면 먹이가 많이 필요하게 됩니다. 먹이가 부족하면 잘 자라지 못하므로 먹이를 잘 챙겨 주어야 합니다. 먹이 식물을 비닐봉지에 넣어, 냉장고에 보관해 두면 당분간은 괜찮습니다.

● 번데기가 되면

번데기는 절대로 만지지 말아야 합니다. 겨울을 나는 번데기는 직사광선이 들지 않는 베란다에 두는 것이 좋습니다. 가끔 분무기로 물을 뿌려 마르지 않게 합니다.

탱자나무 잎
귤나무 잎
산초나무 잎

겨울을 나는 번데기(월동 번데기)는 추위를 경험하지 않으면 어른벌레가 되지 못하는 경우가 있습니다.

● 어른벌레가 되면

알을 채집하고, 애벌레에서 번데기로 키워, 어른벌레가 되면 성공적인 사육이라고 할 수 있습니다. 호랑나비의 어른벌레 기르기는 너무 어렵습니다. 키웠다 하더라도 어른벌레는 바로 죽어 버리는 경우가 많으므로 잠시 관찰과 기록을 한 후에 공원에다가 놓아 주도록 합니다.

알을 낳으려고 할 때는 귤나무나 산초나무를 가지 채 넣어 줍니다. 먹이는 유산균 음료나 이온 음료, 또는 50배 정도 묽게 탄 꿀이나 설탕물을 줍니다. 화분에 심은 꽃을 이용할 때는 분무기에 먹이를 넣어 꽃에 뿌려 줍니다. 사육 상자는 가능한 한 큰 것을 준비하는 것이 좋습니다.

분무기에 이온 음료를 넣어 꽃에 뿌립니다.

만든 꽃(조화)에 뿌려 주어도 좋습니다.

아무리 해도 먹이를 빨아 먹지 않을 때는 호랑나비를 살짝 들어 입을 펴게 하고, 먹이를 입과 앞다리 쪽으로 대 주면 먹기도 합니다.

애벌레가 번데기로 변하는 데는 하루 이상이 걸립니다. 날개돋이는 보통 아침 일찍 시작합니다.

번데기가 될 준비를 합니다.

날개돋이를 시작합니다.

번데기로부터 어른벌레가 나왔습니다.

가지를 잡고 날개가 펴지길 기다립니다.

✏️ 번데기로부터 어른벌레가 되는 기간은 봄~여름 사이로 15~20일 정도가 걸리며, 어른벌레의 수명은 약 2주입니다.

● 호랑나비의 종류 ●

청띠제비나비 ■ 날개 편 길이 55~65mm ■ 시기: 5~9월(연 3회) ■ 분포: 남부, 제주도, 울릉도 ◆ 애벌레는 후박나무, 녹나무 잎을 먹습니다.

알 (직경 약 1.2mm)　　애벌레 (다 자란 애벌레 약 40mm)　　번데기 (길이 약 30mm)　　어른벌레 (거지덩굴 꽃에 잘 날아옵니다.)

긴꼬리제비나비 ■ 날개 편 길이 85~100mm ■ 시기: 4~9월(연 2, 3회) ■ 분포: 전국(울릉도 제외) ◆ 애벌레는 상사나무 잎을 먹습니다.

알 (직경 약 1.3mm)　　애벌레　　번데기 (길이 약 37mm)　　어른벌레

제비나비 ■ 날개 편 길이 80~120mm ■ 시기: 4~9월 ■ 분포: 전국 ◆ 애벌레는 머귀나무, 탱자나무, 황벽나무 등의 잎을 먹습니다.

알 (직경 약 1.3mm)　　애벌레 (어린 애벌레부터 녹색입니다.)　　번데기 (날개돋이 직전)　　어른벌레

산제비나비 ■ 날개 편 길이 80~130mm ■ 시기: 5~8월 ■ 분포: 전국 ◆ 애벌레는 머귀나무, 황벽나무 등의 잎을 먹습니다.

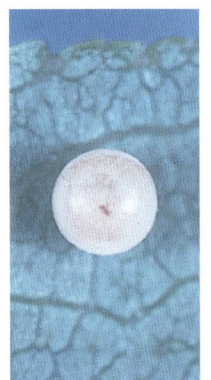  

알 (직경 약 1.4mm)　　애벌레 (귤나무, 탱자나무 잎은 먹지 않습니다.)　　번데기 (길이 약 36mm)　　어른벌레 (집단으로 물을 먹는 경우가 있습니다.)

호랑나비는 종류에 따라 애벌레의 먹이 식물이 다릅니다. 어른벌레는 유산균 음료나 이온 음료로 기를 수 있습니다.

남방제비나비 ■ 날개 편 길이 80~120mm ■ 시기: 4~9월 ■ 분포: 남부, 제주도 ◆ 애벌레는 귤나무, 탱자나무, 머귀나무 등의 잎을 먹습니다.

알 (직경 약 1.6mm)   애벌레 (다 자란 애벌레 약 55mm)   번데기 (길이 약 38mm)   어른벌레

산호랑나비 ■ 날개 편 길이 70~90mm ■ 시기: 4~8월 ■ 분포: 전국(울릉도 제외) ◆ 애벌레는 당근, 파슬리, 파드득나물을 먹습니다.

알 (직경 약 1.2mm)   애벌레 (반점이 있습니다.)   번데기 (길이 약 35mm)   어른벌레 (엉겅퀴나 백합꽃에 잘 날아옵니다.)

* 흰띠제비나비 ■ 날개 편 길이 70~85mm ■ 시기: 3~11월 ■ 분포: 일본(오키나와), 동남아시아 열대 지역 ◆ 애벌레는 특히 귤나무 잎을 먹습니다.

알 (직경 약 1.2mm)   애벌레   번데기 (길이 약 30mm)   어른벌레 (땅 표면 가까이로 잘 납니다.)

사향제비나비 ■ 날개 편 길이 75~100mm ■ 시기: 4~8월 ■ 분포: 북부, 중부, 남부 ◆ 애벌레는 쥐방울덩굴을 먹습니다.

알 (직경 약 1.4mm)   애벌레 (돌기가 있습니다.)   번데기 (길이 약 30mm)   어른벌레

산호랑나비 번데기는 추위를 경험하지 않으면 어른벌레가 되지 않습니다. 사육 통을 베란다와 같이 직사광선이 들지 않는 장소에 두는 것이 좋습니다.

배추흰나비

■ 날개 편 길이 40~47mm ■ 시기: 3~11월 ■ 분포: 전국

배추흰나비는 밭이 있는 마을이나 공원에서도 자주 볼 수 있는 흰나비입니다. 따뜻한 곳에서는 1년에 4~5회까지도 어른벌레를 볼 수 있습니다. 애벌레는 십자화과 식물 중에서도 양배추를 좋아하므로 양배추 밭에서 알이나 애벌레를 채집하여 사육해 봅니다.

뚜껑
도망가지 않도록 뚜껑을 잘 덮습니다.

사육 상자
어른벌레를 사육할 때는 큰 상자를 준비합니다.

애벌레 먹이
애벌레는 양배추, 케일, 무 줄기 등을 먹습니다. 냉이 같은 들풀도 먹습니다.

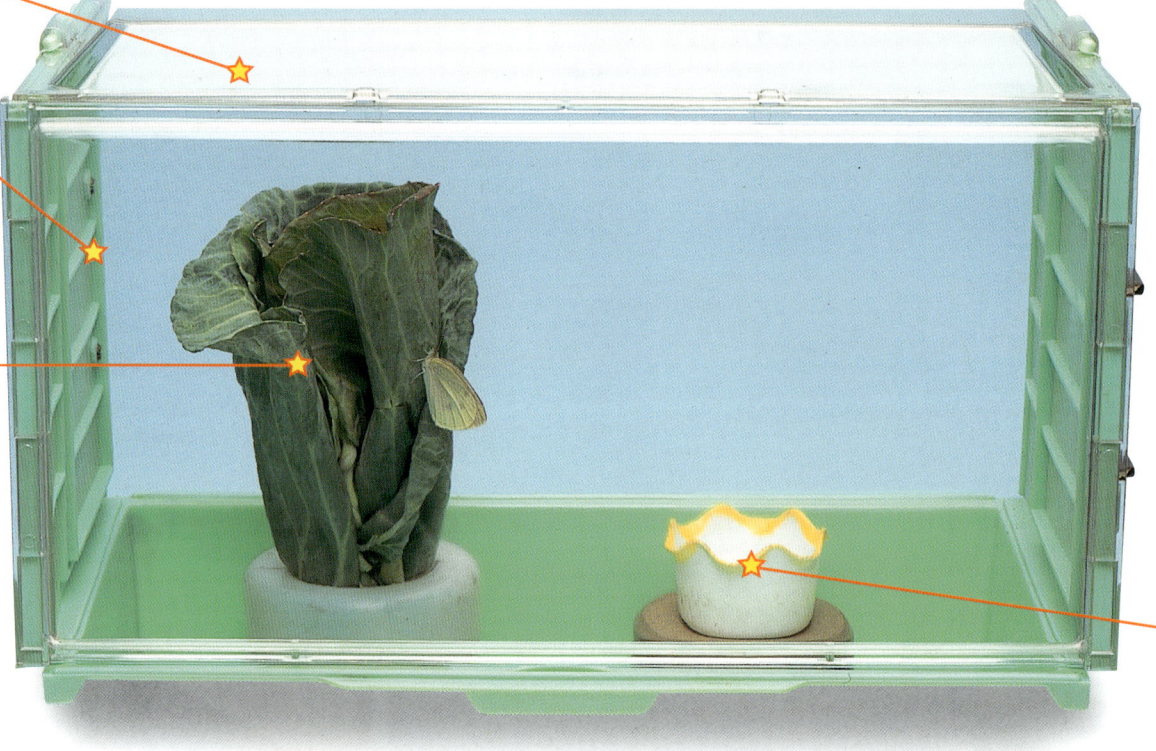

무 줄기 / 양배추 / 유채 / 냉이

! 주의
● 농약이 묻은 양배추 같은 먹이를 애벌레가 먹게 되면, 어른벌레가 되기도 전에 죽게 됩니다. 먹이로 쓰는 채소는 여러 번 잘 씻어서 줍니다. 무의 머리 부분을 떼어 내 물로 기른 후에 자란 줄기를 주는 것도 좋은 방법입니다.

관찰 배추흰나비의 알부터 날개돋이까지

알 직경 0.8mm 정도입니다.

부화① 알 깨기

부화② 알 껍질을 먹습니다.

애벌레 번데기로 되려는 시기입니다.

✎ 산란한 알은 약 3일 만에 부화합니다. 애벌레의 기간은 16~18일입니다.

배추흰나비의 얼굴
얼굴 전체에 가는 털이 나 있습니다. 눈은 많은 낱눈들이 모인 겹눈으로 되어 있습니다.

배추흰나비의 입
입은 용수철처럼 돌돌 말려 있습니다.

꿀을 빨 때는 입을 펴서 빨대처럼 하여 꿀을 빨아 먹습니다.

어른벌레 먹이

어른벌레는 유산균 음료, 이온 음료, 설탕이나 꿀을 연하게 탄 것을 줍니다.

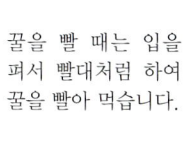

연한 설탕물 · 파꽃 · 유채꽃 · 연한 꿀물

●흰나비의 종류●

큰줄흰나비
- 날개 편 길이 50~60mm ■ 시기: 4~9월
- 분포: 전국 ◆ 애벌레는 냉이, 유채를 먹습니다.

애벌레 / 어른벌레

노랑나비
- 날개 편 길이 40~50mm ■ 시기: 3~10월 ■ 분포: 전국
- ◆ 애벌레는 토끼풀, 비수리를 먹습니다.

애벌레 / 어른벌레

남방노랑나비
- 날개 편 길이 35~45mm ■ 시기: 3~11월 ■ 분포: 남부, 제주도, 울릉도
- ◆ 애벌레는 괭이싸리, 비수리를 먹습니다.

애벌레 / 어른벌레

이른 아침에 날개돋이가 많이 일어납니다. 번데기 껍질에서 어른벌레가 밖으로 나오기까지는 몇 십 초밖에 걸리지 않습니다.

번데기 날개돋이 직전의 번데기입니다. | **날개돋이 ①** | **날개돋이 ②** | **날개돋이 ③** 날개를 펴면서 끝납니다.

✏️ 번데기가 되고 나서 8~10일 정도면 어른벌레가 됩니다(날개돋이). 어른벌레의 수명은 24~28일입니다.

곤충

부전나비

남방부전나비

남방부전나비 ■날개 편 길이 20~29mm ■시기: 4~11월 ■분포: 남부, 제주도, 울릉도

남방부전나비는 도시의 공원이나 정원에서도 볼 수 있는 부전나비입니다. 어른벌레는 일 년에 여러 번 발생하는데 애벌레로 겨울을 지냅니다. 알은 괭이밥 잎의 안쪽에 낳는데, 작아서 찾기 어려우므로 녹색 럭비공처럼 생긴 애벌레를 채집하여 사육하는 것이 좋습니다.

뚜껑 뚜껑은 통풍이 잘되는 것으로 사용합니다.

어른벌레 먹이 어른벌레를 사육할 때는 꽃을 컵에 꽂아 두어도 좋지만 꽃에 이온 음료나 유산균 음료를 흘려 놓고 먹게 합니다.

사육 상자 직사광선이 들지 않고 통풍이 잘되는 곳에 놓아 둡니다. 번데기 때는 가끔 물을 뿌려줍니다.

애벌레 먹이 부전나비의 애벌레는 괭이밥이라는 식물을 먹습니다.

● 주요 부전나비의 먹이 식물
작은주홍부전나비→수영, 소리쟁이
푸른부전나비→고삼, 싸리
* 뾰족부전나비→등나무
작은녹색부전나비→오리나무
검정녹색부전나비→상수리나무

● **남방부전나비 성장** 사육을 잘하면 알에서 어른벌레까지 일 년에 몇 번이라도 관찰할 수 있습니다.

알

애벌레 (마지막 애벌레 12mm)

전번데기 번데기로 변화가 막 일어나는 시기입니다.

어른벌레

▽ **관찰 다양한 부전나비의 알** 부전나비들은 모두 예쁜 알을 낳습니다.

* 뾰족부전나비

범부전나비

작은주홍부전나비

푸른부전나비

작은녹색부전나비

검정녹색부전나비

 남방부전나비 애벌레가 먹는 괭이밥은 공원이나 뜰, 길가 등에서도 자라므로 사육용 먹이를 구하는 데 쉽습니다.

 # 팔랑나비

줄점팔랑나비
- 날개 편 길이 34~40mm
- 시기: 5~11월
- 분포: 남부, 제주도, 울릉도

줄점팔랑나비는 계절에 따라 이동하는 나비로 알려져 있습니다. 애벌레는 실로 잎을 엮어서 집을 만듭니다. 참억새나 띠, 벼 같은 벼과 식물의 잎을 먹습니다.

- 사육 상자는 조금 큰 것으로 준비합니다.
- 참억새나 벼과 식물을 화분에 심습니다.

● **줄점팔랑나비 성장**

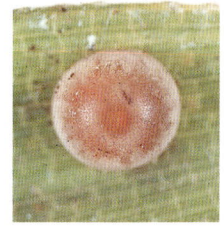  

알　　애벌레　　어른벌레

관찰 팔랑나비의 애벌레

팔랑나비 애벌레들은 잎을 감거나 누벼 집을 만들고, 그 안에서 번데기가 됩니다. 줄점팔랑나비 애벌레는 '잎말이 벌레'라고 부를 정도입니다.

푸른큰수리팔랑나비　산팔랑나비　제주꼬마팔랑나비　수풀떠들썩팔랑나비

 # 박각시

줄녹색박각시
- 날개 편 길이 53~69mm
- 시기: 7~9월
- 분포: 남부, 제주도

줄녹색박각시는 공중에 떠 있는 채로 꽃꿀을 먹습니다. 날개돋이를 하자마자 날개를 털면서 비늘가루를 떨어뜨려 어른벌레는 투명한 날개를 갖게 됩니다. 애벌레는 치자나무 잎을 먹습니다.

- 치자나무 잎
  어른벌레의 사육은 어려우므로 애벌레를 기릅니다.
- 사육 상자
  바닥에 3~5cm 정도 흙을 깝니다. 흙 속에서 번데기가 됩니다.

관찰 줄녹색박각시의 몸

↑ 눈과 입은 어떤 모양일까요?
← 날개 모양을 관찰해 봅니다.

● **줄녹색박각시 성장**

애벌레　　번데기

줄녹색박각시가 번데기로 된 후에는 사육 상자를 난방을 하지 않는 방에 두고, 흙이 너무 건조하지 않도록 가끔 물을 뿌려 줍니다.

고충

도롱이벌레

남방차주머니나방(어른벌레) ■ 날개 편 길이 35㎜
■ 시기: 4~7월 ■ 분포: 중부, 남부

도롱이벌레는 차주머니나방(남방차주머니나방 등)의 애벌레입니다. 도롱이는 비교적 겨울에 눈에 띄는데, 봄까지 거의 변화가 없어서 따분한 느낌이 듭니다. 따라서 3~5월에 채집하는 것이 좋습니다.

뚜껑
도롱이벌레는 생각보다 이동을 잘하므로 뚜껑을 반드시 덮습니다. 겨울잠 자는 시기만 움직임이 없습니다.

사육 상자
너무 작아도 스트레스가 쌓여, 먹이를 먹지 않게 됩니다. 약간 큰 수조를 이용합니다.

먹이
마르거나 시들지 않도록 주의합니다.

아왜나무 / 감나무 / 아까시나무 / 벚나무

⚠️ **주의**
● 채집할 때, 도롱이를 떼어 내지 않고 가지에 붙인 채로 채집합니다. 먹이 식물을 가져다 주면 스스로 이동합니다.

▼ 관찰 차주머니나방의 짝짓기에서 날개돋이까지

도롱이 안에 있는 암컷과 짝짓기를 하는 수컷

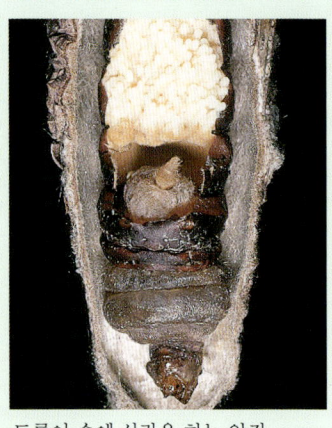
도롱이 속에 산란을 하는 암컷

알의 부화

도롱이 안에 있는 애벌레

✎ 도롱이 출입구에 황색 가루가 있으면 짝짓기한 암컷 도롱이벌레라는 표시입니다.

●도롱이벌레의 도롱이

남방차주머니나방 애벌레가 만든 도롱이는 마른 잎이 많고, 사용된 가지들이 가지런하지 않습니다. 반면에 차주머니나방 애벌레가 만든 도롱이는 가지를 많이 쓰면서 서로 평행하게 배열합니다.

남방차주머니나방의 도롱이

차주머니나방의 도롱이

겨울 채집 때

겨울잠 자는 도롱이벌레는 이동하지 않습니다. 주의할 것은 도롱이가 붙어 있는 가지를 잘라 오되, 도롱이가 지면과 수직 방향으로 놓이도록 보관합니다. 초봄이 되면, 먹이(잎)가 있는 나뭇가지로 이동합니다.

도롱이벌레가 붙은 나무

도롱이벌레는 먹이가 되는 나무에서 도롱이를 만듭니다. 그렇지만 겨울은 북풍이나 차가운 비를 피하기 위해 낙엽이 지지 않는 나무나, 집 벽으로 이동하는 경우도 많습니다.

비바람을 피하기 위해 벽에 붙어 있는 도롱이벌레

●도롱이 안에서 회전

도롱이 안에서 애벌레는 머리를 위로 두고 지내다가 5월이 되면 머리를 아래쪽으로 돌리면서 아래의 출입구를 닫고 도롱이 안에서 번데기가 됩니다.

10~4월   5월

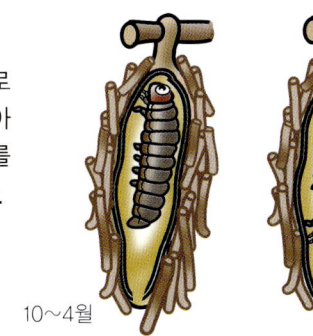
남방차주머니나방의 어른벌레 (암컷)

날개돋이(날개돋이를 하여 어른벌레가 되는 것은 수컷뿐입니다.)

실험 도롱이 만들기

봄부터 가을까지 도롱이벌레는 다양한 재료로 도롱이를 만듭니다. 어떠한 재료로 도롱이를 만드는지 실험해 봅니다. 단, 겨울에는 실험이 불가능합니다. 이때는 추워서 도롱이를 만들지 못하여 죽게 됩니다.

색종이

비닐

털실

성냥

도롱이벌레의 수컷 어른벌레는 아무것도 먹지 않으며, 암컷의 도롱이 속으로 들어가서 짝짓기를 한 후에 죽습니다.

장수풍뎅이

■ 전체 몸길이 40~70mm ■ 시기: 7~8월 ■ 분포: 전국

곤충 중의 왕인 장수풍뎅이는 밤에만 활동하고, 낮에는 나무 밑 흙 속에서 쉬고 있습니다. 어른벌레의 수명이 짧기 때문에 애벌레 때부터 기르는 것이 좋습니다. 애완 곤충 판매점에서는 '곤충 매트'라고 하는 썩은 나무 톱밥과 먹이용 젤리, 썩은 나무토막 등도 팔고 있으므로 기르기가 아주 쉬운 곤충입니다.

장수풍뎅이의 싸움

뚜껑
힘이 센 곤충이므로 도망가지 않게 뚜껑을 잘 덮어야 합니다.

사육 상자
조금 큰 수조를 준비하거나 사육통을 애완 곤충 판매점에서 구입하는 것도 좋습니다. 안이 건조하지 않게 가끔 물을 뿌려 줍니다.

썩은 나무토막
주워 온 썩은 나무토막에는 기생충이 있을지 모르므로 열탕 소독을 해야 합니다. 애완 곤충 판매점에서도 썩은 나무토막을 팔고 있습니다.

곤충 매트
상수리나무와 같은 썩은 나무의 톱밥은 애벌레의 먹이인 동시에 숨는 곳으로 좋습니다. 애완 곤충 판매점에서 팔고 있습니다.

! 주의
● 어른벌레의 먹이로 수박이나 사과, 배 등을 주는 것은 좋지 않습니다. 당분이 적은 과일을 먹게 되면 수분을 너무 많이 섭취하여 설사를 하는 경우가 생깁니다.

관찰 장수풍뎅이의 알에서 날개돋이까지

알 직경 3mm 정도입니다.

부화 깨어난 애벌레의 몸길이가 8mm 정도입니다.

애벌레 3령 애벌레는 60~110mm나 됩니다.

알을 낳았다고 해서 바로 꺼내서는 안 됩니다. 어른벌레는 죽은 다음에 바로 제거하고, 물을 분무한 후에 수조를 랩으로 싸 놓습니다.

● 장수풍뎅이의 채집

장수풍뎅이의 애벌레는 부엽토나 퇴비 속에서 삽니다. 그곳을 뒤지면 가을부터 다음 해 봄까지는 3령 애벌레를 볼 수 있는데, 몸이 두드러지게 큼으로 다른 풍뎅이 애벌레와는 쉽게 구별됩니다. 애벌레를 애완 곤충 판매점에서도 팝니다. 어른벌레는 낮에는 흙 속에서 쉬었다가 밤에 수액이 나오는 참나무를 찾아오므로 이런 곳을 미리 점찍어 두면 좋습니다. 이들을 유혹하기 위한 가짜 수액을 만들 때는 흑설탕과 정종을 5:1의 비율로 섞은 다음, 마지막으로 식초를 조금 넣습니다. 나무에 바른 후에 바닐라 에센스를 첨가하면 더 효과적입니다.

수액에 모여든 장수풍뎅이와 다른 곤충

 단 과일도 먹지만, 판매되는 곤충용 젤리가 간단합니다.

복숭아
파인애플

장수풍뎅이용 꿀 놀이용 나무에 천을 감고, 장수풍뎅이용 꿀을 흘러내리지 않을 정도로 바릅니다.

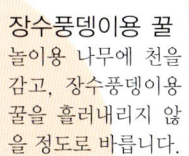

곤충용 젤리 영양의 균형을 생각해서 만들어진 젤리로서 장수풍뎅이나 사슴벌레를 사육할 때 빼놓을 수 없는 먹이입니다.

● 애벌레 사육

촉촉하게 한 부엽토나 곤충 매트 속에 애벌레를 넣고 가끔 물을 뿌려 건조하지 않게 합니다. 곰팡이가 약간 생겨도 사육하는 데는 문제없습니다. 표면에 검은 똥이 끼면 새로운 '곤충 매트'로 바꿔줍니다. 겨울 동안에도 애벌레는 먹이를 계속 먹습니다.

한 용기에 애벌레는 한 마리씩 기르는 것이 좋습니다.

초여름이 되어, 노르스름하게 되면 번데기가 될 시기가 가까워진 것이므로 바닥이 깊은 용기로 바꾸고, 아래의 반은 부식토를 깔아 줍니다. 주변을 검은 종이로 가리면 상자 벽 쪽으로 번데기 방을 꾸미게 되므로 관찰하기 쉽습니다.

● 애벌레의 몸

장수풍뎅이 애벌레는 커서 관찰하기 좋습니다.

애벌레의 얼굴   애벌레의 숨구멍 숨을 쉬는 곳입니다.

번데기가 되려면, 곤충 매트나 부엽토 속으로 들어가 번데기 방을 만들고 그 안에서 번데기가 됩니다.

번데기 수컷은 뿔이 있습니다.   **날개돋이** 어른벌레가 되기 시작합니다.   **날개** 앞날개에 색이 생깁니다.   날개가 딱딱해지면 땅 위로 나옵니다.

 겨울을 넘겨야 하는 애벌레를 너무 따뜻하게 해도 좋지 않습니다. 사육 상자는 난방을 하지 않는 방에 두는 것이 좋습니다.

●세계의 장수풍뎅이 · 사슴벌레●

■ 전체 몸길이 ■ 분포 ◆ 주요 특징

장수풍뎅이의 종류는 전 세계에 대략 1,300종, 사슴벌레는 약 1,200종으로 알려져 있습니다. 열대에서 아열대 지방에는 사는 종류가 많을 뿐 아니라 희귀한 것도 볼 수 있습니다.

5개 뿔

긴 뿔

코카서스장수풍뎅이
■ 수컷 50~130mm, 암컷 50~65mm ■ 인도차이나 반도, 말레이 반도, 수마트라 섬 등 ◆ 동남아시아 최대의 장수풍뎅이입니다. 수컷은 머리 뿔 정중앙에 돌기가 있습니다.

활모양뿔풍뎅이
■ 수컷 42~70mm, 암컷 약 55mm ■ 아샘, 인도차이나 반도, 말레이 반도 ◆ 활모양뿔풍뎅이 종류 중에서 가장 크고, 특히 인도차이나 반도의 것은 대형입니다.

뉴기니세뿔장수풍뎅이
■ 수컷 45~60mm, 암컷 약 50mm ■ 뉴기니 ◆ 뉴기니 섬의 특산종입니다. 가슴에 2개의 긴 뿔이 있습니다.

켄타우루스장수풍뎅이
■ 수컷 40~75mm, 암컷 약 55mm ■ 아프리카 중·서부 ◆ 아프리카의 최대 장수풍뎅이입니다. 열대 우림 지대에 살고 있습니다.

긴 것은 뿔 길이만도 70~80mm이다.

몸 전체에 회백색의 털이 있다.

피사탑장수풍뎅이
■ 수컷 32~50mm, 암컷 약 35mm ■ 멕시코, 과테말라, 엘살바도르 ◆ 지역에 따라 크기가 다르고, 같은 종류들과 구별하기가 어려운 장수풍뎅이입니다.

헤라클레스장수풍뎅이
■ 수컷 75~180mm, 암컷 50~75mm ■ 멕시코 남부, 페루, 과테말라, 콜롬비아, 코스타리카 등 ◆ 세계 최대의 장수풍뎅이입니다. 2~3kg의 무게를 움직일 수 있는 힘을 갖고 있습니다.

넵튠장수풍뎅이
■ 수컷 57~145mm, 암컷 55~70mm ■ 베네수엘라, 콜롬비아, 에콰도르, 페루 ◆ 헤라클레스장수풍뎅이보다도 해발 고도가 높은 지역에서 살고 있습니다.

엘레파스장수풍뎅이
■ 수컷 90~130mm, 암컷 약 70mm ■ 멕시코 남부, 과테말라, 코스타리카 등 ◆ 무게가 50g이나 됩니다. 세계 최대 중량의 장수풍뎅이입니다. 코끼리처럼 크다는 의미로 붙여진 이름입니다.

장수풍뎅이나 풍뎅이 같은 딱정벌레 무리는 곤충 중에서도 가장 많은 종류를 갖고 있을 뿐 아니라 모든 동물 중에서도 최대의 무리입니다.

황금색사슴벌레
- 수컷 42~82mm, 암컷 42~54mm
- 말레이 반도 ◆ 황금색을 지닌 몇 종 안 되는 희귀한 사슴벌레입니다. 말레이 반도 이외에도 수마트라 섬, 자바 섬, 칼리만탄 섬에 3종류가 있습니다.

긴어금니톱사슴벌레
- 수컷 45~107mm, 암컷 31~48mm
- 네팔~말레이 반도 ◆ 톱사슴벌레 종류에서 최대종입니다.

왕넓적사슴벌레
- 60~110mm ■ 말레이 반도, 수마트라 섬, 칼리만탄 섬, 필리핀

등빨간쌍이빨사슴벌레
- 50~90mm ■ 수마트라 섬, 말레이 반도, 태국

게집게쌍이빨사슴벌레
- 40~80mm ■ 자바 섬

대왕넓적사슴벌레
- 수컷 75mm ■ 자바 섬
- ◆ 낮 동안은 나무에 숨어 있고, 밤에 활동합니다.

파푸아은색사슴벌레
- 수컷 23~49mm, 암컷 22~25mm ■ 뉴기니 ◆ 낮에 활동하는데, 꽃에 모입니다. 섬의 동부 쪽에 사는 개체들은 적색을 띠고, 서부 쪽에 사는 개체들은 금녹색 몸을 가집니다.

유럽깊은산사슴벌레
- 수컷 44~86mm, 암컷 35~45mm
- 유럽~소아시아 ◆ 유럽 최대의 사슴벌레입니다.

검은 얼룩 무늬가 2개

뒤로 휘어져 있다.

가면사슴벌레
- 수컷 30~53mm, 암컷 27~29mm
- 아프리카 중·서부 ◆ 몸 색깔은 주황색으로 가슴에 한 쌍의 얼룩무늬가 있어, 가면처럼 보입니다. 머리 앞부분의 가장자리가 뒤로 휘어져 있는 것이 특징입니다.

금색 털이 있다.

칠레사슴벌레
- 수컷 33~84mm, 암컷 25~37mm
- 칠레, 아르헨티나 ◆ 큰 턱과 다리, 더듬이가 매우 길고, 머리가 작은 사슴벌레입니다. 더듬이의 구부러진 부분에 금색 털이 나 있습니다. 남아메리카의 최대종입니다.

코카서스장수풍뎅이, 헤라클레스장수풍뎅이, 왕넓적사슴벌레 등을 일본에서는 사육할 수 있지만 우리나라에서는 불법입니다.

사슴벌레

왕사슴벌레 ■ 전체 몸길이 32~76㎜(♂) ■ 시기: 6~9월 ■ 분포: 북부, 중부, 남부

왕사슴벌레, 애사슴벌레, 넓적사슴벌레 등은 어른벌레로 겨울을 나기 때문에, 오랫동안 기르면서 즐길 수 있습니다. 어른벌레 사육 방법은 장수풍뎅이와 거의 비슷합니다.

왕사슴벌레

뚜껑
사슴벌레도 힘이 센 곤충이라 도망가지 않게 뚜껑을 잘 덮어야 합니다.

사육 상자
조금 큰 수조를 준비합니다. 어른벌레는 수컷과 암컷 각각 1마리씩이나, 수컷 1마리와 암컷 2마리 정도로 넣습니다. 한 번에 여러 마리를 넣는 것은 좋지 않습니다.

먹이
어른벌레의 먹이는 장수풍뎅이와 거의 비슷합니다.

파인애플
복숭아
장수풍뎅이용 꿀
곤충용 젤리

사과나 배, 수박 등 수분이 많은 과일은 설사의 원인이 되기 때문에 먹이로는 좋지 않습니다.

관찰 왕사슴벌레의 날개돋이

애벌레 번데기가 되기 직전의 마지막 애벌레입니다.

번데기 ① 번데기가 되는 도중으로 아직 흰색입니다.

번데기 ② 수컷은 번데기 때부터 큰 턱이 있습니다.

날개돋이 날개돋이가 바로 끝난 후에도 앞날개가 흰색입니다.

사슴벌레의 애벌레는 장수풍뎅이의 애벌레보다 주름 수가 적습니다. 또 항문의 모양은 사슴벌레는 'Y', 장수풍뎅이는 '―' 입니다.

● 왕사슴벌레의 월동

왕사슴벌레는 어른벌레로 겨울을 납니다. 개중에는 5년이나 사는 것도 있습니다. 사육할 때는 온도 차이가 나지 않는 약간 추운 방에 두고 가끔 물을 뿌려 건조하지 않게 합니다.

썩은 나무 속에서 겨울을 나는 왕사슴벌레

썩은 나무토막
주워 온 썩은 나무토막은 기생충이 있을 수 있으므로 열탕 소독을 합니다. 썩은 나무토막은 애완 곤충 판매점에 있습니다.

곤충 매트
애벌레의 먹이나 숨는 곳이 됩니다.

● 애벌레 사육

먼저 사육 상자 속에 곤충 매트를 충분히 깔고 하룻밤을 물에 담가 둔 썩은 나무토막을 넣습니다. 그러면 사슴벌레 암컷은 썩은 나무토막 속에 알을 낳습니다.

- 충분히 채운 곤충 매트
- 물에 담가 두었던 썩은 나무토막

산란을 했는지 안 했는지는 나무토막의 표면에 낸 산란 흔적으로 알 수 있습니다. 알 낳기가 끝나면 나무토막을 꺼내어 보관합니다. 건조하지 않게 주의하고, 한 달 정도 지나면 나무토막 속에서 애벌레를 꺼내어 애벌레용 사육 용기로 옮깁니다. 사슴벌레를 애벌레끼리 두면 서로 상처를 입힐 수 있으므로 반드시 한 병에 한 마리씩 사육해야 합니다. 물기가 있는 곤충 매트를 꾹꾹 눌러 다지고, 애벌레를 넣고 뚜껑을 덮습니다. 검은 똥이 생기면 애벌레 매트를 바꿔 줍니다.

왕사슴벌레 애벌레라면 1000㎖ 용량의 주둥이가 넓은 병을 준비합니다.

애벌레로서 겨울을 나는 애사슴벌레

관찰 톱사슴벌레의 몸

톱사슴벌레
■ 전체 몸길이 36~71mm(♂)　■ 시기: 7~8월　■ 분포: 북부, 중부, 남부

큰 턱 먹이 다툼이나 싸움할 때 사용합니다.

겹눈 많은 낱눈이 모여 있습니다.

더듬이와 입 수액을 핥아 먹기에 적합합니다.

 겨울 동안은 건조하지 않게 가끔 물을 뿌려 줄 뿐 아니라, 난방을 하지 않은 방에 사육 병을 두어야 합니다. 만일 추운 지방이라면 사육 병을 담요로 싸 주면 좋습니다.

하늘소

참나무하늘소

참나무하늘소 ■ 몸길이 45~52㎜ ■ 시기: 6~8월 ■ 분포: 중부, 제주도

하늘소들은 예리한 큰 턱을 갖고 있으며, 나무줄기에 구멍을 내어 알을 낳습니다. 부화한 애벌레는 터널을 파 들어가듯이 나무줄기 속을 먹으면서 성장합니다. 애벌레는 대부분 일 년 안에 어른벌레로 되지만, 참나무하늘소처럼 여러 해 걸리는 종들도 있습니다.

● **참나무하늘소 기르는 방법**

뚜껑
생각보다도 힘이 센 곤충이라서 도망가지 않게 뚜껑을 잘 덮어야 합니다.

사육 상자
사육 통을 준비하고 너무 건조하면 가끔 물을 뿌려 줍니다. 직사광선이 들면 안의 온도가 올라가기 때문에 주의해야 합니다.

먹이
어른벌레의 먹이는 장수풍뎅이와 거의 비슷합니다. 특히 멜론을 좋아합니다.

멜론
곤충용 젤리
오이
상수리나무 잎
참나무하늘소의 어른벌레는 나무껍질과 수액을, 애벌레는 썩은 나무를 파먹고 삽니다.

썩은 나무토막

하늘소는 종류에 따라 알을 낳을 수 있는 나무가 따로 있습니다. 즉, 알을 살아 있는 나무에 낳는 무리와 썩은 나무에 낳는 무리가 있습니다. 상수리나무의 썩은 나무토막에 몇 군데 상처를 내어 두면 그 구멍에다가 참나무하늘소가 알을 낳습니다.

관찰 참나무하늘소 성장

상수리나무에 산란한 흔적

애벌레 상수리나무의 줄기 속을 먹고 자랍니다.

번데기 긴 더듬이가 있는 것을 알 수 있습니다.

사육 병 속에 곤충 매트를 단단히 다져 넣고 참나무하늘소 애벌레를 한 마리씩 기릅니다. 너무 건조하지 않게 가끔 물을 뿌려 줍니다.

● 어른벌레 사육

아래와 같은 사육 상자에서도 사육할 수 있습니다. 곤충용 젤리도 넣어 주면 좋습니다. 알을 낳도록 하기 위해 안에 넣은 가지는 밑동을 젖은 화장지로 싼 다음 은박지로 한 번 더 감싸면 오래갈 수 있습니다.

알락하늘소의 사육 세트 알 낳기용 나무나 풀은 하늘소의 종류에 따라 다릅니다. 애벌레가 먹을 수 있는 것을 넣어 주어야 합니다.

종류	넣는 나무(풀)
참나무하늘소, 하늘소	상수리나무, 밤나무
뽕나무하늘소	뽕나무
울도하늘소	뽕나무
털두꺼비하늘소	참나무
국화하늘소	쑥, 국화

● 애벌레 사육

한 마리씩 사육하는데, 병 속에 곤충 매트를 가득 넣되, 단단히 채우고 망으로 덮습니다. 사육 병은 온도 변화가 없는 장소에 두며, 너무 건조하지 않게 가끔 물을 뿌려 줍니다.

● 참나무하늘소의 몸

참나무하늘소는 우리나라 하늘소 중에서 두 번째로 큰 종입니다. 어른벌레는 상수리나무, 밤나무 같은 살아 있는 나무의 껍질을 먹습니다. 일본 자료에 의하면, 애벌레로 겨울을 두 번 넘기고, 어른벌레로 겨울을 한 번 넘긴 후 4년째가 되어야 밖으로 나온다고 합니다.

얼굴 나무를 갉아 먹을 수 있는 강한 턱을 갖고 있습니다.

갈고리 원래는 발톱인데 미끄러지지 않게 하는 날카로운 갈고리 같습니다.

● 하늘소(어른벌레)의 종류

사육 상자는 어떤 하늘소나 같습니다. 종에 따라서 조금씩 먹이가 다르지만, 곤충용 젤리는 거의 모든 종이 먹을 수 있습니다. 연한 꿀물이나 설탕물은 주지 않는 것이 좋습니다.

알락하늘소
- 전체 몸길이 25~35mm ■ 시기: 6~8월
- 분포: 북부, 중부, 남부, 제주도

곤충용 젤리

뽕나무 또는 굴나무 잎이나 가지

* 빨간꽃하늘소
- 전체 몸길이 12~22mm
- 시기: 6~8월 ■ 분포: 일본, 사할린

곤충용 젤리

수국 꽃
미나리과의 꽃도 좋습니다.

범하늘소
- 전체 몸길이 15~25mm ■ 시기: 6~8월
- 분포: 북부, 중부, 남부, 울릉도

곤충용 젤리

뽕잎

국화하늘소
- 전체 몸길이 6~9mm ■ 시기: 4~7월
- 분포: 중부, 남부, 제주도

곤충용 젤리 쑥

✏️ 대부분의 하늘소는 애벌레 상태로 겨울을 지냅니다. 사육 상자는 난방을 하지 않고 온도 변화가 적은 방에 두어야 합니다.

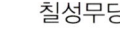

무당벌레

칠성무당벌레 ■ 몸길이 8mm ■ 시기: 4~10월 ■ 분포: 전국
무당벌레 ■ 몸길이 7~8mm ■ 시기: 4~10월 ■ 분포: 전국

정원이나 들에서 자주 보이는 무당벌레나 칠성무당벌레는 애벌레뿐 아니라 어른벌레도 진딧물을 먹습니다. 그 때문에 진딧물이 끼기 쉬운 쑥이나 장미와 같은 식물을 찾으면 무당벌레를 쉽게 찾아볼 수 있습니다.

날아오르려는 칠성무당벌레

뚜껑
틈새로 도망가지 않게 뚜껑을 망이나 천으로 덮습니다.

사육 상자
사육 통을 준비하고 너무 건조하면 가끔 물을 뿌려 줍니다. 직사광선이 들면 안의 온도가 올라가기 때문에 주의해야 합니다.

! 주의
● 사육 상자에 많은 수의 애벌레를 한꺼번에 넣어 두면 먹이가 있어도 서로 잡아먹기 때문에 조심해야 합니다.

숨는 곳
사육 상자에 있는 숯 위에 낙엽을 넣어 두면 낙엽 안에서 월동을 합니다.

진딧물을 먹는 칠성무당벌레의 어른벌레

관찰 칠성무당벌레 성장

알 30개 정도 낳습니다.

애벌레 번데기가 되기 직전입니다.

번데기

어른벌레

알을 낳자마자 어른벌레를 다른 사육 상자로 옮기지 않으면 알을 먹어 버리는 경우가 있으므로 주의해야 합니다.

● 어른벌레 사육

무당벌레는 종류에 따라 먹이가 다릅니다. 다른 곤충이나 균류를 먹는 무당벌레는 사육이 어렵습니다. 감자의 해충인 큰이십팔점박이무당벌레는 감자 잎을 먹기 때문에 사육이 쉽습니다. 사육 병 속에 먹이를 넣고, 망이나 천으로 뚜껑을 덮습니다. 잎이 시들면 바꾸고 가끔 물을 뿌려 줍니다.

 남생이무당벌레 → 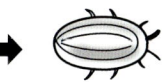 버드나무잎벌레의 애벌레

 홍테무당벌레 →  주머니깍지벌레

 십이흰점무당벌레 →  흰가루 같은 모양의 병균

큰이십팔점박이무당벌레 → 감자, 가지, 토마토 등의 잎

먹이

무당벌레나 칠성무당벌레는 애벌레도 어른벌레도 진딧물만 먹습니다. 장미나 무궁화나무같이 진딧물이 많이 붙어 있는 것을 그대로 사육 상자에 넣습니다. 아주 많은 수의 진딧물을 먹기 때문에 무당벌레를 사육하려고 한다면, 먹이를 확보하는 것이 중요합니다.

진딧물
- 몸길이 1~3mm
- 시기: 주로 봄~가을
- 분포: 전국

무당벌레나 칠성무당벌레의 먹이가 됩니다.

진딧물을 먹는 칠성무당벌레의 애벌레

● 집단 월동

무당벌레나 칠성무당벌레, 남생이무당벌레는 어른벌레로 겨울을 넘깁니다. 아침 햇살과 석양이 잘 드는 돌이나 썩은 나무토막, 낙엽 아래에 있는 경우가 많고, 무리 지어 월동하는 것도 관찰할 수 있습니다.

거위벌레

검정날개거위벌레
- 몸길이 4~5mm
- 시기: 어른벌레는 4~6월에 나타납니다.
- 분포: 전국

거위벌레의 어른벌레는 잎을 말아 요람을 만들고 그 안에서 산란합니다. 지면에 떨어져 있는 요람을 일본에서는 땅바닥에 마치 두루마리 종이에 쓴 편지가 떨어진 것처럼 보여 '떨어진 편지'라고도 합니다. 요람을 발견하면 사육 상자에 젖은 화장지를 겹쳐 깔아 그 위에 놓고, 가끔씩 물을 뿌려 줍니다. 일주일이 지나면 부화합니다.

● 검정날개거위벌레의 요람 만들기

입으로 물어 자국을 낸 다음 잎을 안쪽으로 접습니다.

거위벌레의 요람

알을 낳으면 잎을 말기 시작합니다.

● 요람 속의 모습

알 요람 속에 한 개의 알을 낳습니다.

잎의 주맥을 갉아 자릅니다.

애벌레 요람의 잎을 먹고 자랍니다.

요람을 땅으로 떨어뜨립니다.

번데기 4월경에 어른벌레가 됩니다.

 무당벌레의 최적 온도는 25℃ 전후입니다. 여름에 기온이 올라가면 낙엽 밑에서 여름잠을 자기도 합니다.

곤충

개미

일본왕개미
- 몸길이: 7~13mm
- 시기: 4~10월
- 분포: 전국

먹이를 옮기는 일본왕개미

개미 무리는 집 주변에서도 볼 수 있기 때문에 채집이 간단하고, 사육도 쉬운 곤충입니다. 상자 속에 집을 만들어 주면 훨씬 재미있게 기를 수 있습니다.

일본왕개미의 집
잘 기르려면 집을 만들어 주어야 합니다.

먹이

곤충용 젤리나 멸치 외에도 죽은 곤충이나 꿀, 빵가루, 생선포를 먹습니다. 사과와 같은 과일도 먹지만 동물성 먹이를 꼭 주어야 합니다. 먹이는 흙 위에 직접 놓지 않도록 합니다.

멸치

곤충용 젤리

물
도망가는 것을 막기 위해 물을 채워 놓습니다.

⚠️ 주의

● 개미 사육은 흙이 약간 촉촉한 것이 중요합니다. 너무 건조하지 않도록 주의하고, 가끔씩 물을 뿌려 줍니다.

● 사육 상자에 넣을 흙은 소독을 해야 합니다. 먼저 햇볕을 쬐이고 프라이팬에 놓고 가열한 후에 넣습니다.

관찰 일본왕개미 성장

애벌레 풀씨를 먹습니다.

번데기 고치를 짓습니다.

고치 속에 번데기

관찰 일본왕개미의 몸

일개미 몸 전체에 잔털이 있습니다.

- **더듬이**: 냄새를 맡는 곳입니다. 더듬이를 맞대고 같은 집의 개미인지 아닌지를 확인합니다.
- **머리**
- **가슴**
- **배**
- **여왕개미**
- **겹눈**: 많은 낱눈이 모여 되었습니다.
- **입**: 먹이를 잡는 날카로운 입입니다.
- **앞다리**: 끝에 발톱이 있습니다.
- **가운뎃다리**
- **뒷다리**: 엉덩이 끝에 침이 있어 쏘면 '개미산'이라는 산이 나옵니다.
- **수개미**

사육 상자

빈 병으로도 사육을 할 수 있지만, 작은 사육 상자를 사용하는 것이 좋습니다.
상자 주변을 검은 종이로 싸고 플라스틱 용기를 상자 중앙에 뒤집어 넣으면 개미들이 상자의 바깥 면을 따라 집을 만들기 때문에 관찰하기 좋습니다.

상자 중앙에 플라스틱 용기를 엎어 놓습니다.

사육 상자 주변에 검은 종이를 붙입니다.

● 개미 채집

개미집 구멍을 숟가락으로 파내어 채집하거나, 밤에 짝짓기를 위해 불빛에 날아온 여왕개미와 수개미를 채집합니다. 버리는 페트병을 이용하여 채집하면 되므로 누구라도 쉽게 할 수 있습니다.

입구에 묽은 설탕물을 바릅니다.

페트병 위쪽 3분의 1 부분을 자르고 주둥이 쪽을 거꾸로 몸체 부분에 끼워 넣으면 훌륭한 채집 장치가 됩니다. 그 안에 먹이를 넣은 다음 개미 통로에 놓아둡니다.

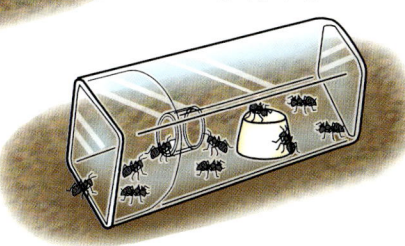

안으로 들어간 개미는 밖으로 나올 수 없으며, 채집된 채로 들어다가 사육 상자에 넣습니다.

● 개미의 공생

개미는 진딧물의 엉덩이에서 나오는 단물을 얻어먹고, 대신에 개미는 진딧물을 보호해 줍니다.
일본왕개미는 담흑부전나비 애벌레를 기르는 것으로도 알려져 있습니다. 개미는 애벌레에게 입으로 먹이를 주는 대신에 애벌레가 분출하는 단물을 받아 먹습니다.

진딧물이 내는 단물을 받아 먹습니다.

담흑부전나비 애벌레

담흑부전나비 애벌레를 집 안에서 키우고 단물을 받습니다.

일개미의 수명은 3~6개월 정도인데 비하여 여왕개미는 여러 해 살 수 있습니다.

귀뚜라미

왕귀뚜라미 ■ 몸길이 20~25mm ■ 시기: 8월 이후 ■ 분포: 전국
극동귀뚜라미 ■ 몸길이 15mm ■ 시기: 8월 이후 ■ 분포: 전국
모대가리귀뚜라미 ■ 몸길이 15mm ■ 시기: 8월 이후 ■ 분포: 전국

우리와 친근한 소리를 내는 대표 벌레입니다. 귀뚜라미는 들판이나 밭에서도 볼 수 있고, 채집도 비교적 쉬우며 울음소리도 아름답습니다. 꼭 사육해 봅니다.

왕귀뚜라미

뚜껑
비닐은 귀뚜라미가 물어뜯어 구멍을 내고 도망갈 수 있으므로 좋지 않습니다.

사육 상자
사육 상자를 준비하고 너무 건조할 것 같으면 가끔 물을 뿌려 줍니다. 직사광선이 들면 사육 통 속이 지나치게 더울 수 있으므로 주의해야 합니다.

산란 상자
바닥에 3~5cm 정도 높이의 흙을 깔거나 다른 작은 상자를 준비합니다. 사용할 흙을 햇볕에 쬐인 뒤 프라이팬에 놓고 가열하여 살균한 후 사용합니다.

산란용 흙은 약간 촉촉할 필요가 있습니다. 상자의 가장자리에 붙여서 바닥 쪽으로 스며들도록 천천히 물을 따릅니다. 알을 낳으면 사육 상자에서 꺼내서 흙이 마르지 않도록 주의합니다.

먹이
생선포, 오이, 호박, 가지 등도 좋은데, 일본에서는 방울벌레용 먹이가 있어 이를 이용하기도 합니다.

방울벌레 먹이   생선포

! 주의
● 썩거나 곰팡이가 피기 쉬우므로 먹이는 반드시 대나무꼬치에 꽂아서 흙 위에 직접 놓지 않도록 합니다.

관찰 왕귀뚜라미 성장

산란 배 끝의 산란관을 흙 속에 꽂고 알을 낳습니다.

알

1령 애벌레

2령 애벌레 어른벌레와 비슷하지만, 아직 날개가 짧은 상태입니다.

왕귀뚜라미 종류는 어른벌레가 된 직후 뒷날개를 갖고 있지만, 1주일 정도면 날개가 스스로 떨어집니다.

● 수컷·암컷 구별하는 방법

암컷 산란관이 나와 있습니다.

수컷

수컷의 날개
수컷의 좌우 날개에는 들쭉날쭉한 줄과 딱딱한 톱처럼 생긴 것이 있습니다. 이 줄과 톱을 서로 비벼 소리를 냅니다.

숨는 곳

수컷 귀뚜라미는 세력권 의식이 강한 곤충입니다. 낮에는 불필요한 싸움을 하지 않고 휴식할 수 있게 숨을 곳을 만들어 주어야 합니다. 나무 조각 외에도 박스나 신문지 등 다양한 것을 이용할 수 있습니다.

● 울음소리

귀뚜라미의 울음소리를 음향 분석기로 멜로디를 조사해 보았습니다.

왕귀뚜라미

코로코로리-

극동귀뚜라미

리-리-리
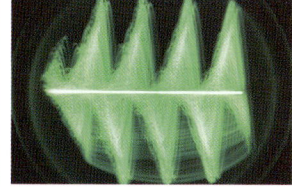

모대가리귀뚜라미

지지지짓
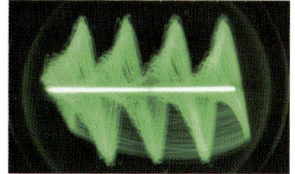

방울벌레

- 몸길이 약 15mm
- 시기: 8월 이후
- 분포: 전국

맑고 아름다운 소리로 울지만 풀 사이에 있기 때문에 채집이 어렵습니다. 일본에서는 애완 곤충 판매점에서 판매하지만 우리나라에서는 아직 판매하지 않습니다.

뚜껑

숨는 곳 박스를 접어서 만듭니다.

먹이 호박, 오이, 가지, 생선포, 또는 일본 같은 경우는 방울벌레 전용 먹이 등을 줍니다.

흙 산란용 상자 바닥에 3~5cm 정도 흙을 깔아 놓습니다. 흙은 햇볕을 쬔 다음 프라이팬에 놓고 가열하여, 살균한 것을 사용합니다. 그리고 방울벌레용 매트가 판매된다면 사서 쓸 수도 있습니다.

● 울음소리

울음소리가 아름다워 옛부터 그 소리를 즐겨 왔습니다. 귀뚜라미처럼 좌우 날개에 있는 줄과 톱 모양으로 생긴 것으로 서로 비벼서 웁니다.

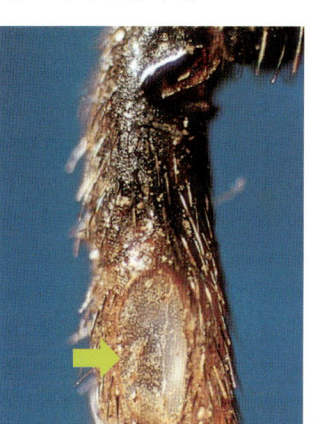

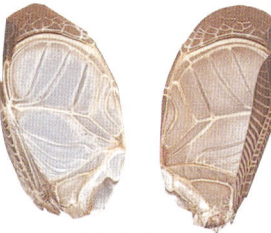
방울벌레의 날개

방울벌레의 울음소리 리잉- 리잉-
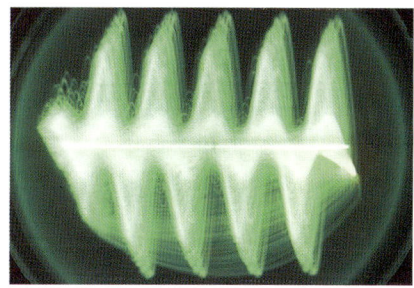

방울벌레의 귀 (앞다리의 안쪽에 있습니다.)

✏ 왕귀뚜라미는 세력권을 주장할 때는 '코로코로리리리', 상대를 겁줄 때는 '키리키리', 암컷을 부를 때는 '코로코로리-' 하고 웁니다.

메뚜기

풀무치 ■ 몸길이 35mm(♂) ■ 시기: 7월 이후 ■ 분포: 전국

우리나라 메뚜기 중에서 가장 큰 종이며 조선 시대에도 떼로 발생해서 피해를 준 적이 있습니다. 잘 자라기 때문에 빛과 먹이(벼과 식물)만 있으면 비교적 사육이 간단한 곤충입니다. 메뚜기와 같은 방법으로 기릅니다.

뚜껑
통풍이 잘되는 뚜껑으로 덮어 줘야 합니다.

사육 상자
조금 큰 사육 통을 준비합니다. 풀무치는 건조한 환경에 강하므로 통 안이 너무 습기차지 않도록 주의해야 합니다. 가끔씩 물을 뿌려 줍니다.

먹이
벼과 식물을 먹습니다. 식물을 컵에 꽂아 놓아도 좋은데, 먹이 식물을 뿌리째 뽑아다가 화분에 옮겨 심은 후, 사육 상자에 넣어 두면 더 오래갑니다.

날고 있는 풀무치

사과 / 벼과 식물 / 식빵 / 강아지풀 / 참억새

관찰 풀무치의 산란에서 어른벌레까지

알 낳기 배를 흙 속에 밀어 넣습니다.

부화

애벌레 ① 어린 애벌레는 갈색입니다.

애벌레 ② 마지막 애벌레는 머리·가슴이 녹색입니다.

 메뚜기 알들은 거품에 싸인 알주머니에 들어 있습니다. 알은 흙 속에서 겨울을 넘기고, 봄에 부화합니다.

● **풀무치의 비행형**

풀무치는 보통 녹색을 띱니다. 하지만 인공적으로 기르거나 자연에서 떼로 발생하여 이주형이 되면 흑갈색을 띱니다. 이주형은 정주형인 녹색형보다 한결 작고 가늘지만 나는 힘은 더 강합니다.

이주형(♂) 녹색형(♂)
이주형(♀) 녹색형(♀)

* 북방여치

* 북방여치 ■ 몸길이 40mm ■ 시기: 여름~가을
■ 분포: 일본

옛부터 일본 사람들에게 친숙한 곤충으로 내는 소리가 큽니다. 들이나 강변에서 볼 수 있고 곤충을 잡아먹습니다.

뚜껑
사육 상자
벼과 식물의 풀을 화분에 옮겨 심어 줍니다.

산란 상자
메뚜기처럼 흙을 깊게 담은 상자를 준비합니다.

먹이
오이, 사과를 먹는데, 어류 포나 먹이용 벌레를 주어도 됩니다.

다랑어포

⚠ 주의

● 사육 상자는 직사광선이 들지 않는 밝은 창가에 둡니다. 메뚜기나 여치는 일광욕이 중요함으로 하루에 30분 정도 일광욕을 시킵니다.

산란 상자

산란 상자에 넣을 흙은 햇볕에 소독한 후에 프라이팬에 놓고 가열하여 살균합니다. 흙은 약간 촉촉하게 하고 알을 낳으면 사육 상자에서 꺼내어 랩으로 싸서 포장합니다. 흙이 마르지 않도록 합니다. (귀뚜라미에게 알을 낳게 하는 방법과 비슷합니다.)

흙을 소독합니다.

흙은 건조시켜 둡니다.

● **알에서 부화**

알 흙 속에서 낳습니다.

부화

날개돋이 ①

날개돋이 ②

날개돋이 ③

날개돋이 ④ 날개가 펴지는 것을 기다립니다.

✏ 작은 사육 상자에서 많은 개체를 사육하면 서로 잡아먹는 경우가 있습니다.

사마귀

왕사마귀 ■ 몸길이 70㎜(♂) ■ 시기: 여름 이후 ■ 분포: 전국

사마귀 무리는 낫처럼 생긴 앞다리를 갖고 먹이 사냥을 합니다. 애벌레도 어른벌레처럼 곤충과 같은 작은 동물을 잡아먹는데, 보통 움직이는 것만 먹습니다. 사육할 때는 먹이 확보가 중요합니다.

위협하는 왕사마귀

뚜껑

사육 상자
큰 플라스틱 사육 상자를 사용하고, 건조하지 않도록 가끔 물을 뿌려 줍니다.

홰
사육하는 애벌레가 탈피할 때 잡는 지지대로 이용합니다. 만일 여러 마리를 함께 키울 경우, 홰가 서로를 가려 주어 자기들끼리 잡아먹는 행동을 막을 수도 있습니다.

먹이
판매되고 있는 귀뚜라미를 이용하면 간단하지만, 파리 등을 잡아다 주어도 됩니다.

왼편의 사진은 상자를 세워서 키우는 모습입니다. 사마귀를 사육할 때는 높이가 중요하기 때문입니다. 약간 큰 사육 통을 사용할 경우는 바로 놓아도 좋습니다.

⚠ 주의
● 애벌레를 함께 사육하면 서로 잡아먹는 경우가 있으므로 사육 상자를 분리해서 키우는 것이 안전합니다.

먹이용 벌레
잠자리
파리
귀뚜라미

관찰 왕사마귀의 부화

알 알주머니에 싸여 있습니다.

부화 부화 직후의 것을 '전애벌레'라고 합니다.

전애벌레에서 허물을 벗어 1령 애벌레가 됩니다.

사마귀가 짝짓기를 할 때, 암컷이 수컷을 먹어 버린다고 합니다. 그런데 먹이가 많이 있으면 수컷을 잡아먹는 경우는 없습니다.

● 알 사육

알주머니는 정원의 나무나 초원의 풀줄기에서 볼 수 있으며, 알이 달린 줄기 채로 채집합니다. 페트병의 주둥이 부분을 잘라 내어 채집한 알주머니를 넣습니다. 그물눈이 가는 망으로 뚜껑을 만들어 덮습니다. 알 사육 통은 햇빛이 들지 않는 베란다나 옥외에 둡니다. 방에 놓아두면 겨울에 부화하여, 먹이를 구할 수 없는 경우가 발생할 수 있습니다. 가끔 물도 뿌려 줍니다. 알주머니는 냉장고의 야채실에 보관하면, 기르고 싶을 때 꺼내어 부화시킬 수도 있습니다.

사육 상자는 베란다나 옥외에 둡니다.

알 사육 세트

● 왕사마귀의 몸

사마귀의 특징은 앞다리가 먹이를 잡기 위해 낫 모양으로 변화된 것입니다.

앞날개

뒷다리

앞다리   가운뎃다리

뒷날개
뒷날개는 앞날개 아래에 접혀져 있다가 날 때 사용됩니다.

앞다리는 낫 모양으로 변해 있으며, 재빠르게 움직여 먹이를 자릅니다.

● 사마귀의 알주머니

좀사마귀
가늘고 길며 딱딱합니다.

왕사마귀
공 모양으로 부드럽습니다.

넓적배사마귀
원통형입니다.

사마귀
가늘고 깁니다.

● 사마귀의 눈

사마귀는 낮뿐만 아니라 밤에도 활동합니다. 눈이 볼 수 있는 각도는 매우 넓으며 머리도 잘 돌릴 수 있습니다.

낮의 눈 검은 부분이 작습니다.   밤의 눈 검은 부분이 큽니다.

▲ 관찰

왕사마귀의 탈피

왕사마귀는 어른벌레가 되기까지 7~8회 정도 탈피합니다. 어른벌레가 되면 긴 날개가 생깁니다.

✎ 알을 집 밖에 두면 보통 4~5월경에 부화합니다.

고충

민집게벌레

■ 몸길이 18~36㎜ ■ 시기: 연중 ■ 분포: 전국

돌이나 마른풀 밑에서 자주 볼 수 있습니다. 언뜻 보면 곤충 같아 보이지 않지만, 자세히 보면 몸이 머리·가슴·배로 이루어져 있고 다리가 6개인 곤충입니다. 잡식성으로 무엇이든 먹기 때문에 기르기 쉽습니다.

뚜껑
없어도 괜찮지만, 수조가 더러워지면 올라오는 경우도 있어 도망치지 못하도록 가는 그물눈의 천으로 덮는 것이 좋습니다.

사육 상자
작은 수조로 사육할 수 있습니다. 바닥에는 2~3㎝ 정도 높이로 흙을 까는데, 가능하면 민집게벌레를 채집한 곳의 흙을 이용하면 좋습니다.

숨는 곳
깨진 화분 조각이나 작은 돌, 낙엽을 이용하여 숨는 곳을 만들어 줍니다.

먹이
무엇이든 잘 먹지만, 동물성 먹이를 반드시 주어야 합니다. 살아 있는 작은 곤충도 먹습니다.

⚠ 주의
● 습기를 좋아하는 곤충이므로 분무기로 물을 뿌려 항상 촉촉하게 해야 합니다. 빛이 직접 들지 않는 곳에 두도록 합니다.

강아지 사료

오이 / 가지 / 멸치 / 사과

관찰

민집게벌레의 생활

어미 민집게벌레는 먹이를 거의 먹지 않은 채 알과 막 태어난 애벌레를 지킵니다.

알 직경 약 1.5㎜입니다.

막 태어난 애벌레를 개미로부터 지키는 어미 민집게벌레

엉덩이를 휘어 상대를 자르려는 자세를 취합니다.

✏ 민집게벌레는 불완전 탈바꿈을 하는 곤충으로 4~7회 정도 탈피하여 어른벌레가 됩니다.

길앞잡이

길앞잡이
- 몸길이 20mm ■ 시기: 봄~여름
- 분포: 북부, 중부, 남부

산길에서 길앞잡이를 만났을 때, 가까이 가면 날아가 버리고, 다시 가까이 가면 또 날아가 버려서 '길앞잡이'란 이름을 가졌습니다.

뚜껑 잘 날기 때문에 반드시 필요합니다.

사육 상자 작은 수조로 사육할 수 있습니다.

● 애벌레의 먹이 사냥법

길앞잡이 애벌레는 땅속에 구멍을 내어 살고 있습니다. 먹이가 다가오면 가슴을 확 펴면서 날카로운 턱으로 잽싸게 물고는 구멍 안으로 끌고 들어가 먹습니다.

길앞잡이 애벌레

물통 너무나 깊으면 빠질 위험이 있으므로 얕은 용기를 사용합니다.

흙 상자 바닥에 얇게 흙이나 작은 돌을 깝니다.

숨는 곳 깨진 화분 조각이나 작은 돌로 만들어 줍니다.

거미 먹이 작은 곤충

먹이용 벌레

이외에 지렁이나 고기 등도 먹습니다.

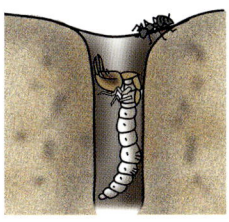 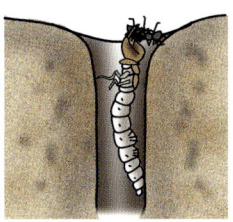 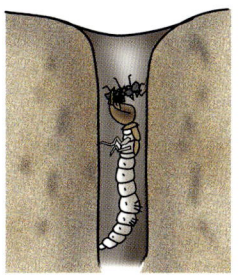

① 구멍 입구에서 먹이가 오기를 기다립니다.
② 가슴을 확 펴고 순간적으로 뭅니다.
③ 안으로 끌고 들어갑니다.

초파리

노랑초파리
■ 몸길이 2mm ■ 시기: 연중 ■ 분포: 전국

썩은 과일에 모이는 작은 파리입니다. 사육이 간단하여 유전 실험 재료로 사용되어 왔습니다. 사마귀 등 다양한 동물의 먹이가 됩니다.

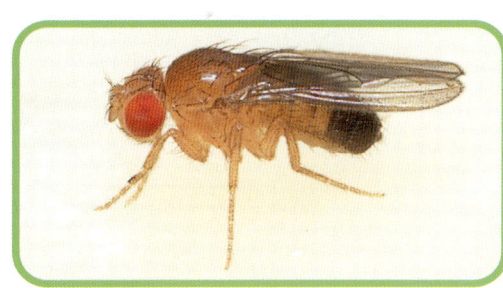

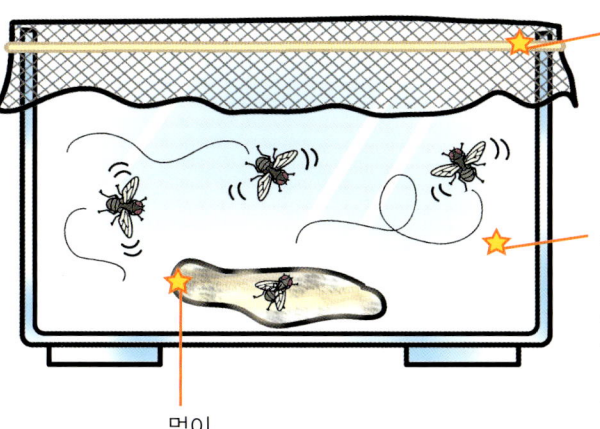

뚜껑 가제나 그물눈이 미세한 것으로 덮습니다.

사육 상자 빈 병으로도 사육할 수 있지만, 작은 수조가 좋습니다. 박스를 세워 두면 어른벌레의 홰나 번데기가 될 장소로도 사용됩니다.

먹이 바나나(껍질은 숨는 곳이 됨) 같은 과일, 약간의 설탕과 우유를 서늘한 곳에서 굳힌 것 등입니다.

관찰 초파리 성장

초파리의 알은 하루 만에 부화되고, 애벌레는 4일 정도면 번데기가 되며, 3~4일이 지나면 어른벌레가 됩니다. 어른벌레의 수명은 약 10일 정도입니다.

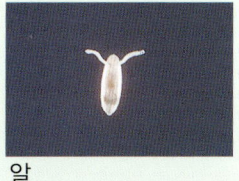
알

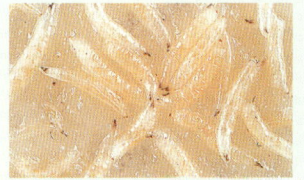
애벌레 2회 탈피합니다.

번데기

 초파리의 뒷날개는 퇴화되어 '평균곤'이라는 짧은 봉처럼 되어 있습니다.

개미귀신(명주잠자리)

명주잠자리 ■ 몸길이 35㎜ ■ 시기: 여름 ■ 분포: 전국
별박이명주잠자리 ■ 몸길이 30~35㎜ ■ 시기: 6~10월 ■ 분포: 전국

개미귀신은 명주잠자리의 애벌레입니다. 깔때기처럼 생긴 구멍집을 만들어 떨어진 개미를 잡아먹으므로 '개미귀신'이라고 합니다. 왕명주잠자리나 별박이명주잠자리의 애벌레도 비슷한 습성을 가졌습니다.

큰 턱을 벌린 명주잠자리

뚜껑
없어도 괜찮지만 어른벌레가 되는 6~8월에는 꼭 필요합니다.

사육 상자
플라스틱 포장 상자로도 키울 수 있습니다. 건조에 강한 곤충이라 물을 뿌릴 필요가 없습니다. 어른벌레가 되는 시기가 되면 사육 상자 안에 나뭇가지를 세워 줍니다.

채집한 개미귀신을 모래와 함께 컵에 넣으면 바로 구멍집을 만듭니다.

모래
건조한 모래를 넣어 주되, 가능하면 개미귀신을 채집한 장소의 것을 넣으면 좋습니다.

먹이
작은 곤충을 먹는데, 살만 빨아 먹고, 찌꺼기는 구멍 밖으로 버립니다.

공벌레   개미

! 주의
● 작은 사육 상자 안에 많은 개체를 넣으면 서로 잡아먹을 수 있습니다. 작은 상자에 한 마리만 사육하도록 합니다.

▲ 관찰 개미귀신(명주잠자리) 번데기에서 어른벌레까지

고치에서 나온 어른벌레는 구멍집에서 나와 적당한 가지를 찾고, 날개를 폅니다. 고치에서 나온 후 날개를 펴는 데 30분 정도 걸립니다.

구멍에서 나옵니다.

가지를 잡고 날개가 펴지는 것을 기다립니다.

✎ 5~6월경에 고치를 짓고 그 안에서 번데기가 됩니다. 이때는 먹이 활동을 하지 않으므로 구멍집이 점차 메워집니다.

● 개미귀신 채집

채집은 4~6월경에 하는 것이 좋습니다. 비를 맞지 않는 평상 밑이나 큰 나무 아래의 마른 곳에서 깔때기 모양의 구멍집이 있는지 찾아봅니다. 개미귀신은 어른벌레가 되기까지 2~3년 걸립니다. 다 자란 개미귀신을 채집하면 1개월 정도 만에 어른벌레가 되는 것을 관찰할 수 있습니다.

절 마루 밑의 구멍집에는 별박이명주잠자리, 큰 나무 아래의 구멍집에는 명주잠자리의 애벌레가 살곤 합니다.

개미귀신 잡는 방법
삽과 신문지를 준비합니다. 구멍집을 찾으면 조금 앞쪽에서부터 모래를 파내되, 한 번에 힘껏 퍼야 합니다. 파낸 모래를 신문지 위에 펼쳐 놓고 모래 안에 개미귀신이 있는지 찾습니다.

 **구멍집**

개미귀신은 10분도 안 되어 구멍집을 짓고 숨어 들어갑니다. 사육 상자에 넣으면 바로 관찰을 시작할 수 있습니다.

① 구멍을 파기 시작합니다.
② 원을 그리듯이 파 들어갑니다.
③ 구멍집을 완성합니다.

구멍 안에서 먹이를 기다리는 개미귀신 개미가 떨어졌습니다.

 개미귀신은 사냥감이 도망가려 하면 바닥의 모래를 쳐 올려 사냥감의 발밑의 모래를 무너뜨립니다.

풀잠자리

■ 몸길이 10mm ■ 시기: 6~8월 ■ 분포: 전국

애벌레는 어른벌레와 함께 진딧물이나 깍지벌레를 먹습니다. 진딧물이 많은 풀과 나무를 찾아봅니다. 밤에 불빛에도 날아옵니다.

뚜껑 망이나 가제로 뚜껑을 만들어 덮습니다.

사육 상자 작은 수조나 플라스틱 상자

먹이
진딧물을 먹는데, 애벌레는 먹이가 충분하지 않으면 서로 잡아먹습니다.

알
'우담바라'라고도 부릅니다. 자기가 낳은 알을 먹어 버리기도 하므로 알을 낳자마자 어미는 다른 용기로 옮기는 것이 좋습니다.

관찰 풀잠자리 성장

알은 3~4일경에 부화합니다. 번데기에서 어른벌레가 되기까지는 11일~14일 정도 걸립니다.

알

부화

애벌레 진딧물을 먹습니다.

고치 안에서 번데기가 됩니다.

고치에 구멍을 내고 나옵니다.

37

수채(잠자리의 애벌레)

밀잠자리 ■ 몸길이 50~55mm ■ 시기: 4~10월 ■ 분포: 전국

잠자리의 애벌레를 '수채'라고 하는데, 봄에 연못에서 채집을 합니다. 채집할 때는 뚜껑이 있는 물통을 준비하여, 채집한 곳의 물과 수초도 함께 갖고 오면 좋습니다. 잠자리 애벌레는 얼마 동안 먹이를 먹지 않아도 견딜 수 있기 때문에 요령만 있으면 사육하기 쉬운 곤충입니다.

밀잠자리의 애벌레

뚜껑
잠자리가 애벌레일 때는 필요하지 않지만, 번데기에서 어른벌레가 되는 시기가 가까워지면 뚜껑을 덮어야 합니다.

사육 상자
조금 큰 병으로도 사육할 수 있지만, 수조를 이용하는 것이 좋습니다. 공기 펌프를 사용하면 물이 깨끗하게 유지되지만, 수조가 어느 정도 크면 필요 없습니다.

자갈
바닥에 1~2cm 정도 자갈을 깝니다. 장수측범잠자리 애벌레는 흙탕물 속에 있기 때문에 잔돌이나 흙을 넣어 주어야 합니다.

⚠ 주의
● 사육 상자에 직사광선이 들어가면 안 됩니다. 커튼이 있는 밝은 창가에 둡니다.

홰
어른벌레가 될 때가 가까워지면 사육 상자 속에 막대기나 작은 가지를 세워 줘 날개돋이 때 이용하게 합니다.
잠자리 애벌레가 먹이를 먹지 않게 되면 어른벌레가 될 시기가 가까워졌음을 의미합니다.

수초
넣어 두면 물이 깨끗해지고 잠자리 애벌레의 숨는 곳도 됩니다.

관찰
밀잠자리의 애벌레에서 어른벌레로

물 위로 올라온 잠자리 애벌레는 가지를 잡고 몸이 마르기를 기다려 어른벌레가 되기 시작합니다. 어른벌레가 되기까지는 여러 시간이 걸립니다. 거꾸로 몸을 뒤로 젖힌 상태로 조금 쉬기도 하고, 배 부분이 뽑아내지듯이 나오기도 합니다.

날개돋이할 장소를 결정합니다.

등이 터집니다.

날개가 퍼지기를 기다립니다.

어른벌레가 되었습니다.

수채(잠자리의 애벌레)는 밤에 물 위로 올라와 가지에 붙어 어른벌레가 되기 시작하여 해가 뜨기 전에 날개돋이를 끝냅니다.

● 잠자리 애벌레의 뻗어 나온 입

잠자리 애벌레의 입은 아랫입술이 변화한 부분으로, 먹잇감을 보면 재빠르게 길게 뻗어 나와 잡습니다.

송사리를 잡는 왕잠자리

먹이

송사리
올챙이
깔따구 애벌레

잠자리의 애벌레는 움직이는 것만 먹기 때문에 살아 있는 먹이가 필요합니다. 잠자리의 애벌레가 어릴 때는 깔따구 애벌레, 장구애비나 물벼룩을 주고, 커지면 송사리나 올챙이를 수조에 넣어 줍니다. 남은 먹이는 물을 더럽히기 때문에 바로 빼내도록 합니다.

● 잠자리의 산란

잠자리는 물에다 알을 낳는데, 그 방법은 종에 따라 다양합니다. 밀잠자리는 물 표면을 치는 듯이 하면서 알을 흩뿌려 놓습니다. *일본고추잠자리는 배 끝이 수면에 닿을 듯한 자세로 알을 낳습니다. 반면에 왕잠자리나 실잠자리 무리는 수초의 줄기에 낳으며, 장수잠자리는 물속에 있는 진흙 속에다 배 끝을 찔러 넣어 산란합니다.

밀잠자리의 산란
물속에 알을 흩뿌립니다.

왕잠자리
수초에 알을 낳습니다.

● 잠자리의 종류 ●

* 일본고추잠자리
■ 몸길이 40mm ■ 시기: 6~11월 ◆ 분포: 일본 특산종

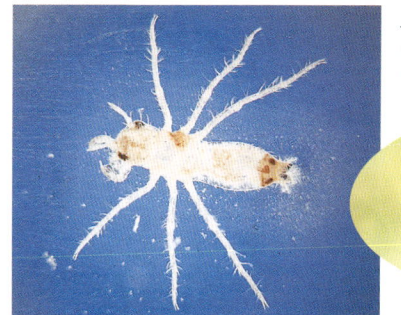

고추잠자리 중의 하나로 애벌레는 연못이나 늪 바닥에 삽니다.

애벌레   어른벌레

장수측범잠자리
■ 몸길이 85mm ■ 시기: 5~9월 ◆ 분포: 북부, 중부, 남부

애벌레는 배가 편편하고 폭이 넓은 것이 특징입니다.

애벌레   어른벌레

왕잠자리
■ 몸길이 70mm ■ 시기: 5~10월 ◆ 분포: 전국

왕잠자리는 논이나 연못에서 자주 볼 수 있습니다. 애벌레는 평지의 연못이나, 늪의 수초 사이에 있습니다.

애벌레
배 끝으로 물을 제트기처럼 분사합니다.
어른벌레

* 큰청실잠자리
■ 몸길이 46mm ■ 시기: 5~11월 ◆ 분포: 극동 러시아, 일본

애벌레는 연못의 수초 사이에 있습니다.

애벌레   어른벌레

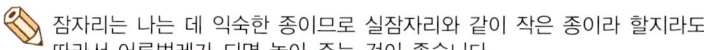

잠자리는 나는 데 익숙한 종이므로 실잠자리와 같이 작은 종이라 할지라도 어른벌레를 사육할 때는 사방 1m 정도의 공간은 필요합니다. 따라서 어른벌레가 되면 놓아 주는 것이 좋습니다.

물방개

■ 몸길이 35~40㎜ ■ 시기: 연중 ■ 분포: 전국

물방개는 장수풍뎅이처럼 딱정벌레 무리의 하나로서 물속 생활에 적응된 곤충입니다. 수초가 많은 연못에서 채집할 수 있으며 여름철에는 불빛을 보고 날아오기도 합니다. 일본에서는 애완 곤충 판매점에서 팔고 있으며, 우리나라에서는 여름에 판매하는 곳도 있습니다.

뚜껑
뒷날개를 사용해서 하늘을 잘 날 수 있으므로 뚜껑은 반드시 필요합니다.

사육 상자
조금 큰 수조를 준비하고, 그 안에는 자갈, 수초 등을 넣어 줍니다. 일광욕을 위해 나뭇가지도 세워 둡니다.

! 주의
● 사육 상자가 작으면 부화한 애벌레들이 서로 잡아먹을 수 있으므로 다른 용기로 옮겨야 합니다. 애벌레 사육 상자에는 공기 펌프가 꼭 필요하지 않습니다.

수초
수초는 물방개의 숨는 곳도 될 뿐 아니라, 택사처럼 줄기가 두꺼운 풀을 넣어 주면 줄기 안에다 알을 낳기도 합니다.

홰
가끔 물에서 올라와 일광욕을 하는 데 사용합니다.

공기 펌프
물을 여과하기 위한 펌프를 사용합니다. 공기 펌프가 없을 경우는 물이 더러워지는 것에 신경을 써야 하며, 3분의 1에서 2분의 1 정도씩은 물을 갈아 줘야 합니다.

관찰 물방개 성장

알 수초 줄기에 낳습니다.

애벌레 배 끝을 수면으로 올려 호흡합니다.

번데기 흙 속에서 번데기가 됩니다.

날개돋이 20일 정도에 어른벌레가 됩니다.

물방개의 애벌레 기간은 약 40일이며, 어른벌레는 4~5년 정도 살 수 있습니다.

● 산란 수조

봄이 오면 물방개는 줄기가 굵은 수초에 알을 낳으므로 택사와 같은 수초를 넣어 줍니다. 아래의 사육 수조와 같이 페트병에 물이끼와 흙을 넣어 알 낳을 장소로 이용하게 하는 것도 좋습니다.

산란 장소 페트병에 물이끼를 채워 넣습니다.

● 번데기가 될 때에는

애벌레는 흙 속에서 번데기가 되기 때문에 수조 속에 육지를 만들 필요가 있습니다. 몸길이가 6~7㎝ 되고, 먹이를 먹지 않게 되면 번데기가 될 준비를 하는 것이라고 볼 수 있습니다. 물이끼 밑에 흙을 넣어 두면 번데기가 될 장소로 이용합니다.

풀줄기나 나무젓가락 등

먹이

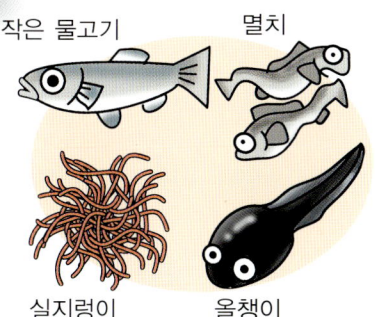

작은 물고기, 멸치, 실지렁이, 올챙이

애벌레도 어른벌레도 육식성이라 살아 있는 송사리나 올챙이를 주는 것이 좋습니다. 멸치도 먹는데 너무 많이 주면 먹다 남는 것이 물을 더럽게 하므로 주의해야 합니다.

● 물방개 다리

노처럼 생긴 한 쌍의 뒷다리를 동시에 움직여 헤엄칩니다. 수컷은 앞다리의 제1마디에 빨판이 있는데, 짝짓기할 때 암컷을 붙잡는 데 이용합니다.

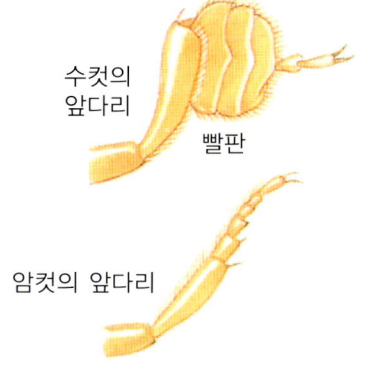

수컷의 앞다리, 빨판, 암컷의 앞다리

물자라

■ 몸길이 18~20mm ■ 시기: 5~6월 ■ 분포: 전국

물자라 암컷은 짝짓기를 하고 나서 수컷 등에 알을 낳습니다. 수컷은 알이 깨 나올 때까지 등에 알을 짊어지고 다니면서 보살핍니다. 논이나 연못에서 채집할 수 있습니다. 가끔 찔리는 경우가 있을 수 있으니 주의합니다.

수초 - 매달리는 장소나 숨는 곳이 됩니다.
자갈 - 바닥에 몇 센티 정도의 자갈을 깝니다.
사육 상자 - 물방개와 비교해 작은 수조도 괜찮으며 물을 너무 많이 넣지 않도록 합니다. 직사광선이 들지 않는 장소에 두어야 합니다.
공기 펌프

먹이

물자라는 육식성으로 어른벌레뿐 아니라 애벌레에게도 장구벌레나 올챙이, 송사리를 먹이로 줍니다. 먹이를 너무 많이 주면 물이 더러워질 수 있으므로 주의해야 합니다.

사냥감을 잡아 체액을 빨아 먹습니다.

● 부화

봄날, 수컷이 알을 짊어지고 있는 것을 발견하면 다른 용기로 옮깁니다. 깨어난 애벌레는 한 달 정도면 어른벌레가 될 수 있습니다.

부화하는 순간

물자라 수컷은 등에 진 알이 깨어날 때, 수면에서 꼼짝하지 않습니다. 수면 위로 수초가 나오도록 큰 것을 넣습니다.

곤충

물장군

- 몸길이 60mm ■ 시기: 봄~가을 ■ 분포: 전국

노린재 종류 중 최대의 곤충입니다. 논이나 연못에 사는데 최근에는 농약의 영향으로 그 수가 많이 줄어들어 환경부의 보호종으로 지정되어 있습니다. 따라서 개인적으로 사육한다고 잡을 수는 없습니다. 여름철에 불빛을 따라 날아오는 경우도 있습니다. 일본의 경우는 애완 곤충 판매점에서 동남아시아로부터 수입된 것을 판매하고 있습니다.

뚜껑
물장군은 날아다닐 수 있으므로 반드시 필요합니다.

사육 상자
어느 정도 수조를 준비해야 합니다. 바닥에는 적당히 자갈을 깔고, 물은 조금만 넣습니다.

공기 펌프
작은 공기 펌프를 준비하여 물을 항상 깨끗하게 합니다.

먹이
육식성 곤충이라 살아 있는 올챙이나 작은 물고기를 줍니다. 날카로운 갈고리가 있는 앞다리로 사냥감을 잡으며 바늘처럼 생긴 입으로 체액을 빨아 먹습니다.

올챙이를 잡은 물장군

올챙이

작은 물고기 (송사리)

관찰 물장군의 산란과 부화

알 낳기 왼쪽이 암컷, 오른쪽이 수컷

알을 지키는 수컷

부화 수면을 향해 떨어집니다.

42 　짝짓기를 하면서 알을 낳습니다. 수컷은 알이 마르지 않도록 옆에서 물을 뿌려 주면서 애벌레가 깨어날 때까지 아무것도 먹지 않고 지킵니다.

떠 있는 나뭇가지

사육 상자에는 떠 있는 나뭇가지와 굵은 줄기를 지닌 수초를 함께 넣어 둡니다. 봄에서 여름에 알을 낳는데, 물방개와 같이 페트병으로 산란 세트를 만들어 두면 나무젓가락에 산란을 합니다. 나뭇가지는 물장군이 호흡할 때 붙잡는 것으로 사용됩니다.

〈산란 세트〉 물이끼 / 흙 / 나무젓가락 등

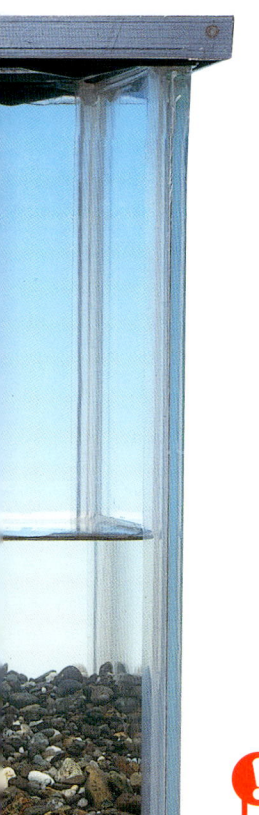

물장군의 호흡 나뭇가지에 붙어 배 끝에 있는 호흡관을 물 위로 꺼내어 숨을 쉽니다.

! 주의
● 물장군은 서로 잡아먹는 경우가 있습니다. 이미 알을 낳은 곳에 이제 알을 낳을 암컷이 와서 미리 낳아 놓은 알을 물속에 빠뜨립니다. 그러므로 수컷과 암컷 한 쌍씩 사육하는 것이 좋습니다.

● 월동

야생에서 물장군은 낙엽 속이나 연못 주변의 흙 속에 숨어들어 겨울을 보냅니다. 따라서 사육 상자를 온도 차가 없으면서 물이 얼지 않는 실외에 두어 겨울을 나게 합니다.

흙 속에 숨어 들어가 겨울을 넘기는 물장군

게아재비

■ 몸길이 43mm ■ 시기: 봄~가을 ■ 분포: 전국

앞다리가 사마귀처럼 낫 모양으로 되어 있습니다. 고인 물웅덩이나 내에서도 물 흐름이 느린 곳에 삽니다. 사육 방법은 물장군과 거의 비슷한데 물을 항상 깨끗이 해 줘야 합니다.

수초 / 공기 펌프 / 산란 장소 (물가의 흙이나 물이끼에 산란합니다.)

사육 상자
물장군보다 작은 수조도 좋은데, 물은 반 정도 채우고, 바닥에는 자갈을 적당히 깝니다. 물장군과 같은 산란 세트를 넣어 두면 물이끼에 산란합니다.

게아재비의 알

● 먹이

먹이는 물장군과 거의 비슷해 살아 있는 작은 물고기나 올챙이를 줍니다.

올챙이 / 작은 물고기(송사리)

사냥감을 잡는 게아재비
날카로운 낫 모양으로 생긴 앞다리로 사냥감을 잡고, 입을 내밀어 체액을 빨아 먹습니다.

 물장군의 애벌레도 서로 잡아먹기 때문에 부화하면 한 마리씩 다른 곳에서 키워야 합니다.

곤충

소금쟁이

■ 몸길이 15mm ■ 시기: 봄~가을 ■ 분포: 전국

연못이나 늪의 수면을 획획 움직이는 곤충입니다. 망을 사용하여 채집하고, 물은 없어도 괜찮으므로 병이나 봉투에 넣어 가지고 옵니다.

소금쟁이 무리

뚜껑
날기 때문에 뚜껑은 반드시 필요합니다.

사육 상자
작은 수조로도 사육할 수 있는데 수면이 넓은 것이 소금쟁이가 활동하기 좋으므로 병에서는 사육할 수 없습니다. 수조의 바닥에 자갈을 깔고, 수초나 바위, 나뭇조각 등을 넣어서 밝은 곳에 둡니다.

공기 펌프
작은 공기 펌프를 사용하여 물을 항상 깨끗하게 합니다.

먹이
소금쟁이는 주로 물에 떨어진 곤충을 잡아먹는데, 먹이 곤충의 체액을 빨아 먹습니다. 따라서 먹이로 살아 있는 파리나 모기를 수면에 떨어뜨려 줍니다.

파리 / 모기 / 거미

●**부화**
수면의 수초에 낳은 알은 일주일 정도면 부화됩니다.

소금쟁이는 수면의 파동을 느껴 먹잇감이 떨어졌는지를 알아차리며 파동의 방향을 통해서 먹이가 어느 방향에 있는지도 느끼게 됩니다.

수면에 떨어진 땅강아지 애벌레를 잡은 소금쟁이

관찰 소금쟁이의 다리

소금쟁이는 가벼우며, 다리에는 물이 스미지 않게 하는 털들이 있어 물에서 표면 장력을 크게 하여 가라앉지 않습니다. 그 증거로 비눗물을 떨어뜨리면 소금쟁이는 가라앉고 맙니다.

소금쟁이의 다리 끝

44 소금쟁이 애벌레도 물에 떨어진 곤충의 체액을 빨아 먹습니다.
어른벌레도 마찬가지이므로 서로 잡아먹는 것을 막기 위해 애벌레를 어른벌레와는 별도로 사육해야 합니다.

물맴이

- 몸길이 10~15mm
- 시기: 봄~가을
- 분포: 북부, 중부, 제주도

수면에서 뱅뱅 원을 그리며 헤엄치는 곤충으로 논이나 연못, 늪 등에 있습니다. 놀라면 물속으로 잠수하는데, 곧 다시 나옵니다.

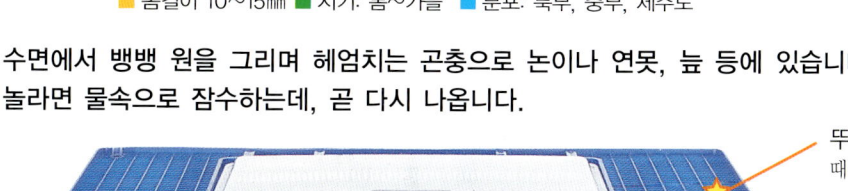
왕물맴이 무리

- **뚜껑** 날아다니는 곤충이기 때문에 반드시 필요합니다.
- **사육 상자** 작은 수조도 좋은데 물은 많이 넣지 않으며, 바닥에 자갈을 깔고 수초를 넣습니다. 밝은 장소에 두도록 합니다.
- **산란 장소** 알은 수련(연꽃) 잎에 낳습니다. 부화한 애벌레는 땅으로 올라와 흙 속에서 고치를 짓기 때문에 수조 안에 육지를 만들어야 합니다. 물방개, 물장군 때 사용한 산란 세트(40, 42페이지)도 사용할 수 있습니다.

먹이 애벌레와 어른벌레 모두 육식성입니다. 작은 애벌레는 물벼룩을 줍니다.

〈어른벌레의 먹이〉 멸구류 곤충 / 파리

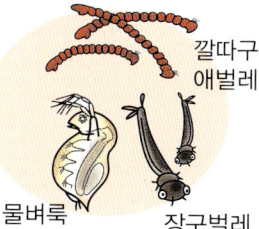
〈애벌레의 먹이〉 깔따구 애벌레 / 물벼룩 / 장구벌레

- **공기 펌프** 소형의 펌프를 사용하여 물을 깨끗이 합니다.

송장헤엄치개

- 몸길이 12~14mm
- 시기: 5~9월
- 분포: 전국

연못이나 늪의 수면 바로 밑에서 거꾸로 생활하는데, 특히 수초가 많은 곳에 있습니다. 송장헤엄치개가 찌르는 경우가 있기 때문에 채집할 때는 그물을 사용하는 것이 좋습니다.

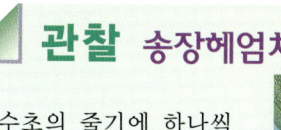
송장헤엄치개

- **뚜껑**
- **사육 상자** 중간 크기의 사육 통을 준비하고, 바닥에 자갈을 깝니다.
- **공기 펌프** 작은 것도 좋으나, 없어도 사육할 수 있습니다.

수초 검정말 등을 많이 넣습니다.

먹이 작은 애벌레는 물벼룩, 장구벌레 등을 줍니다.

멸구류 곤충 / 파리

체액을 먹습니다.

관찰 송장헤엄치개 성장

수초의 줄기에 하나씩 낳은 알은 2주일 정도면 부화됩니다. 애벌레는 약 1개월이 지나면 어른벌레가 됩니다.

알

부화

애벌레

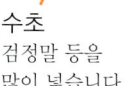 송장헤엄치개는 먹이가 적으면 서로 잡아먹습니다. 사육 상자에 너무 많이 넣지 않도록 합니다.

달팽이

달팽이 ■ 크기 약 25㎜ ■ 분포: 전국
세줄달팽이 ■ 크기 약 40㎜ ■ 분포: 전국

달팽이는 촉촉한 장소에서 사는 육지의 패류입니다. 비가 갠 아침에 잘 볼 수 있고, 맑은 날 낙엽 밑이나 나무뿌리, 돌 사이를 찾아 채집할 수 있습니다. 나무 젓가락으로 채집하면 좋습니다.

세줄달팽이

뚜껑
유리 벽을 타고 꼭대기까지 올라오기 때문에 뚜껑은 반드시 필요합니다.

사육 상자
플라스틱 상자나 빈 병으로 사육할 수 있지만, 어느 정도 많이 키우려면 사육 통을 준비해야 합니다.

바닥 재료
원예용 부엽토나 장수풍뎅이, 사슴벌레용 곤충 매트를 깔아 줍니다. 낙엽이 있으면 넣고, 항상 촉촉한 상태를 유지하도록 합니다.

오름 나무
달팽이는 나무 위나 나뭇잎 위에 있는 경우가 많으므로 사육 상자 안에도 올라갈 수 있는 나뭇가지를 설치해 줍니다. 귤나무 잎이 붙어 있는 가지 등을 넣으면 먹이도 될 수 있습니다.

달팽이

! 주의

● 햇볕이 직접 들지 않는 북쪽 창가에 둡니다.

● 매일 분무기로 물을 뿌려 줍니다.

관찰 달팽이 몸의 구조

눈
길게 나와 있는 끝에 검은 눈이 있는데, 보는 방향에 따라 움직입니다.

더듬이
더듬이로 만져 무엇인지 확인합니다.

겨울잠막

추운 겨울이 되면 달팽이는 집 입구에 막을 쳐 따뜻하게 합니다. 반면에 여름과 같이 더운 계절에 너무 건조하면 '여름잠막'이라고 할 수 있는 얇은 막을 칩니다.

달팽이는 기생충이 있으므로 가능하면 만지지 않는 것이 좋습니다. 만진 후에는 반드시 손을 씻습니다.

먹이

달팽이는 야채나 과일을 먹으므로 양배추, 당근, 오이, 고구마 등의 생야채를 줍니다. 남은 먹이는 바로 빼냅니다.

● **달걀 껍질**

달팽이에게 주는 달걀 껍질은 달팽이의 몸이 커질 때 몸을 싸는 집을 크게 만들 수 있게 하는 중요한 음식입니다. 달팽이집에는 칼슘이 필요함으로 달걀 껍질을 잘게 부수어 가끔 줍니다.

● **달팽이의 알 낳기**

짝짓기
달팽이는 암수가 따로 있는 것이 아니라 한 몸에서 수컷과 암컷의 양성을 다 같고 있습니다. 사육할 때 달팽이가 두 마리만 있으면 서로 짝짓기를 하여 번식이 가능합니다. 특히 5~6월에 걸쳐 짝짓기를 합니다.

알 낳기
달팽이는 목 부분에서 알을 낳습니다.

부화
알에서 나온 어린 달팽이도 달팽이집을 갖고 있습니다.

실험 달팽이의 걸음걸이 실험

유리 면을 이동할 때에 달팽이 배에 줄이 있는 것을 알 수 있습니다. 이 줄을 이동시켜 앞으로 나가는 것입니다.

가지에 오르기
수직의 나무줄기도 오를 수 있습니다.

밧줄 타기
달팽이는 가는 줄 위에서도 다리 부분으로 줄을 감싸 줄타기를 잘하여 앞으로 나갈 수 있습니다.

칼날 위
칼의 날카로운 날 위에서도 몸을 베이지 않으면서 앞으로 나갈 수 있습니다. 점액이 나와 칼날에서도 몸을 지켜 줍니다.

달팽이는 짝짓기를 한 다음 3주에서 1개월 정도면 30~60개의 알을 촉촉한 흙이나 부엽토 안에 낳습니다. 알은 1개월 정도면 부화합니다.

곤충 이외의 작은 동물

공벌레

공벌레 몸길이 10mm 분포: 전국

공벌레는 벌레지만 곤충은 아닙니다. 돌 밑이나 화분 밑에 숨어 있고, 낙엽을 먹습니다. 집 근처 가까이에서는 자주 볼 수 있습니다.

공벌레

사육 상자
작은 플라스틱 상자로 사육할 수 있습니다. 사육하는 수가 많을 경우에는 조금 큰 것을 선택합니다.

먹이
먹이는 강아지 사료나 양배추, 낙엽을 줍니다.

숨는 곳
공벌레는 낮에 돌 밑에서 꼼짝하지 않고 있습니다. 사육할 때도 사육 상자 속에 깨진 화분 조각이나 돌을 넣어 주면 좋습니다.

흙
부엽토나 공벌레를 찾았던 장소의 흙을 넣습니다.

습기
흙은 항상 촉촉한 상태를 유지해야 합니다. 물이 고이지 않을 정도로 매일 물을 뿌려 습기를 유지합니다.

강아지 사료

> **⚠ 주의**
> ● 부화한 어린 공벌레는 어미와 함께 키우면 잡아먹힐 수 있으므로 새끼들은 반드시 어른벌레와는 다른 용기에서 사육합니다.

관찰 공벌레가 몸을 지키는 방법

쉴 때나 위험을 느끼면 몸을 동글게 말아 몸을 지킵니다.

잠시 관찰하고 있으면 천천히 몸을 펴기 시작합니다.

완전히 일어났다 싶으면 바로 그 장소를 떠납니다.

허물벗기

가끔씩 하얀 공벌레를 볼 수 있는데 이것은 허물벗기 전의 모습입니다. 몸의 허물을 절반씩 벗습니다.

공벌레의 부화와 성장

배 안쪽에서 알을 볼 수 있습니다.

부화하면 잠시 동안은 어미 배에 붙어 있습니다.

성장하면 몸에 색깔이 생깁니다.

✎ 공벌레는 5~6월경에 알로부터 애벌레가 부화됩니다.

그리마

- 몸길이 20~25mm
- 분포: 전국

그리마는 지네나 노래기 등과 같이 다리가 많아 '다족류(多足類)'라고 불리는 동물입니다. 물리면 아주 아프기 때문에 만질 때는 핀셋이나 나무 젓가락을 사용하고, 절대 손으로 만지지 말아야 합니다.

뚜껑
유리 면이 조금이라도 더러우면 올라오기 때문에 반드시 뚜껑을 덮어 둡니다.

사육 상자
작은 플라스틱 상자로 사육할 수 있습니다. 숨는 곳은 깨진 화분이나 낙엽으로 만들고 가끔씩 물을 뿌려 줍니다.

바닥 재료
붉은 돌흙이나, 부엽토, 장수풍뎅이, 사슴벌레용 곤충 매트를 이용하면 좋습니다.

먹이

우유에 적신 식빵 / 꼽등이 / 거미 / 귀뚜라미 애벌레

먹이는 살아 있는 귀뚜라미 애벌레나 꼽등이, 거미를 줍니다. 먹이가 없을 때는 조갯살이나 우유에 적신 식빵을 줍니다.

! 주의
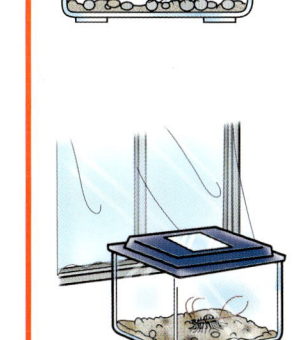
- 이틀에 한 번 정도 물을 뿌려 습기를 보충합니다.
- 직사광선이 드는 장소에는 두지 않습니다.

지렁이

줄지렁이
- 몸길이 7~10cm
- 분포: 전국

지렁이는 머리에 눈과 더듬이가 있습니다. 흙 속에서 살면서 낙엽을 흙으로 되돌려 놓는 중요한 생물입니다. 가정의 음식 쓰레기를 주면 3주 정도에 흙으로 되돌려 놓습니다.

줄지렁이

사육 용기
흙 속까지 공기가 잘 통할 수 있는 화분을 이용하면 좋습니다. 온도와 습도가 많이 오르지 않고, 먹이를 주면 도망가지 않습니다.

흙
낙엽을 섞은 흙이나 부엽토를 사용하면 좋습니다.

관찰 지렁이의 머리

지렁이는 띠가 있는 쪽이 머리입니다. 전진할 때 관찰해 봅니다.

먹이

찻잎

지렁이는 보통 낙엽을 먹지만 그것 말고도 녹차 찌꺼기를 주어도 좋습니다.

! 주의

- 직사광선이 드는 장소에는 두지 않습니다.
- 도망가려고 하면 바닥의 구멍을 막고, 뚜껑을 그물로 덮습니다.

지렁이는 암수가 한몸에 있어서 암컷과 수컷의 구별이 없습니다. 두 마리 이상 기르면 어느 쪽이든 알을 낳습니다.

* 가시땅거미

- 몸길이 17~20mm
- 분포: 중국, 일본, 대만

가시땅거미는 흙 속에 집을 짓고 생활하는 원시적인 거미입니다. 거미 무리는 곤충이 아니지만, 생활 모습이 곤충과 비슷하여 같은 방법으로 사육할 수 있습니다.

사육 상자
플라스틱 상자나 수조로 사육할 수 있습니다. 가시땅거미는 작은 거미라서 작은 상자에서 기를 수 있습니다.

흙
가능하면 고운 모래나 흙을 사용합니다. 흙은 10cm 정도 채웁니다.

그루터기
사육 상자 안에 그루터기나 돌을 흙 속에 묻되, 안쪽에서 흙을 조금 덜어냅니다. 그리고 그 주위에 몇 개의 구멍을 만들어 주면 그곳에 집을 짓습니다.

먹이
거미는 살아 있는 먹이가 필요합니다. 날개를 뗀 파리, 돌을 뒤집어 보면 찾을 수 있는 작은 공벌레, 배추흰나비의 애벌레 등을 잡아다 줍니다.

날개를 뗀 파리 / 배추흰나비의 애벌레 / 먹이용 벌레 / 공벌레

집

● 집 만들게 하기

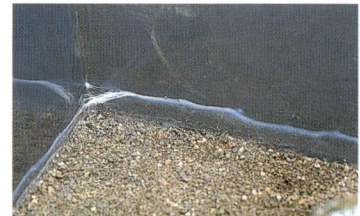

새로운 장소로 들어간 가시땅거미는 수조 벽을 따라 집을 만들 장소를 찾습니다. 가시땅거미가 지나간 뒤에는 거미줄이 남아 있습니다.

집의 입구 →

사육 상자의 바깥쪽에 검은 종이를 붙이고 상자 모퉁이에 구멍을 파 두면 집을 짓습니다. 가끔 검은 종이를 떼면 집 모양을 관찰할 수 있습니다.

관찰 가시땅거미의 집 만드는 방법

① 비를 피할 수 있는 나무뿌리를 집 지을 장소로 선택했습니다.

② 거미줄로 주머니를 만들고 지면에 구멍을 팝니다.

③ 주머니로 파고 들어가 흙 속으로 숨어 들어갑니다.

④ 입구를 숨겨 완성합니다.

✎ 사육 상자 안에 풀을 심고 가끔 물을 뿌려 주면 가시땅거미의 먹이 물이 됩니다.

!주의

● 마른 흙을 좋아하는 가시땅거미이지만, 일주일에 한 번 정도 분무기로 물을 뿌려 줍니다. 너무 건조하면 가시땅거미가 죽어 버리는 경우도 있습니다.

* 문닫이거미

■ 몸길이 11~14mm ■ 분포: 일본

문닫이거미는 집 입구에 문을 다는 거미입니다. 먹이와 사육 상자는 가시땅거미와 같습니다.

● 가시땅거미 잡는 방법

가시땅거미는 비를 맞지 않는 마른 흙의 나무뿌리에 집을 짓습니다. 집 주머니를 손으로 잡아 봅니다.

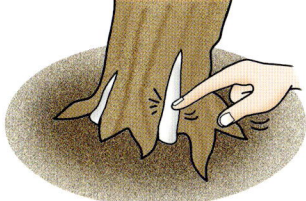

① 집을 건드려 진동을 줍니다.

② 가시땅거미를 지상으로 나오게 합니다.

③ 집 아랫부분을 잡고 위로 빼냅니다.

● 먹이 잡는 방법

① 절벽에 붙어 있는 문닫이거미의 집에 붙은 문입니다. 사냥감인 곤충이 이들의 집 입구를 눈치 채지 못하도록 해 놓았습니다.

② 문을 약간 열고 사냥감이 가까이 올 때까지 안쪽에서 문닫이거미가 조용히 기다리고 있습니다.

● 새끼 기르기

집 안에서는 어미 거미가 새끼를 기릅니다. 새끼 거미가 스스로 먹이를 잡게 되면 각자 행동하게 됩니다.

③ 사냥감이 집으로 가까이 오면 안에서 재빨리 튀어나온 문닫이거미는 사냥감을 잡고 집 안으로 끌고 들어가 먹습니다. 이때 집이 무너지면 다시 수리합니다.

사냥감 잡는 방법

① 가시땅거미 집 위로 사냥감이 걸어가면 집 안에 진동이 전달됩니다.

② 진동을 느낀 가시땅거미가 집 안에서 몸을 내밀어 사냥감을 물고 늘어집니다.

③ 사냥감을 집 안으로 끌고 들어가 안에서 먹습니다.

④ 찢어진 주머니를 수리하고 다음 사냥감을 기다립니다.

 거미 무리는 바퀴나 파리를 잡아 주기 때문에 인간 생활에 도움이 되는 생물입니다.

●거미의 종류●

■ 몸길이   ■ 분포   ■ 시기   ◆ 주요 특징

들풀거미
■ 15~17mm   ■ 전국   ■ 7~10월   ◆ 정원수에다 골짜기처럼 그물을 칩니다. 밤에 그물을 치고 아침이 되면 걷습니다.

산왕거미
■ 수컷 15~20mm, 암컷 20~30mm   ■ 전국   ■ 6~10월   ◆ 흔히 볼 수 있는 거미입니다. 저녁부터 밤에 그물을 치고 아침이 되면 걷습니다.

종꼬마거미
■ 2~3mm   ■ 전국   ■ 6~8월   ◆ 벼랑이나 돌담의 틈새에 흙과 모래로 초롱꽃 모양의 집을 짓습니다.

호랑거미
■ 수컷 5~8mm, 암컷 20~25mm   ■ 전국   ■ 6~9월   ◆ 한 번 친 그물을 수리하면서 며칠간 사용합니다. 먹이로는 풍뎅이나 사마귀, 유지매미와 같은 큰 곤충까지도 먹습니다.

여덟혹먼지거미
■ 수컷 7~8mm, 암컷 12~15mm   ■ 전국   ■ 5~9월   ◆ 그물 중앙에서 먹다 남은 찌꺼기나 탈피한 껍질 속에 숨어 사냥감을 기다립니다. 중앙이 집입니다.

* 일본줄깡충거미
■ 6~7mm   ■ 일본   ■ 4~9월   ◆ 풀이나 잎 위를 돌아다니는 거미입니다. 겨울이 되면 나무껍질 속에 주머니 모양의 집을 짓고 거기서 겨울을 보냅니다.

낯표스라소니거미
■ 수컷 7~9mm, 암컷 8~11mm   ■ 전국   ■ 5~8월   ◆ 그물을 치지 않고 잎 위나 지면에 있습니다. 사진은 알주머니를 지키는 암컷입니다.

살깃염낭거미
■ 수컷 5~6mm, 암컷 7~9mm   ■ 전국   ■ 5~9월   ◆ 벼과 식물의 잎을 구부려 집을 짓습니다. 밤에 돌아다니고 낮에는 집 안에 있습니다.

관찰 거미줄

산왕거미의 실젖(방적기) 배 끝에서 실이 나옵니다.

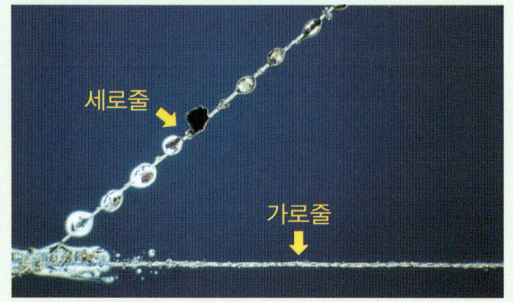

세로줄

가로줄

산왕거미줄 세로줄에는 사냥감을 잡기 위한 액이 묻어 있지만, 가로줄에는 없습니다.

어린 호랑거미의 은신처 주위에 미세한 줄을 쳐 적이 보기 어렵게 합니다.

거미는 머리와 가슴이 하나로 되어 있어 몸이 머리, 가슴과 배로 되어 있고, 다리는 8개입니다. 모든 종이 곤충을 잡아먹습니다.

동물·애완동물

애완동물 가게에 가면 여러 가지 귀여운 작은 동물들이 전시되어 있습니다. 이 도감에서는 햄스터, 페럿 등의 인기가 있고 기르기 쉬운 '포유류', 개구리, 거북, 도마뱀 등의 '양서·파충류', 그리고 닭, 비둘기, 등을 포함한 '조류'를 소개합니다.

다람쥐

햄스터

골든햄스터
- 설치목 쥐과
- 몸길이 12~16㎝
- 몸무게 약 130g
- 원산지: 시리아, 이스라엘

햄스터는 애완동물로서 기르기 쉽고, 인기가 많은 동물입니다. 수명은 2~3년으로 비교적 짧지만 올바른 사육 방법으로 오랫동안 살 수 있도록 합니다.

골든햄스터

급수기
매일 신선한 물을 넣어 줍니다.

사육 상자
햄스터는 상자(사육 상자)와 수조에서 기를 수 있습니다.

놀이 기구
햄스터의 운동 부족과 스트레스 발산을 위해서 놀이 기구를 넣어 줍니다. 햄스터가 물어뜯어도 지장이 없도록 나무로 만든 놀이 기구가 좋겠습니다.

집 상자
햄스터가 불안하지 않도록 집 상자를 넣어 두도록 합니다. 낮과 잠잘 때에는 집에 들어가 있습니다.

먹이 그릇
햄스터가 물어뜯지 않도록 흙으로 만든 그릇을 넣어 두도록 합니다.

바닥 재료
철망으로 된 바닥은 발이 빠지거나 걸려 스트레스가 생깁니다. 나무껍질이나 마른풀 등을 깔아 두도록 합니다. 햄스터의 집 재료나 쿠션의 대용으로도 이용됩니다.

관찰 햄스터를 기르는 법

생후 1일
털도 없고, 붉은색을 띤 새끼입니다.

생후 5일
털 무늬 모양이 나타납니다.

생후 7일
조금씩 털이 자라납니다.

생후 15일
눈도 뜨이고, 스스로 돌아다닙니다.

햄스터는 사육 상자 등 사육 용기 안에서 먹이 두는 장소를 정해 두고, 언제나 같은 장소에 먹이를 저장합니다.

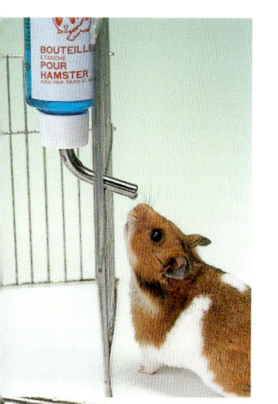

회전 기구

야생의 햄스터는 하루에 몇 km나 돌아다니는 동물입니다. 좁은 상자 안에서는 운동 부족이 되지 않도록 회전 기구를 넣어 두어 햄스터가 운동하도록 합니다.

화장실

햄스터는 화장실을 기억합니다. 화장실 안에는 바닥 재료를 넣어 두어 오줌과 똥이 쌓이면 새로 갈아 주어 항상 깨끗하게 합니다.

먹이

햄스터는 쥐 무리로 잡식성 동물입니다. 햄스터 사료를 즐겨 먹습니다. 야채, 과일, 해바라기 씨 등은 많이 주지 않도록 합니다.

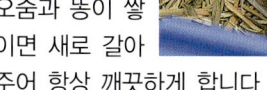

햄스터 사료

해바라기 씨  사과

고구마 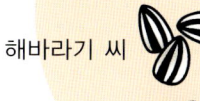 당근

⚠ 주의

● 겨울 추운 날에는 동면을 하는 일도 있습니다. 그대로 두면 죽는 일도 일어날 수 있습니다. 따뜻하게 해 주도록 합니다.

● 햄스터를 번식시키는 때 이외에는 한 마리씩 따로 기르도록 합니다. 암컷과 수컷을 함께 기르면 점차 수가 많이 늘어나 곤란해질 수 있습니다.

● 햄스터는 야행성 동물입니다. 낮에는 잠자고 있는 경우가 많으며, 그럴 때에는 조용히 그대로 두도록 합니다.

🔺 실험 볼주머니 실험

① 해바라기 씨 100개를 준비합니다.

② 아주 좋아하는 먹이인 해바라기 씨를 먹지 않고 볼주머니에 저장합니다.

③ 거의 대부분의 해바라기 씨를 볼주머니에 넣어 저장합니다.

④ 해바라기 씨 100개를 볼주머니에 저장하여 집으로 가져갑니다.

✏️ 햄스터는 수분을 많이 함유한 야채를 주면, 그다지 물을 마시지 않습니다. 그래도 먹는 물을 준비해 줍니다.

동물 · 애완동물

● 햄스터의 종류 ●

■ 전체 길이 ■ 몸무게 ■ 원산지 ◆ 주요 특징

캠벨햄스터
■ 몸길이 약 8.5cm, 꼬리 길이 약 1.2cm ■ 약 40g ■ 중국 북부, 몽골 등 ◆ '잔가리언햄스터'와 닮아 있지만 조금 더 큽니다.

햄스터(골든햄스터)
■ 몸길이 12~16cm, 꼬리 길이 약 2cm ■ 약 130g ■ 시리아, 이스라엘 ◆ 일반적으로 '햄스터'라고 불리는 품종으로, 여러 가지 색이나 긴 털을 지닌 것 등이 있습니다.

잔가리언햄스터
■ 몸길이 약 8.5cm, 꼬리 길이 약 0.8cm ■ 약 30g ■ 시베리아, 중국 북부 등 ◆ 도와프(소형)햄스터 가운데 가장 인기가 있습니다. 발의 아랫면에 털이 나 있습니다.

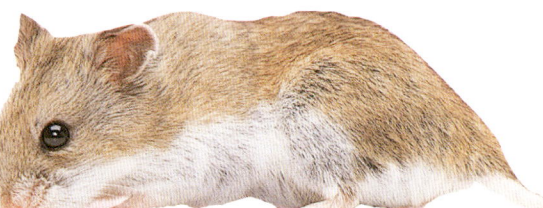

차이니즈햄스터
■ 몸길이 약 10cm, 꼬리 길이 약 1.5cm ■ 약 45g ■ 중국, 몽골 ◆ 몸이 가늘고 꼬리가 긴 소형의 햄스터입니다.

로보롭스키햄스터
■ 몸길이 약 7cm, 꼬리 길이 약 1cm ■ 약 26g ■ 러시아 ◆ 애완용 햄스터 가운데 가장 작은 햄스터입니다.

유럽햄스터(검은배햄스터)
■ 몸길이 약 30cm, 꼬리 길이 약 5cm ■ 약 700~1000g ■ 유럽 등 ◆ '검은배햄스터'라고도 불립니다. 대형의 햄스터로 배 전체가 검은색을 띠고 있습니다.

● 햄스터를 위한 상품

집 상자
딱딱한 소재로 되어 있기 때문에, 햄스터가 갉아서 못 쓰는 일은 없습니다.

소형 햄스터용 파이프
여러 가지 각도에서 좋아하는 형태로 조립할 수 있는 파이프입니다.

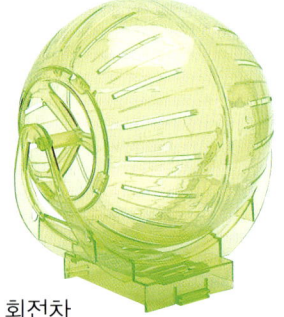

회전차
아래 받침대에서 분리하면, 대굴대굴 굴러 가기 때문에 햄스터와 실내에서 놀 수 있습니다.

온도계 부착 식기
햄스터의 쾌적한 온도를 점검할 수 있는 식기입니다.

먹이 그릇
흙으로 구워 만든 작은 그릇입니다.

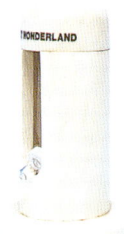

목제 급수기
스탠드식으로 상자 내에 두고 사용합니다.

소형 햄스터용 미로
작은 햄스터가 미로를 따라 놀 수 있습니다.

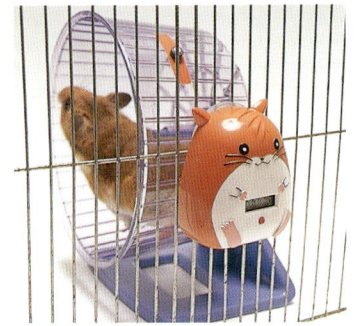

회전차 계측기
햄스터가 하루에 얼마나 회전차를 돌려서 노는가를 알 수 있습니다.

 햄스터에게도 사람처럼 개성이 있어, 놀이 기구를 가지고 놀지 않는 개체도 있습니다. 기르고 있는 햄스터의 개성을 잘 관찰한 뒤에 놀이 기구를 골라 주도록 합니다.

모르모트

- 설치목 천축쥐과
- 몸길이 25cm
- 몸무게 0.6~1kg
- 원산지: 남아메리카

모르모트는 우리나라에서 애완동물로 인기가 있습니다. 긴 털을 가진 것과 곱슬곱슬한 털, 색다른 모양의 것 등이 많이 길러지고 있습니다.

사육 상자
토끼용의 큰 사육 상자를 사용합니다. 상자에는 먹이 그릇과 급수기가 처음부터 장착되어 있는 것도 있습니다. 관리를 위해 출입구가 큰 것을 선택하면 편리합니다.

자물쇠
모르모트는 스스로 출입문을 열 수는 없지만, 다른 동물이 있을 때에는 출입문에 자물쇠를 채워 둡니다.

급수기
야채를 즐겨 먹는 모르모트는 그다지 물을 마시지 않습니다. 모르모트 사료 등을 줄 경우에는 마시는 물을 준비합니다.

갉는 나무
모르모트의 놀이 도구로서, 갉는 나무를 준비합니다. 이빨이 자라는 것을 방지하기 위해서도 필요합니다. 짚을 여러 다발로 모아 둔 것과 널빤지를 겹쳐 놓은 것 등이 있습니다.

바닥 재료
모르모트는 똥이랑 오줌의 양이 많기 때문에 매일 청소가 필요합니다. 바닥에 나무판자로 만든 깔개를 두면 청소가 간단합니다. 짚을 깔아 두어도 좋습니다.

먹이
모르모트 사료 / 옥수수 / 배추 / 당근

모르모트 사료가 간편하지만, 당근, 배추 등의 야채와 사과 등도 줍니다.

● 털 다듬기
긴 털을 지닌 모르모트에게는 매일 빗질을 해 줍니다. 짧은 털인 경우에는 칫솔 등으로 가끔 털이 나 있는 방향으로 빗어 주면 됩니다. 털 다듬기는 피부를 건강하게 해 줍니다.

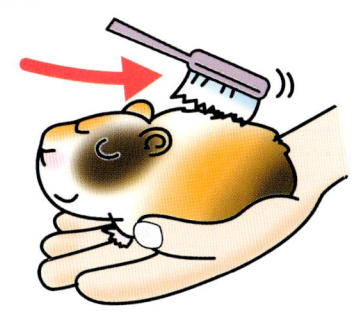

● 길들이기
먼저 모르모트에게 이름을 지어 주고 매일 먹이를 줄 때, 그 이름을 부르면서 먹이를 줍니다. 익숙해지면 이름을 부를 때 '크루루루' 라고 하는 울음소리로서 응답을 하게 됩니다.

여기, 여기 줘!

모르모트는 원래 실험동물로서 연구 기관에서 길러지고 있었습니다만, 최근에는 애완동물로 길러지는 경우도 많아졌습니다.

마우스(생쥐)·흰쥐

마우스
- 설치목 쥐과
- 몸길이 6.5~9.5cm
- 몸무게 12~30g
- 원산지: 유럽

흰쥐
- 설치목 쥐과
- 몸길이 22~26cm
- 몸무게 약 400g
- 원산지: 유럽

마우스

마우스와 흰쥐는 주로 실험동물로서 길러져 온 쥐입니다. 애완동물로 길러도 주인의 말을 잘 듣습니다.

사육 상자 — 마우스도 흰쥐도 햄스터용의 사육 상자와 수조에서 기를 수가 있습니다.

회전 기구 — 회전 기구에서 운동을 잘합니다. 마우스는 햄스터용의 것을 사용하면 되지만, 흰쥐는 큰 회전 기구가 아니면 꼬리에 상처를 입을 수가 있습니다.

집 상자 — 집 상자를 넣어 두면, 마우스와 흰쥐가 스스로 잠자리로 이용합니다. 속은 어둡고 안정된 장소입니다.

급수기 — 매일 깨끗한 물을 준비합니다.

화장실 — 어느 정도 정해진 장소에서 똥과 오줌을 눕니다. 화장실을 넣어 두면, 그 장소를 기억합니다.

먹이 — 거의 햄스터와 같은 먹이로 기를 수가 있습니다. 햄스터 사료, 야채, 과일, 나무 열매 등을 줍니다. 흰쥐는 마우스보다 동물성 먹이를 좋아합니다.

해바라기 씨, 사과, 당근, 땅콩, 멸치

먹이 그릇 — 뒤집어 버리는 일은 없지만, 플라스틱 용기는 이빨로 갉아 버리기 때문에 질그릇 제품을 이용하도록 합니다.

실험

미로를 만들어 먹이인 치즈가 있는 곳까지 찾아가는 데 얼마나 걸리는지 흰쥐를 가지고 실험해 봅니다.

몇 차례 실험하는 가운데, 길을 기억하면 빨리 치즈에 다가갑니다.

첫 번째   다섯 번째

! 주의

- 기를 때에는 달아나지 않도록 주의합니다.
- 마우스도 흰쥐도 점프를 잘하기 때문에 뚜껑이 없는 수조 등의 사육 상자에서는 튀어나오는 일도 있습니다.
- 수컷과 암컷을 함께 기르면, 자꾸자꾸 새끼가 태어나 수가 늘어납니다.

마우스는 야생의 생쥐를, 흰쥐는 집쥐를 실험동물용으로 가축화한 것입니다.

친칠라

- 설치목 친칠라과
- 몸길이 25~26cm
- 몸무게 390~500g
- 원산지: 남아메리카

야생의 친칠라는 모피(털가죽)를 얻으려는 사람들에 의해 한 번 멸종할 뻔하였습니다. 하지만 번식에 성공하여 그것이 애완동물로서 널리 퍼졌습니다.

사육 상자
높이 뛰거나 회전하는 등 움직임이 왕성한 동물이기 때문에 큰 사육 상자가 필요합니다. 높은 장소에도 올라가기 때문에, 상자 안을 2층 구조로 해 두면 좋습니다.

자물쇠
친칠라의 앞발은 짧지만, 여러모로 이용합니다. 만일에 대비하여 출입문에는 반드시 자물쇠를 채워 두도록 합니다.

회전 기구
활발하게 움직이는 친칠라에게는 대형의 회전 기구를 준비해 주도록 합니다. 대형의 회전 기구는 친칠라 전문점이나 대형 애완동물 판매점에서 팔고 있습니다.

급수기
야채 등에서 수분을 취하지만, 친칠라 사료를 줄 경우에는 큰 용기의 급수기를 준비합니다. 남은 물은 매일 교환하도록 합니다.

집 상자
토끼용의 집 상자를 준비합니다. 친칠라에게 안정된 장소가 됩니다.

먹이 그릇
친칠라가 뒤집어 버리는 경우가 있기 때문에, 토기로 만든 무거운 그릇을 선택합니다.

바닥 재료
바닥 재료는 될수록 신선한 목초와 짚을 사용합니다. 튀어 회전하는 친칠라의 쿠션도 됩니다. 또한 먹이로도 이용됩니다.

먹이

친칠라 사료 / 옥수수 / 배추 / 당근

초식성의 친칠라에게는 야채, 목초, 짚 등을 주지만, 필요한 영양이 포함되어 있는 친칠라 사료를 사용하면 좋습니다.

● **모래 목욕**
친칠라는 매우 성긴 가는 털을 하고 있습니다. 그 털을 깨끗이 하기 위하여 모래 목욕을 시켜 주어야만 합니다. 모래 목욕은 털을 깨끗이 하는 효과 이외에 몸에 붙은 기생충도 떨어뜨립니다.

목욕용 모래

관찰 친칠라의 발

친칠라는 짧은 앞발을 교묘히 이용하여 먹이를 먹습니다. 목초나 짚 등은 한 손으로 쥐고 먹는 일도 있습니다. 또한 뒷발만으로 몸을 세워, 일어서서 주위를 살피는 행동도 합니다.

야생의 친칠라는 야행성으로, 낮에는 바위 틈새의 보금자리에서 휴식하고, 밤이 되면 밖으로 나가 풀 등을 먹습니다.

다람쥐

- 설치목 청설모과
- 몸길이 12~17㎝
- 몸무게 50~120g
- 분포: 아시아 동북부

다람쥐는 나무 타기를 잘하는 동물입니다. 집은 지면에 터널을 파서 만드는 반수상성 동물입니다. 새끼 때부터 기르면 사람에게 잘 길들여져 손바닥 위에서 놀기도 합니다.

사육 상자
나무에 오르거나, 뒤로 회전하면서 놀기 때문에 높은 상자를 준비합니다.

집 상자
높은 잉꼬용 집 상자를 사용합니다. 보금자리 재료로 짚, 목초 등을 상자 안에 넣어 두면 다람쥐가 스스로 집 상자에 운반합니다.

오름 나무
나무 타기를 잘하는 다람쥐에게는 올라가기 쉬운 나뭇가지를 넣어 줍니다.

회전 기구
회전 기구가 작으면, 꼬리를 다칠 수가 있습니다. 다람쥐의 몸에 맞는 회전 기구를 준비합니다.

화장실
화장실을 넣어 두면, 화장실 장소를 기억합니다. 화장실 안에는 나무껍질 등의 재료를 넣어 더러워지면 교환합니다.

바닥 재료
나무껍질이랑 목초를 깔아 둡니다. 나무합판을 이용할 때는 합판 아래에 애완동물용 화장실 깔개를 깔아 둡니다.

급수기
매일 깨끗한 물을 줍니다.

먹이 그릇
다람쥐가 물어뜯지 않도록 딱딱한 토기 그릇을 준비합니다.

자물쇠
다람쥐는 앞발을 교묘하게 사용하기 때문에 출입구에는 각각 자물쇠로 채워 둡니다.

먹이
해바라기 씨나 사과, 호두 등을 줍니다.

호두, 사과, 해바라기 씨, 당근, 고구마

관찰 먹이를 먹는 방법

볼주머니에 먹이를 저장합니다.

앞발로 먹이를 쥘 수가 있습니다.

⚠ 주의

● 야생의 다람쥐는 가을이 끝날 무렵이 되면, 보금자리에 많은 먹이를 저장합니다. 그리고 겨울 동안 그 먹이를 먹으면서 겨울잠을 잡니다. 그러나 기르는 경우에는 겨울잠을 자는 동안 영양 부족으로 죽을 수도 있습니다. 따라서 될 수 있는 한 겨울에도 따뜻하게 하여 겨울잠을 자지 않도록 합니다.

다람쥐는 맛있게 익은 나무 열매 등의 색을 사람처럼 구별할 수 있습니다.

고슴도치

고슴도치는 몸 대부분이 가시털로 덮여 있는 동물입니다. 쥐와 비슷하게 생겼지만, 식충목에 속합니다.

큰귀고슴도치

큰귀고슴도치
- 식충목 고슴도치과
- 몸길이 15~28cm
- 몸무게 220~350g
- 분포: 아시아, 아프리카

사육 상자
상자에서는 가시와 발톱이 걸리는 경우가 생기기 때문에 수조와 유리로 만든 용기에서 기릅니다.

뚜껑
도망치는 일은 없지만, 다른 애완동물이 있는 경우에는 반드시 뚜껑을 덮어 둡니다.

급수기
고슴도치는 두 발로 몸을 일으켜 설 수가 없기 때문에 급수기의 마시는 입구는 고슴도치가 얼굴을 들어 마실 수 있을 정도의 높이로 매달아 둡니다. 물은 매일 신선한 것으로 준비합니다.

집 상자
집 상자는 없어도 괜찮지만, 페럿용의 파이프랑 나무로 만든 집 상자를 넣어 두면 고슴도치가 안심하고 지내는 장소가 됩니다. 또, 히터 등으로 집 상자 아래에서 보온할 필요가 있습니다.

바닥 재료
나무껍질과 목초를 3~4cm의 두께로 깔아 둡니다. 어느 정도 정해진 장소에서 똥이랑 오줌을 누므로 2일 간격으로 더러워진 부분을 교환해 줍니다.

애완동물용 히터

먹이
고슴도치는 식충목 동물이기 때문에 주로 귀뚜라미나 밀벌레 등의 곤충을 먹습니다. 같은 가시털이 있는 동물, 호저는 설치목 동물이기 때문에 고구마나 나무의 열매 등을 먹습니다.

먹이 그릇
고슴도치가 그릇을 뒤집어 버리는 일이 생기기 때문에 될수록 무거운 토기 그릇을 사용하는 것이 좋습니다. 또한 살아 있는 벌레를 줄 때에는 그릇에서 달아나기 때문에 어느 정도 속이 깊은 그릇이 좋습니다.

밀벌레, 삶은 달걀, 귀뚜라미, 바나나
고슴도치는 두더지 사촌

실험 고슴도치가 몸을 보호하는 방법

① 위험을 느끼면, 얼굴과 네 발을 전부 숨겨서 가시로 된 공 모양을 만듭니다.

② 위험이 지나가면, 조금씩 얼굴을 내밀어 주위를 살핍니다.

③ 안전하다고 느끼면, 또 얼굴과 네 발을 밖으로 내밀어 움직입니다.

고슴도치의 가시는 딱딱하고 날카롭기 때문에 풍선은 금방 터져 버립니다.

 최근에는 애완동물 판매점에서 식충 동물 전용 먹이도 판매하고 있습니다.

페럿

- 식육목 족제비과
- 몸길이 30~46cm
- 원산지: 유럽

페럿은 육식 동물인 족제비 무리입니다. 큰 소리로 우는 일도 없고, 사람을 잘 따르기 때문에 애완동물로 인기가 높습니다.

사육 상자
페럿은 매우 활발하게 움직이는 동물입니다. 운동할 수 있도록, 큰 사육 상자를 선택합니다.

그물 침대
페럿의 잠자리입니다. 사육 상자 안에 설치하면, 스스로 올라서 침대 안으로 들어갑니다. 공중에 떠 있기 때문에 페럿의 몸도 더러워지지 않습니다.

화장실
페럿은 화장실을 잘 기억합니다. 페럿용이나 토끼용의 모서리 한 편에 놓아둘 수 있는 것을 준비합니다. 화장실 내에는 고양이용의 화장실 모래를 깔아 두어, 더러워지면 즉시 청소해 줍니다.

장난감
파이프 등을 넣어 주면, 페럿은 기어 들어가 장난을 칩니다. 어느 정도 장난감을 넣어 줍니다.

자물쇠
페럿이 입으로 물어 장난을 치는 동안 입구가 열리는 경우가 있습니다. 출입구에는 반드시 자물쇠를 채워 둡니다.

먹이 그릇
페럿은 배가 고프면, 그릇을 뒤집어 버리기도 합니다. 무거운 토기 그릇이나 상자에 고정할 수 있는 것을 선택합니다.

관찰 페럿의 놀이 기구

페럿은 움직이는 것을 대단히 좋아합니다. 공 등에도 즉시 달려들어 놉니다.

좁고, 구부러진 파이프 속에서도 꿈틀꿈틀하고, 부드럽고 긴 몸으로 통과합니다.

페럿은 '유럽긴털족제비'라고 하는 야생종을 가축으로 길들인 것이라고 전해집니다.

계단
사육 상자가 2단계인 경우에는, 계단을 오르내리는 페럿의 모습을 볼 수 있습니다. 계단을 오르내리는 것은 페럿의 운동도 됩니다.

급수기
페럿은 매우 활발히 움직이기 때문에, 물도 잘 마십니다. 매일 신선한 물을 준비해 줍니다.

먹이
주식으로는 페럿에게 필요한 영양분이 포함되어 있는 페럿 사료가 편리합니다. 채소, 과일 등도 먹습니다.

소시지도 매우 좋아합니다.

당근
삶은 달걀
바나나
사과

● 페럿 상품

페럿을 사육할 경우에 편리한 상품이 많이 나와 있는데, 기르는 환경에 맞추어 선택합니다.

페럿 샴푸
페럿 전용 샴푸

페럿 스프레이
물이 필요 없는 샴푸

공
장난감 쥐가 밖으로 얼굴을 내민 공

이빨 닦는 로프
놀면서 이빨을 닦는 효과가 있습니다.

페럿용 파이프
페럿이 기어 들어가서 놀 수 있는 파이프

페럿 사료

실험 페럿의 파이프 실험

파이프의 굵기는 페럿이 겨우 통과할 정도의 크기입니다.

몸을 굽혀 구부러진 파이프를 통과합니다.

수직 파이프에서도 앞발과 뒷발을 움직여 기어 내려갑니다.

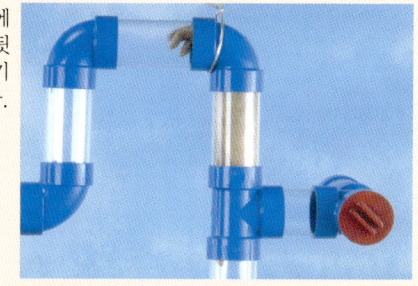

페럿은 손쉽게 종착 지점까지 도착합니다.

✎ 페럿의 먹이는 고양이 사료를 사용해도 괜찮지만, 가능하면 페럿 사료를 줍니다.

토끼

집토끼

집토끼 ■ 토끼목 토끼과 ■ 몸길이 38~50㎝ ■ 몸무게 0.9~2kg ● 원산지: 유럽

토끼는 성격이 온순하고, 기르기 쉬운 동물입니다. 겨울의 추위에도 비교적 강한 동물이지만, 습기가 많은 여름에는 약합니다. 여름에는 사육 상자를 직사광선이 비추지 않는 서늘한 장소에 두도록 합니다.

토끼용의 사육 상자에서 기르도록 합니다. 토끼가 크게 자랐을 경우를 생각하여, 큰 것을 준비하면 좋습니다.

사육 상자

급수기
옛날에는 토끼가 물을 마시면 죽는다고 하였지만, 물이 필요합니다. 큰 급수기에 매일 신선한 물을 준비해 줍니다.

먹이 그릇

자물쇠
토끼가 스스로 입구를 여는 경우는 없지만, 다른 애완동물이 있을 경우에는 자물쇠로 채워 두도록 합니다.

토끼가 그릇을 입에 물고 뒤집어 버리는 경우도 있기 때문에, 고정할 수 있는 것이나, 무거운 금속 또는 토기 그릇을 선택합니다.

! 주의
● 새끼를 키우고 있는 어미 토끼의 경우에는, 매우 신경질적이기 때문에 훔쳐보거나 하면 새끼를 물어 죽이는 일도 있습니다. 사육 상자를 검은 천으로 덮어 훔쳐보지 않도록 주의합니다.

●토끼 종류●

■ 몸무게 ■ 원산지 ◆ 주요 특징

집토끼는 세계에 약 150종 이상의 품종이 있습니다.

롭이어
■ 2~4kg ■ 영국 ◆ 귀가 축 늘어진 토끼입니다.

네덜란드드워프
■ 0.9~1.2kg ■ 네덜란드 ◆ 집토끼 가운데 몸이 가장 작습니다.

프레밋슈자이언트
■ 6~8kg ■ 벨기에 ◆ 집토끼 가운데 몸이 가장 큽니다.

렛키스
■ 3~5kg ■ 프랑스 ◆ 부드럽고, 가는 털을 하고 있습니다.

토끼는 자신의 똥을 먹습니다. 이것은 처음 먹고 나서 소화가 채 되지 않은 것을 다시 먹어서 남아 있는 영양분을 섭취하는 것입니다.

관찰

토끼의 귀는 몸속의 열을 달아나게 하는 역할을 합니다.

소리가 나는 방향으로 두 귀를 서로 달리 움직일 수 있습니다. 큰 소리에는 겁을 먹기 때문에 주의하도록 합니다.

화장실

토끼는 화장실을 기억합니다. 애완동물 판매점에서 토끼용의 화장실을 판매하고 있으니 준비해 줍니다. 처음에는 화장실에 토끼의 똥을 넣어 두어 냄새를 기억하도록 합니다.

바닥 재료

바닥 재료로는 목초랑 짚을 사용합니다. 이것은 토끼의 먹이도 됩니다. 매일, 더러워진 부분이 있으면 교환해 주도록 합니다. 바닥에 철사로 만들어진 그물눈이 있으면, 새끼 때에는 틈새로 발이 빠져 상처를 입을 수도 있습니다.

먹이

토끼는 초식성 동물입니다. 클로버 잎 등을 매우 잘 먹습니다. 그러나 매일 신선한 풀을 준비하는 것은 어려운 일로, 토끼 사료를 사용하면 편리합니다. 그 외에 야채, 과일을 잘 씻어 줍니다.

토끼 사료 / 당근 / 배추 / 사과

갉는 나무

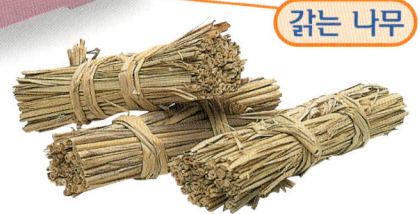

토끼의 이빨이 계속 자라는 것을 방지하기 위하여, 놀이 도구로서 갉는 나무를 넣어 둡니다. 합판을 모아 만든 것과 짚을 여러 다발로 모아 둔 것이 있습니다.

토끼가 흥분하였을 때에는, 뒷발로 지면을 칩니다. 이럴 때에는, 토끼를 만지지 않도록 하며, 안정을 시켜 줍니다.

잉글리시스폿트
■ 1~1.2kg ■ 영국 ◆ 몸에 검은 반점 무늬가 있습니다.

호트
■ 2~2.5kg ■ 독일 ◆ 눈 주위가 검은 토끼입니다.

할리퀸
■ 4kg ■ 프랑스 ◆ 줄무늬 모양의 매우 드문 토끼입니다.

일본백색종
■ 3~4kg ■ 일본 ◆ 옛날부터 일본에서 사육되어 온 토끼입니다.

✏️ 토끼는 뒷발의 힘이 세고, 날카로운 발톱이 있습니다. 안을 때에는 발톱에 걸리지 않도록 주의합니다.

개

개 ■ 식육목 개과 ■ 몸높이 56~61㎝(골든리트리버), 38~42㎝(시바견), 20㎝ 안팎(포메라니안)

개의 품종은 매우 많으며, 세계에 300~400품종이나 있습니다. 크게 자라는 개도 있으니, 기르기 전에 가족과 함께 상의하여 누가 어떻게 돌볼 것인가 정해 둡니다.

비글

● 사육할 개를 선택할 때의 주의

다 자랐을 경우 어느 정도 크기가 될 것인가, 실내에서 기를 것인가, 정원에서 기를 것인가 등을 잘 생각하여 선택할 필요가 있습니다.

대형 개·중형 개·소형 개

여러 가지 크기의 개가 있습니다. 자신의 집에서 사육할 개를 선택하는 것은 개에게 있어서도 매우 중요한 일입니다.

대형 개인 골든리트리버
성격이 온순하고 기르기 쉬운 개이지만, 넓은 정원이 필요합니다.

중형 개인 시바견
머리가 영리하고, 활발한 개이지만, 훈련을 잘 시키지 않으면 시끄럽게 짖습니다.

소형 개인 포메라니안
작지만 조금도 지지 않으려고 하는 성격이 강한 개입니다. 실내에서도 기를 수 있습니다.

수컷·암컷

암컷은 성격이 순하고, 새끼를 낳아 기르는 즐거움이 있습니다. 그러나 번식은 가족이 함께 의논하여 결정하도록 합니다.

새끼·어미

보통 새끼 때부터 사육하는 것이 잘 따르고 기르기 쉽습니다. 크게 자란 개를 기를 경우에는, 전 주인이 어떻게 사육했는지 잘 배워서 기르도록 합니다.

래브라도리트리버의 어린 개
애완동물 판매점에서는 태어난 지 2~3개월의 새끼를 팔고 있습니다.

털이 긴 개·털이 짧은 개

털이 긴 개는 털 모양이 아름답지만, 큰 개의 경우에는 매일 약 1시간은 전신의 털을 빗질하여 부드럽게 해 주어야 합니다.

긴 털의 미니어처 닥스훈트
빗질은 피부를 강하게 하기 위해서도 필요합니다.

순종·잡종

개를 선택할 때, 번식이랑 개의 쇼를 목적으로 한다면 순종을 기르는 것이 좋습니다. 다만 순종은 근친 교배를 하는 일도 있기 때문에 유전적인 질병은 순종에게 많이 보입니다.

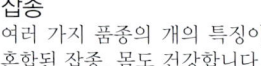
잡종
여러 가지 품종의 개의 특징이 혼합된 잡종. 몸도 건강합니다.

● 식사와 산책

개가 크게 자랄수록 사육에 필요한 넓은 장소, 먹이 양, 운동이 늘어납니다. 먹이는 보통 개 사료를 줍니다. 개 사료 봉지에 먹이 주는 방법이 쓰여져 있기 때문에, 그 양을 기준으로 하면 편리하지만, 새끼의 경우에는 배가 조금 불러질 정도가 좋습니다. 너무 많이 먹이면, 설사를 하거나 다음 식사 때 식욕이 사라져 버립니다.

다 자란 개의 경우, 고기를 주식으로 하면 몸무게의 10분의 1 정도의 양을 기준으로 하면 됩니다. 그러나 먹이 양과 운동과는 관계가 있어 운동량이 적을 때, 높은 칼로리의 먹이를 주면 비만해집니다. 똥의 상태, 먹는 동작, 비만 상태를 보고 조절하지만, 성장이 왕성한 새끼의 경우 몸은 작아도 다 자란 개처럼 잘 먹습니다.

개는 산책을 매우 좋아합니다. 가능하면 아침과 저녁에 산책을 시켜 주는 것이 좋습니다. 작은 개의 경우에는 30분 정도, 중·대형의 개일 경우에는 1시간 이상 운동시켜 줍니다. 산책은 개에게 있어, 그 지역에 살고 있는 많은 개들의 여러 가지 정보를 알기 위해서도 매우 중요합니다. 운동도 되지만 스트레스를 해소하는 데도 필요합니다.

애완동물 판매점에서 팔고 있는 새끼 개는 보통, 필요한 예방 접종을 끝낸 경우가 대부분이지만 점원에게 반드시 확인해 보도록 합니다.

● 실내, 정원에서 기르는 법

개는 실내와 정원 어느 곳에서나 기를 수 있습니다. 그러나 개에게 있어 가족의 곁에 있는 것이 가장 좋은 상태이기 때문에, 정원에서 줄을 묶어 둔 경우에도 가족의 모습이 개에게 잘 보이는 장소가 좋습니다. 그것이 불가능한 경우일지라도, 언제나 개에게 신경을 써서, 상태를 자주 돌보아 주는 일이 매우 중요합니다.

실내에서 기를 때

실내에서 기를 경우에는, 쿠션이나 개 전용 침대, 전용 케이지 등 개의 전용 장소를 만들어 줍니다. 잠잘 때, 식사할 때, 손님이 왔을 때에는 언제나 그 장소에 가도록 훈련을 합니다.

애완동물 전용 케이지

정원에서 기를 때

정원에서는 개집을 준비하고, 줄로 연결해 둡니다. 현관처럼 사람의 출입이 많은 장소에서는 짖지 않도록 훈련을 시킵니다.

길게 늘어나는 줄 도구
당기면 줄이 늘어납니다. 묶어 두었을 경우에도 움직임이 자유스럽습니다.

● 개를 사육하기 위한 약속

개는 누구나, 어디서나 기르기 쉬운 동물이 아닙니다. 가족의 일원으로서 맞아들이기 위해서는 다음과 같은 사항을 가족과 함께 의논하고 나서 기르도록 합니다.

① 개는 10년 이상 삽니다. 매일 식사를 주고, 산책을 같이 하고, 똥 청소를 할 수 있겠습니까? 개의 수명을 생각하여 기를 것인가를 결정하도록 합니다.

② 개를 홀로 두지 않고 잘 돌볼 자신이 있습니까? 오랜 시간 홀로 두면, 개가 정신적으로 병이 들어 물어뜯거나, 난폭해집니다.

③ 이웃에게 피해를 주지 않습니까? 잘 짖는 개의 품종도 있기 때문에, 기르는 환경을 다시 한 번 생각해 봅니다.

④ 확실하게 훈련을 시킬 수 있습니까? 개를 훈련시키기 위해서는 엄격해야 합니다.

● 개 사육 상품

개를 기를 때에는 준비해 두면 편리한 상품이 많이 있습니다.

이빨 닦기 전용 로프
장난하면서 이빨을 건강하게 합니다.

애완동물 전용 깔개
빠진 털이 붙습니다.

이동용 상자
차에 태워 이동할 때 편리합니다.

손장갑용 빗
손장갑을 끼고 개의 몸을 쓰다듬기만 하여도 빗질이 됩니다.

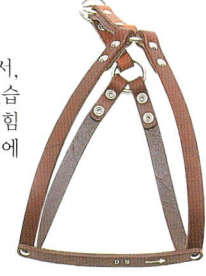

몸 등걸이
개의 몸 등에 걸어서, 줄과 연결할 수 있습니다. 산책할 때, 힘이 세어 끌리는 개에게 걸면 좋습니다.

✎ 개를 기를 경우, 매년 한 번씩 광견병 예방 주사가 필요합니다. 동물 병원과 보건소에서 예방 주사를 맞추도록 합니다.

● 개의 훈련

훈련은 이따금씩 하는 것이 아니라 매일 반복해서 익숙해지도록 하는 데 필요한 것입니다. 능숙한 개 주인이 갖추어야 할 요건 중에 하나가 바로 누구에게나 사랑받을 수 있는 개로 훈련시키는 일이라고 할 수 있습니다. '앉아', '기다려', '엎드려'가 기본입니다.

앉아

산책을 갔을 때에도 다른 개가 접근해 오거나, 어린애들이 개를 보러 올 경우에는 개가 '앉아', '기다려', '엎드려' 등을 해서 기다릴 수 있도록 훈련을 해 둡니다.

기다려

엎드려

'기다려'나 '엎드려', '앉아' 등은 소리와 함께 손짓으로 가르쳐 주면 좋습니다.

꾸짖기 · 칭찬하기

꾸짖을 때에는 그 장소에서 즉시 '안 돼!' '노(No)!'라고 엄격한 목소리로 말합니다. 칭찬할 때에는 부드러운 목소리로 '잘 했어, 잘했어' 등의 말을 일러 줍니다.

화장실 기억하기

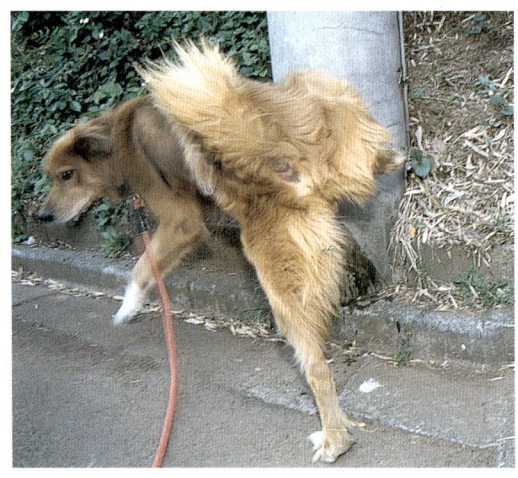

산책을 할 때, 반드시 똥을 청소하기 위하여 작은 삽과 비닐봉지, 화장지를 가지고 갑니다. 똥을 청소하는 일은 주인으로서 지켜야 할 예절입니다. 또한, 오줌은 다른 집의 나무 등에 누지 않도록 합니다.

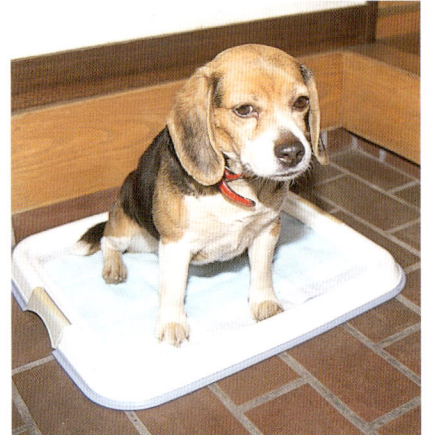

실내에서 기를 때, 화장실 훈련은 대단히 중요합니다. 새끼가 어정어정거리고 있을 때, 화장실로 데려가도록 합니다. 잠에서 눈을 떴을 때와 식사를 한 뒤에 똥을 누는 일이 많으니 인내를 가지고 가르치도록 합니다. 다만 화장실 청소를 게을리 하면 다른 장소에 똥을 누어 버립니다.

식사 중의 훈련

영양을 골고루 충분히 섭취할 수 있도록 좋아하는 먹이뿐만 아니라 다른 종류의 것도 줍니다. 식사를 하기 전에, 먹이를 던져 주고 먹이를 먹으라고 할 때까지 기다리게 하는 것은 짧은 시간에 끝내고, '기다려'라는 뜻을 가르쳐 줍니다. 먹이를 앞에 두고 기다리는 시간이 길면 길수록 개가 안절부절못하여, 훈련이나 길들이기가 소용없게 되기도 합니다.

! 주의

● 개가 가족들 가운데서 자신을 우두머리라고 착각하여, 기분이 나쁘면 물거나 강하게 반항하는 일이 있습니다. 이것을 일반적으로 '알파(α) 증후군'이라고 합니다. 이것은 개의 질병이지만, 새끼 무렵 훈련을 하지 않고 귀여워하며 길러 온 결과로 이런 증상을 나타내기도 합니다. 그대로 방치하면, 사람을 물어 상처를 내는 사고가 나게 됩니다. 그러기 전에 치료를 해 주도록 합니다. 산책을 갈 때, 언제나 주인이 이끌어 주어 개에게 주인이 우두머리라고 하는 것을 깨우쳐 줍니다.

개의 길들이기 훈련은 태어난 지 6개월까지가 대단히 중요합니다. 이 시기까지 어느 정도 훈련이 되도록 합니다.

관찰 개의 기분과 동작

●울음소리
- **경계** 낮게 울부짖거나, '왕~왕~' 하고 큰 소리를 냅니다. 모르는 사람이 왔다는 것을 알립니다.
- **애교 떨기** 높고 가는 소리로 '끄응~끄응~' 하고 웁니다.
- **멀리 울기** '우~우~' 하고 울며, 멀리 있는 동료에게 자신을 알리거나, 응답을 하고 있습니다. 간혹 실수하여 구급차나 사이렌 소리를 듣고 멀리 울기를 하는 일도 있습니다.

●공격
코에 주름을 만들고 송곳니를 드러내며 짖습니다.

●기대
귀를 쫑긋 세우고 눈을 반짝반짝 거리며 쳐다봅니다.

●위협
귀를 뒤로 젖히고, 낮은 소리를 냅니다.

●복종
목을 앞으로 빼고 머리를 내리며, 귀를 조금 옆으로 젖힙니다. 눈은 위로 치뜨고 쳐다봅니다.

●놀아 주세요
양 앞발을 앞으로 내밀고 머리를 낮게 하여 정면으로 주인을 쳐다봅니다. 엉덩이를 높이 쳐들고 꼬리를 좌우로 흔듭니다.

●기쁠 때
꼬리를 좌우로 심하게 흔듭니다. 얼굴 모습은 활기가 있습니다.

●경계
꼬리를 좌우로 천천히 흔듭니다. 이럴 때에는 좋아한다고 착각하지 않도록 주의합니다. 얼굴 모습과 소리를 듣고 판단하는 일이 중요합니다.

●미안해요
꼬리를 양 뒷발 사이로 감춥니다. 귀를 내리고, 풀이 죽은 듯이 방 한쪽 모서리로 갑니다.

●재롱떨기와 복종
등을 땅에 대고 누워 배가 위로 향하게 합니다. 배를 만져 주기를 좋아합니다. 또한, 강한 상대를 만났을 경우에도 배를 보이고, 복종의 동작을 합니다.

 개가 먹이를 먹고 있을 때, 옆에서 손을 내미는 동작은 하지 않도록 주의합니다. 식사 중의 개는 먹이를 빼앗기지 않기 위해 공격적인 행동을 나타냅니다.

고양이

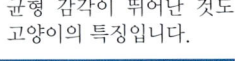
미국짧은털고양이

미국짧은털고양이
- 식육목 고양이과 ■ 몸무게 5kg
- 원산지: 미국

고양이는 사육하고 있을 때에도, 고양이 특유의 성격을 나타냅니다. 개와 비교하여 주인의 말을 잘 듣지 않습니다. 그러나 그런 성격이 애완동물로서 고양이가 갖고 있는 높은 인기의 숨은 비밀인지도 모릅니다.

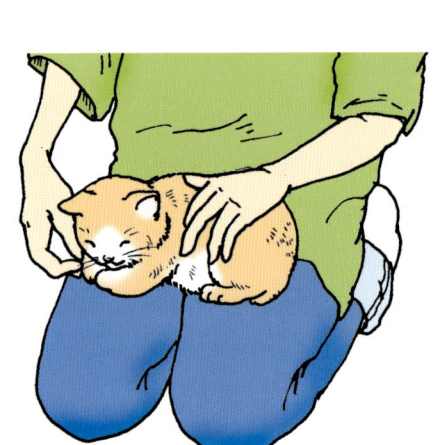
균형 감각이 뛰어난 것도 고양이의 특징입니다.

● 고양이가 좋아하는 장소

고양이는 집 안에서 자신의 장소를 스스로 결정합니다. 벽장 등은 겁이 났을 때 숨는 장소로 이용하고, 창가는 밖을 내다보기를 즐겨 하는 고양이에게 있어 아주 좋아하는 장소입니다. 주인의 무릎 위도 좋아하는 장소 가운데 하나입니다. 고양이는 우리들 생활 속에 있는 것을 솜씨 좋게 이용하고 있는 것입니다. 고양이를 위해서 집 안에서도 고양이가 좋아하는 장소를 만들어 줍니다.

올라갈 수 있는 장소

고양이는 가구 위나 텔레비전 위 등의 높은 장소에 올라가려고 합니다. 높은 장소에 올라가 주위를 둘러보거나, 잠자는 것을 대단히 좋아합니다. 높은 장소에 올라가거나, 내려오는 일은 고양이에게 있어 대단히 중요한 운동입니다. 가구나 책장 위 등의 안전한 장소에 고양이가 휴식할 수 있는 공간을 만들어 줍니다.

밖이 바라보이는 장소

고양이는 창가에서 밖을 바라보는 것을 대단히 좋아합니다. 주위의 모습을 살펴보거나, 바람에 실려 오는 냄새를 즐기는 듯한 모습입니다. 날씨가 화창한 날에는 기분 좋게 일광욕을 합니다. 밖을 볼 수 있도록 커튼을 열어 둡니다. 또한, 때때로 창문을 열어 밖의 공기를 즐길 수 있도록 해 줍니다. 아파트 생활을 하는 고양이에게 있어 베란다는 정원과 같은 장소입니다. 다만, 고양이가 이웃집의 베란다로 가 버리거나, 베란다로부터 떨어지지 않도록 주의합니다.

숨을 수 있는 장소

불안할 때 숨을 장소가 없으면 고양이에게 있어 큰 스트레스가 됩니다. 언제나 안심하고 숨을 수 있는 장소가 있으면 고양이의 기분도 안정됩니다. 고양이는 놀라거나 하였을 때, 우선 몸을 숨깁니다. 그곳에서 조용히 주위를 살펴보고, 안전하다고 판단되면 밖으로 나옵니다. 벽장 등은 고양이에게 있어 숨기에 중요한 장소이지만, 고양이벼룩이 이불에 옮겨 갈 위험도 있기 때문에 벽장 이외의 숨을 장소를 준비해 줍니다.

고양이가 좋아하는 장소는 계절에 따라 변합니다. 여름에는 창가의 서늘한 장소, 겨울에는 텔레비전 위 등의 따뜻한 장소입니다.

● 고양이가 머무는 장소

고양이에게는 개의 작은 집과 같은 것은 필요 없지만, 잠자기 위한 바구니나 상자, 쿠션 등을 준비해 둡니다. 덥지도 않고, 춥지도 않는 쾌적한 장소가 좋습니다. 될 수 있으면 가족 곁에 있는 장소를 준비하여 고양이를 안심시킵니다.

● 화장실

화장실에는 고양이 모래를 넣어 둡니다. 똥과 오줌을 누고 나면 그 부분만을 갈아 주도록 합니다. 냄새가 나면 전체를 교환해 줍니다. 용기는 잘 씻은 후에 건조시켜 둡니다. 화장실은 애완동물 판매점에서 파는 것이나 오줌이 새어 나가지 않는 플라스틱 용기를 이용하도록 합니다. 고양이 모래는 여러 가지 종류가 있는데, 가격이나 사용이 간편한 것 등을 고려하여 선택하도록 합니다.

● 발톱 가는 나무

고양이와 함께 생활하면서 가장 곤란한 일이 '발톱 가는 동작'입니다. 이불이나 카펫, 가구 등에 발톱을 세워서 '기-기-끼익' 하고 긁는 것입니다. 발톱 가는 일은 고양이가 원래부터 가지고 있는 습성입니다. 고양이의 발톱은 몇 겹이 쌓여 표면의 발톱이 낡아지면 나무에 발톱을 걸고 뽑아내어, 아래에 있는 새로운 발톱을 표면에 드러냅니다. 이렇게 하여 고양이는 항상 먹이를 공격할 수가 있는 것입니다. 그렇기 때문에 이 '발톱 갈기'를 그만두게 할 수는 없습니다. 발톱 끝을 손톱 깎이로 잘라 주어도 '발톱 갈기'를 멈추지 않습니다. 그래서 발톱 가는 나무를 준비하여 그곳에 발톱 갈기를 하도록 해 줍니다.

발톱 가는 나무는 애완동물 판매점에 있습니다.

떨어져 나온 고양이 발톱
이 발톱을 뽑아내기 위하여 여기저기에 발톱 갈기를 하는 것입니다.

● 고양이 사육 상품

고양이를 기를 때에 준비해 두면 편리한 상품이 많이 있습니다.

고양이 풀
고양이가 배의 건강 상태를 조절하기 위해 먹는 풀입니다.

벼룩 퇴치 빗
가는 빗으로, 고양이의 털 속에 있는 벼룩을 걸러 줍니다.

고양이 이유식
한창 성장하는 새끼 고양이를 위한 먹이입니다. 생후 1개월 무렵부터 줍니다.

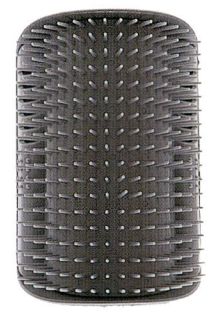

고양이 빗
특히 털이 긴 품종의 고양이에게는 빗은 없어서는 안 될 물건입니다. 매일 빗질을 해 줍니다. 피부에 자극을 주면 건강해집니다.

 발톱 가는 나무를 사용해도 가구나 기둥 등에 발톱 흔적을 남길 경우에는, 그 장소에 골판지 등으로 감아 두어 보호하도록 합니다.

● 고양이의 훈련

고양이의 훈련은 간단하지 않습니다. 원래부터 자유분방한 고양이는 주인의 말을 잘 듣지 않습니다.
새끼 때부터 함께 충분히 놀아 주고, 야단칠 때는 큰 소리로 엄하게 꾸짖어 줍니다. 끈기 있게 훈련할 수밖에 없습니다.

밤 놀이

고양이는 원래부터 야행성 동물입니다. 밤에 나가 노는 것은 어쩔 수 없습니다. 근처에 살고 있는 고양이들이 밤이 되면 모여 정보 교환을 하거나 하기 때문입니다. 그러나 그대로 방치해 버리면 고양이들 사이에서 싸움을 하고 상처를 입거나, 오랫동안 집으로 돌아오지 않거나, 교통사고를 당할 위험성이 있습니다. 또한, 암컷의 경우에는 임신하는 일도 있기 때문에 주의가 필요합니다.

장난치는 고양이

식사

식사는 사육 상자 안에서 하도록 합니다. 이때, 사육 상자의 출입문을 닫고, 먹는 것이 끝났어도 그대로 두고 상태를 살핍니다. 어느 정도 시간이 지난 뒤, 밖으로 나오려고 할 때 문을 열어 줍니다. 이렇게 하여 사육 상자가 불편한 장소가 아니라는 것을 가르쳐, 상자 안에 머무는 시간을 조금씩 늘려 가는 것입니다. 상자 안에 있는 것을 싫어하지 않게 되면, 밤의 수면은 상자 안에서 하도록 훈련을 시킵니다. 방 안의 방석 등의 위에서 자고 있으면, 조용히 상자 안으로 옮겨 줍니다. 사람이 잘 시간이 되면, 고양이를 상자 안으로 넣어 줍니다. 그러면, 고양이는 밤에 그곳에서 잠자야 한다는 것을 배웁니다.

앞발로 장난하기

고양이는 놀거나 할 때, 앞발을 잘 사용합니다. 고양이는 앞발을 이용하여 먹이 동물을 잡는 동물이기 때문에 앞발을 매우 잘 사용합니다. 경험을 쌓으면, 앞발로 이불장이나 문의 자그만 틈새를 통해 문을 열 수도 있습니다. 고양이가 들어가서는 안 될 방의 문은 반드시 잠그도록 합니다.

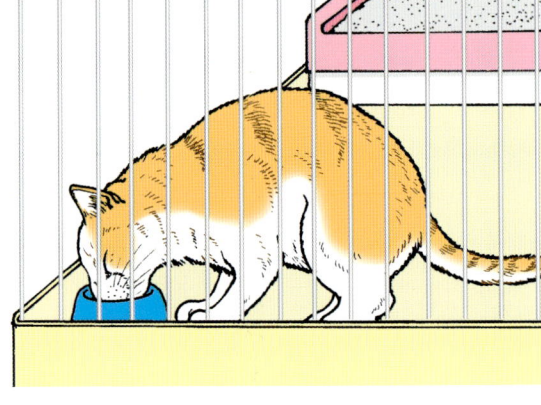

틈새가 조금이라도 보이면 앞발로 열어 버립니다.

쥐 인형을 움직이면, 앞발로 잡습니다.

새끼 고양이는 휴지 상자 속의 내용물을 전부 밖으로 뽑아내는 장난을 대단히 좋아합니다. 휴지 상자는 휴지를 뽑아내는 입구를 아래로 둡니다.

관찰 고양이의 기분과 동작

● 영역 표시

수컷 고양이는 어른이 되어 발정하게 되면, 집 안 곳곳에 오줌 등을 뿌리는 영역 표시 행동을 합니다. 이것을 방지하기 위해서는 생후 6개월이 되면 거세 수술을 합니다. 이렇게 하면 고양이들간에 싸움을 하여 상처를 입는 일도 없어집니다. 암컷의 경우에도 불임 수술을 하면, 발정기에 걱정하는 일이 없어집니다. 거세나 불임 수술은 불쌍하게 보이지만, 고양이가 사람과 함께 살아가기 위해 좋은 관계를 유지하는 것이 서로간에 대단히 중요합니다.

싸움을 하고 있는 고양이

● 털 다듬기

앞발과 혀로 열심히 털 다듬기를 하고 있습니다. 앞발이 미치지 못하는 머리 뒤 등은 뒷발을 사용합니다.

● 소리에 대한 공포심

고양이는 소리를 듣는 능력이 발달해 있습니다. 갑자기 큰 소리를 들으면 매우 놀라는 경우가 있습니다. 따라서, 고양이를 큰 소리로 갑자기 놀라게 해서는 안 됩니다.

큰 소리에 놀라 그대로 밖으로 나가 돌아오지 않는 일이 생기거나, 교통사고를 만나 큰 부상을 입는 경우가 생깁니다. 고양이를 놀라게 하는 큰 소리는 진공 청소기나 드라이어, 접시가 깨지는 소리 등입니다. 게다가 고양이는 사람의 3배 이상 높은 '초음파'를 들을 수가 있습니다. 그렇기 때문에, 사람에게는 조용하다고 생각되는 장소에서도 고양이는 시끄럽다고 느낄 수 있습니다. 고양이가 편안하게 휴식을 하는 장소는 조용하고 안심할 수 있는 환경이라고 생각할 수 있습니다.

화가 난 고양이
공포로 털이 서 있다.

● 그 밖의 관찰 포인트

고양이는 작은 맹수입니다. 얼굴 생김새나 몸의 형태뿐만 아니라, 여러 가지 동작도 야생의 고양이와 닮아 있습니다. 고양이는 사람에 의해 길들여진 이후에도 야생을 그대로 간직하고 있는 것입니다.

● 몸을 길게 늘이기

고양이도 사자도 활동을 시작할까 하는 기분이 들 무렵이나 막 잠을 자려고 할 때에는 몸을 길게 늘입니다. 하지만 기분 좋게 잠을 자고 있다가 방해를 받았을 때에도 몸을 길게 늘입니다.

● 하품

잠이 올 때, 심심할 때에 크게 하품을 합니다. 그리고 몸을 길게 늘일 때와 같이 잠들고 있는데 방해를 받았을 때에도 하품을 합니다. 이럴 때에는 즉시 그 장소에서 떠나지 않고, 몇 번이나 하품을 하고 자신의 기분을 표시하고자 합니다.

하품을 하는 고양이

털을 핥아 다듬기를 하는 고양이는 빠진 털을 삼켜 버립니다. 이 때문에 배 안에 털이 뭉쳐 모이게 되면 벼과 식물의 풀을 먹고서 털 뭉치를 뱉어 버립니다.

개구리 1

청개구리 ■ 무미목 청개구리과 ■ 몸길이 3~4㎝
■ 분포: 제주도를 포함한 전국

개구리는 물이 없으면 살 수 없는 양서류에 속한 동물입니다. 올챙이 시절에는 아가미로 호흡을 하고, 개구리가 되면 사람처럼 폐로 호흡합니다.

청개구리

사육 상자
플라스틱 상자나 수조에서 기를 수가 있습니다. 조금 큰 용기에서 기르면 좋습니다.

뚜껑
개구리는 점프를 잘합니다. 달아나지 않도록 반드시 뚜껑을 합니다.

식물
사육 상자 안에서 자라는 식물을 넣어 둡니다. 수초 종류로 잎이 지상으로 나오는 것을 선택하면 좋습니다.

자갈
애완동물 판매점에서 팔고 있는 금붕어용 자갈 등을 사용합니다.

돌
개구리의 숨는 집이 되거나, 돌 위에서 쉴 수 있습니다. 큰 것을 1개 준비하도록 합니다.

물
개구리는 폐 호흡을 하기 때문에, 물은 적은 양으로 괜찮습니다. 하루 전에 받아 놓은 물을 사용합니다.

관찰
청개구리의 몸색 변화, 다른 개구리와의 울음소리의 차이, 발의 생김새 등을 관찰하여 봅니다.

평소의 녹색을 띠고 있는 청개구리를 돌 위에 놓아 봅니다.

시간이 지날수록 점점 주위의 색과 같은 색으로 변해 갑니다.

청개구리는 아래로 향한 줄기에 앉을 때에는 얼굴을 위로 쳐듭니다.

위로 향한 줄기에서는 평소의 자세를 합니다. 언제나 얼굴을 몸과 평행으로 합니다.

개구리 무리에는 독을 지닌 것도 있습니다. 만지고 난 후에는 반드시 손을 깨끗이 씻도록 합니다.

● 유리에 달라붙는 청개구리

청개구리는 유리 면 등에서도 발의 흡판을 이용하여 사육 상자의 위에까지 올라갑니다. 참개구리나 금개구리 등은 올라가는 일이 없습니다.

먹이

개구리는 어떤 종류라도 주로 살아 있는 벌레를 먹습니다. 청개구리의 경우에는 몸 크기에 맞는 지렁이, 귀뚜라미(애벌레), 초파리, 파리 등을 줍니다.

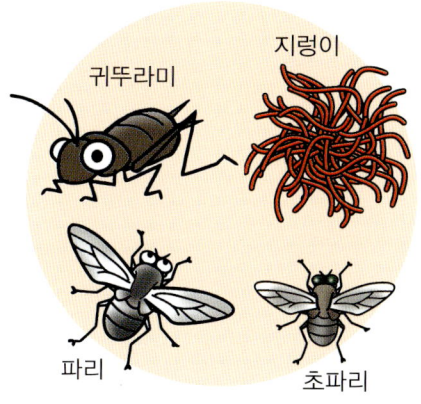

● 올챙이 사육법

올챙이 때부터 기르면 개구리로의 변태를 관찰할 수 있습니다. 열심히 사육하여 발이 나오는 모습 등을 관찰해 봅니다.

황소개구리의 올챙이

사육 상자

플라스틱 상자나 얕은 용기 등에서도 기를 수가 있습니다. 가능하면 물속의 상태를 관찰할 수 있는 상자가 좋습니다.

나무

발이 나오면 상륙할 때를 위해 나무 등으로 육지를 만들어 줍니다.

물

반드시 소독제를 필터로 제거한 물이나 하루 전에 받아둔 물을 사용합니다. 앞발이 나오기 시작하면 물을 더욱 적게 합니다.

자갈

애완동물 판매점에서 팔고 있는 금붕어용 자갈 등을 사용합니다.

먹이

어떤 종류의 올챙이라도 식빵, 멸치, 삶은 시금치, 금붕어 사료 등 무엇이나 먹습니다.

죽은 물고기에 모여든 두꺼비의 올챙이

청개구리는 올 때에는 목을 부풀려서 소리를 냅니다.

참개구리는 뺨을 부풀려 소리를 냅니다.

물에 들어가는 일이 드문 청개구리는 뒷발에만 물갈퀴가 있습니다.

살아 있는 먹이를 구할 수 없는 경우에는, 핀셋으로 작게 자른 먹이를 개구리의 눈앞에서 움직여 먹도록 해 봅니다.

개구리 2

두꺼비 ■ 무미목 두꺼비과 ■ 몸길이 8~18㎝
■ 분포: 한국

개구리 중에서도 물가보다 육지에서 생활하는 일이 많은 두꺼비 등은 사육 방법도 조금은 다릅니다. 물은 거의 필요 없고, 흙을 넣어서 기릅니다.

벌레를 잡고 있는 두꺼비

뚜껑 — 점프력이 있기 때문에 반드시 뚜껑을 덮어야 합니다.

물 뿌리기 — 이틀에 한 번 물을 뿌려 습기를 줍니다.

사육 상자 — 플라스틱 상자나 수조에서 기릅니다. 두꺼비라면 30㎝ 이상 크기의 상자를 사용합니다. 사육 마리 수에 따라 큰 것으로 바꿉니다.

바닥 재료 — 썩은 나뭇잎 등의 위에 낙엽을 덮어 둡니다. 개구리가 스스로 속으로 들어갑니다.

물 주기 — 물을 먹기 위한 것보다, 상자 안에 습기를 주기 위해 넣습니다.

숨는 집 — 화분 등을 이용하여 숨는 집을 만들어 줍니다. 돌 등을 쌓아 만들어 줘도 좋습니다. 두꺼비의 몸 크기에 맞춰 줍니다.

먹이 — 두꺼비에게는 살아 있는 먹이를 주도록 합니다. 벌레를 구할 수 없을 때에는 애완동물 판매점에서 밀벌레나 귀뚜라미를 삽니다.

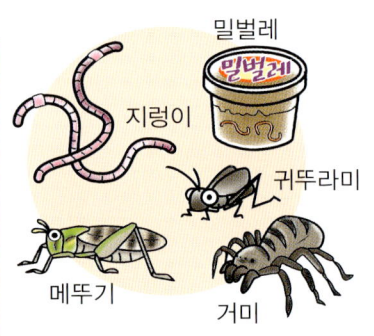

밀벌레 / 지렁이 / 귀뚜라미 / 메뚜기 / 거미

⚠ 주의

독선

● 두꺼비에게는 고막 주위에 독선이 있습니다. 이곳에서 흰 독액을 냅니다. 강한 독은 아니지만, 만지지 않도록 합니다.

관찰 참개구리의 성장

알 — 수초 등에 낳아 붙입니다.

올챙이 ① — 아가미 호흡으로 생활합니다.

올챙이 ② — 뒷발이 먼저 나오고, 다음에 앞발이 나옵니다.

어른 개구리 — 월동하고 난 뒤, 4~6월에 산란합니다.

✎ 참개구리는 한 번에 1000~3600개의 알을 낳습니다. 이 알의 덩어리를 '난괴'라고 부릅니다.

도롱뇽사촌

붉은배도롱뇽사촌

■ 유미목 도롱뇽과 ■ 몸길이 8~13cm ■ 분포: 일본

저수지나 시냇물, 수초가 많은 장소에서 살고 있습니다. 겨울에는 육상의 바위 밑이나 물 바닥에서 지냅니다. 작은 수조에서는 수컷·암컷 한 쌍만 기릅니다.

사육 상자
30cm 수조나 플라스틱 상자에서 기를 수가 있습니다.

수조라면 배의 무늬가 잘 관찰됩니다.

뚜껑
달아나지 않도록 반드시 뚜껑을 합니다.

물이끼
물이끼는 수분을 많이 포함하기 때문에, 육지를 마르지 않도록 하기 위해서도 만들어 주면 좋습니다. 물이끼의 일부를 물에 적셔 두면 언제나 촉촉한 상태가 됩니다.

먹이
먹이는 이틀에 한 번, 실지렁이나 깔따구 애벌레 등을 핀셋으로 잡아 줍니다.

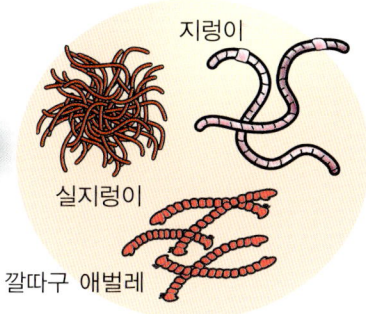

지렁이 / 실지렁이 / 깔따구 애벌레

물
수돗물은 소독제를 거른 후에 사용합니다.

나무
도롱뇽사촌이 물에서 나올 때를 위해서 넣어 둡니다. 애완동물 판매점에서 팔고 있는 나무를 사용합니다.

자갈
애완동물 판매점에서 팔고 있는 검은색 바닷모래 등을 사용합니다. 수조의 반쯤을 육지로 만듭니다.

관찰 도롱뇽사촌의 몸과 성장

수컷

꼬리 끝이 급하게 뾰족해진다. / 항문 주위의 주머니가 크다.
항문의 주머니가 크고, 꼬리 끝이 급하게 뾰족해지는 것은 수컷입니다.

암컷

꼬리 끝이 점점 가늘어진다. / 항문 주위의 주머니가 작다.
항문의 주머니가 작고, 꼬리 끝으로 갈수록 점점 가늘어지는 것이 암컷입니다.

앞발

뒷발

앞에 4개, 뒤에 5개의 발가락이 있습니다. 유리 등 미끈미끈한 것에 붙을 수가 있습니다.

알

1개씩 수초에 낳습니다.

부화

어미에게 잡아먹히는 경우가 있기 때문에 다른 용기로 옮겨 줍니다.

유생

아가미가 있는 유생입니다. 아가미가 없어질 때까지 물속에서 생활합니다.

✏️ 도롱뇽사촌의 수컷은 번식기에 꼬리가 분홍색으로 변하고, 암컷의 앞에서 이것을 S자 모양으로 구부려서 살살 흔들며 구애 행동을 합니다.

늪거북

붉은귀거북(청거북)

붉은귀거북
- 거북목 늪거북과
- 등 갑옷 길이 20~28㎝
- 분포: 북미

애완동물 판매점에서 흔히 볼 수 있는 것이 붉은귀거북입니다. 이 거북의 새끼들은 '청거북'이라고 불립니다. 튼튼하고 기르기 쉬운 거북이기 때문에 애완동물로서 인기가 많습니다.

사육 상자
새끼 거북일 경우에는 30㎝가량의 사육 상자에서 기를 수 있지만, 크게 자라면 60㎝ 이상의 사육 상자로 옮겨 줍니다.

물
하루 전에 받아 놓은 물이나, 소독제를 제거한 물을 사용하도록 합니다. 거북이 잠수할 수 있을 정도의 양을 넣어 줍니다.

뚜껑
거북이가 도망가는 일은 없지만, 다른 애완동물이 있을 경우에는 반드시 뚜껑을 덮어야 합니다.

먹이
거북용 사료를 중심으로 줍니다. 먹이를 너무 많이 주면, 수질이 나빠지므로 먹을 양만큼만 줍니다.

거북용 사료

돌
거북이가 때때로 물에서 나와 올라올 수 있도록 큰 돌을 이용하여 육지와 같이 만들어 줍니다. 돌은 애완동물 판매점에서 팔고 있지만, 돌을 주워 잘 씻은 후에 사용할 수도 있습니다.

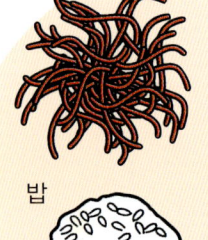 실지렁이
 밥
 식빵 / 물고기를 잘게 자른 것

⚠ 주의

● 거북은 일광욕을 하지 않으면, 등 갑옷이 변형하여 질병에 걸립니다. 될 수 있으면, 매일 일광욕을 시키도록 합니다. 또한, 영양 부족이 되지 않도록 파충류용의 비타민제를 먹이와 섞어 줍니다.

파충류용 비타민제

붉은귀거북의 다른 이름은 '미시시피붉은귀거북' 이라고 합니다.

관찰 늪거북의 몸

자갈
금붕어용 자갈 등을 사용합니다. 사육 상자의 절반 정도를 육지와 같이 만들어 줍니다.

늪거북의 앞발
평평한 발로 물갈퀴가 있으며, 헤엄칠 때 역할을 합니다. 발가락은 확연히 드러나 있습니다.

육지거북의 앞발
두텁고 둥근 발을 하고 있습니다. 발가락은 뚜렷하게 드러나 있지 않습니다.

늪거북의 입
큰 입은 새의 부리처럼 딱딱합니다. 이 입으로 물고기의 고기나 수초를 당겨 찢어서 먹을 수가 있습니다.

등 갑옷의 줄무늬
등 갑옷은 탈피하지 않지만, 목과 발은 탈피하여 크게 자랍니다. 그때, 등 갑옷도 크게 자라납니다. 줄무늬는 그때에 만들어진 것입니다.

●늪거북 무리●

■ 등 갑옷 길이 ■ 분포 ◆ 주요 특징

붉은귀거북
■ 20~28cm ■ 북미 ◆ 호수, 저수지 등의 물에 사는 작은 동물을 먹습니다.

배 껍질

남생이
■ 35cm ■ 중국, 한반도, 대만, 일본 ◆ 평지의 하천, 저수지, 늪, 논 등에서 생활하고 있습니다. 육지에도 올라옵니다.

배 껍질

돌거북
■ 21cm ■ 일본 ◆ 주로 산간의 하천, 저수지, 늪 등에 삽니다. 새끼들은 '엽전거북' 이라 불립니다.

배 껍질

실험 남생이의 일어나는 실험

① 남생이를 완전히 뒤집어 놓아 봅니다. 시간이 조금 지날 때까지는 주위의 상황을 둘러보느라 움직이지 않습니다.

② 갑옷 속에 숨겨 놓은 얼굴이랑 발을 내어 퍼뜩퍼뜩 움직이기 시작합니다. 네 발로 지면을 밀어 발톱이 걸리도록 합니다.

③ 네 발의 발톱이 지면에 걸리지 않으면, 목을 길게 뽑아 머리를 사용하여 일어나기 시작합니다.

④ 목과 머리를 능숙하게 사용하여 '이영차' 하면서 힘을 내어 일어납니다.

 남생이를 사육할 때는 겨울에 동면하지 않도록 주의합니다. 영양이 부족하면 동면 중에 죽는 일도 있습니다.

육지거북

표범무늬거북

표범무늬거북 ■ 거북목 육지거북과 ■ 등 갑옷 길이 72cm
■ 분포: 아프리카, 아시아

육지거북은 작은 것에서부터 큰 것에 이르기까지 여러 종류가 있습니다. 크게 자랐을 경우를 대비하여 기를 종류를 선택합니다.

사육 상자
육지거북의 성장에 맞추어 사육 상자의 크기를 바꿔 줘야 할 필요가 있습니다. 애완동물 판매점에서 산 작은 거북일지라도 최저 사방 60cm의 사육 상자에서 기르도록 합니다.

히터
추위에 약하기 때문에 여름철 이외에는 히터를 넣어 줍니다. 히터는 패널형의 것을 모래 속에 넣어 둡니다.

모래
애완동물 판매점에서는 파충류 등의 작은 동물용의 모래를 팔고 있습니다. 이 모래를 3~5cm 정도 깊이로 깔아 주도록 합니다. 더러워진 부분은 들어내어 새로운 것으로 보충합니다.

물그릇
거북이 마시기 쉽도록 입구가 넓은 그릇을 준비합니다. 매일 깨끗한 물을 준비합니다.

관찰 육지거북의 몸

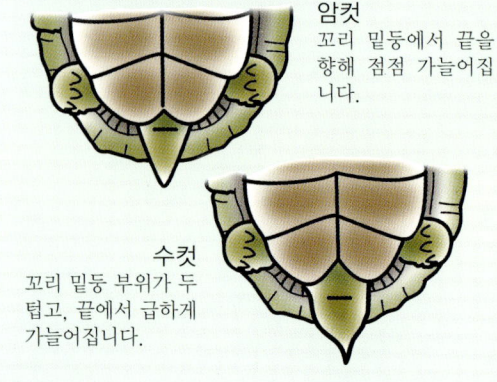

암컷 꼬리 밑둥에서 끝을 향해 점점 가늘어집니다.

수컷 꼬리 밑둥 부위가 두텁고, 끝에서 급하게 가늘어집니다.

수컷의 육지거북의 배 껍질은 엉덩이 부분이 들어가 있습니다.

등 갑옷에는 줄무늬가 있습니다. 이것은 몸이 탈피하여 성장하였을 때, 등 갑옷도 커져서 그 때 만들어진 것입니다.

✎ 육지거북을 살 경우, 선택 요령은 움직임이 활발하고, 등 갑옷에 상처가 없는 것, 눈이 깨끗한 것 등을 점검하도록 합니다.

전등

육지거북의 건강을 위해서 자외선을 포함한 파충류용 전등을 준비하도록 합니다. 몸을 따뜻하게 해 주는 기능도 있습니다.

파충류용 전등에는 여러 가지 종류가 있습니다.

먹이

육지거북은 주로 식물질을 먹지만, 때로 귀뚜라미나 밀벌레 등의 곤충이나 허파 등을 줍니다. 또한, 파충류용 비타민제나 육지거북용 사료를 이용하는 것도 편리합니다.

돌·식물

사육 상자 속을 조금 자연에 가깝게 하기 위해서라도 돌과 식물을 넣어 줍니다.

파충류용 비타민제   육지거북용 사료

바나나   사과
귀뚜라미   푸른 채소
밀벌레   허파

먹이 그릇

그다지 높지 않은 입구가 넓은 그릇을 준비하도록 합니다. 수조 안의 온도가 높기 때문에 식사가 끝나면 그릇을 씻어 주도록 합니다.

! 주의

● 육지거북은 추위에 약합니다. 그렇다고 해서 온도를 너무 올려도 안 됩니다. 육지거북에게 있어 가장 적당한 온도는 20~25℃ 정도입니다. 히터의 크기와 전등의 거리 등으로 적절하게 조절합니다.

앞발

앞발의 뒷면

앞발은 두텁고 건장합니다. 긴 발톱이 있으며, 발가락은 그것을 알 수 있을 정도로 분명하게 갈라져 있지 않습니다.

뒷발

뒷발의 뒷면

두터운 발은 무거운 몸을 확실하게 지탱합니다. 발의 뒷면은 비늘 형태로 미끄럼을 방지합니다.

등 갑옷 속으로 네 발을 교묘하게 들여놓고, 얼굴 부분이 쏙 들어가게 합니다.

 육지거북은 등 갑옷이 탈피하는 일은 없습니다. 그러나 머리와 발의 비늘이 있는 부분은 탈피합니다.

도마뱀붙이

일본도마뱀붙이

일본도마뱀붙이 ■ 유린목 도마뱀붙이과
■ 전체 길이 10~14㎝
■ 원산지: 일본(북해도 제외)

도마뱀붙이는 도마뱀 무리입니다. 도마뱀이 주로 지면에서 생활하고 있지만, 도마뱀붙이는 발의 흡판을 이용하여 유리, 천장 등을 걸을 수가 있습니다.

사육 상자
될수록 높은 것을 사용하도록 합니다. 30~60㎝의 상자를 이용하면 좋습니다.

물그릇
물은 많이 마시지 않지만, 필름 통 등을 가공하여 작은 물그릇을 준비해 줍니다. 병마개 등도 이용할 수 있습니다.

먹이
도마뱀붙이의 먹이는 보통 메뚜기나 작은 거미, 나방 등 살아 있는 벌레입니다. 그러나 일 년 내내 준비하지 않으면 안 되기 때문에 애완동물 판매점에 있는 밀벌레나 귀뚜라미 등을 사용하면 편리합니다.

밀벌레 / 메뚜기 / 거미 / 밀벌레 / 귀뚜라미

관찰 도마뱀붙이의 몸

앞발 발가락 끝에 발톱이 있어 나무 등을 확실히 잡을 수 있습니다.

앞발의 뒷면
발가락 뒤에는 주름이 있어 흡판처럼 활약합니다.

뒷발의 뒷면
뒷발의 발가락 끝 뒤에도 흡판처럼 주름이 있습니다.

미끄러운 유리 면도 잘 올라갑니다.

도마뱀붙이는 때로 '큐—큐—큐' 하고 웁니다.

분무기

건조한 장소에 살고 있는 도마뱀붙이지만, 3일에 한 번 정도 밤에 도마뱀붙이가 활동하고 있을 때, 흙이 조금 촉촉해질 정도로 분무기로 물을 뿌려 줍니다.

뚜껑

유리 면에 붙어 상자의 위까지 올라가 도망갈 수 있으므로, 반드시 뚜껑을 덮어 둡니다.

숨는 집

나무껍질이나 돌 등으로 숨을 집을 만들어 줍니다. 밝은 낮에는 그 속에 들어가 있습니다.

먹이 그릇

물그릇과 동일하게 필름 통 등을 이용하도록 합니다. 밀벌레 등은 살아 있기 때문에 그릇에서 달아날 수 있지만, 도마뱀붙이는 움직이는 것을 발견하면 먹어 버립니다.

혀로 눈을 핥아 청소합니다.

눈이 건조해지거나, 먼지가 붙으면 혀를 슬금슬금 내밀기 시작합니다.

입을 크게 벌려서 혀로 눈 전체를 핥아 청소를 합니다.

도마뱀 · 장지뱀

일본도마뱀 ■유린목 도마뱀과 ■전체 길이 20~25cm ■분포: 일본
일본장지뱀 ■유린목 도마뱀과 ■전체 길이 17~25cm ■분포: 일본

도마뱀이나 장지뱀은 도마뱀붙이와 같은 세트에서 기를 수가 있습니다.

일본도마뱀 / 도마뱀의 꼬리 자르기

사육 상자에 마른 모래나 자갈을 깔아 돌 등과 배치하여 숨을 집을 만들어 줍니다. 먹이 그릇이나 물그릇도 준비합니다. 꼬리를 잡으면 끊어져 버리기 때문에 주의하도록 합니다.

일본장지뱀 / 탈피 중의 장지뱀

사육 상자에 마른 모래나 자갈을 깔아 두고, 나무나 컵 등으로 숨을 집을 준비합니다. 먹이 그릇, 물그릇도 준비합니다. 성장하면서 탈피를 합니다.

먹이

도마뱀붙이와 같이 도마뱀과 장지뱀에게도 살아 있는 곤충 먹이가 필요합니다. 밀벌레, 지렁이, 거미, 메뚜기 등을 줍니다.

밀벌레 / 지렁이 / 메뚜기 / 거미

도마뱀, 장지뱀의 꼬리 자르기는 적에게 공격받았을 때, 꼬리를 잘라 달아나기 위한 것입니다.

이구아나

그린이구아나 ■ 유린목 이구아나과 ■ 전체 길이 100~180㎝
■ 분포: 중앙~남아메리카

그린이구아나는 파충류 가운데 기르기 쉬운 도마뱀입니다. 그러나 성장하면 크기가 1.5m를 넘게 자라기 때문에 잘 생각하여 기르도록 합니다.

그린이구아나

사육 상자
이구아나의 성장에 맞추어 수조의 크기를 바꾸도록 합니다. 새끼 이구아나의 경우는 60㎝ 수조로도 충분합니다.

전등
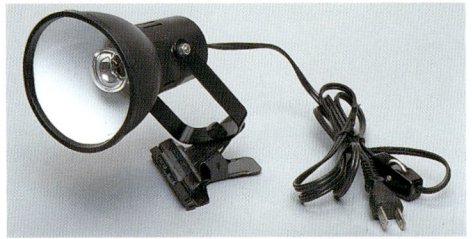
이구아나는 추위에 약합니다. 전등을 사용하여 온도를 28℃ 정도로 유지하면 좋습니다. 밤에는 온도를 5℃ 정도 낮추도록 합니다.

오름 나무

이구아나는 나무에 오릅니다. 사육 상자 안에 나무를 잘 배치하여, 이구아나가 오를 수 있도록 설치합니다. 나무 아래는 숨을 수 있는 집도 됩니다.

물그릇
무거운 토기 그릇을 사용하도록 합니다. 마시는 물은 매일 신선한 것으로 준비합니다.

관찰 이구아나의 몸

앞발 확실히 나무를 잡을 수 있도록 긴 발톱이 있습니다.

뒷발 앞발 정도의 발톱은 없습니다. 긴 발가락으로 몸을 지탱합니다.

얼굴
● 목에는 막이 있습니다. 평소에는 접혀져 있는데, 화가 나거나 구애를 할 때에는 이 막을 넓게 벌립니다.

● 귀는 눈의 뒤쪽 아래에 있습니다.

귀 / 목의 막

애완동물 판매점에서 팔고 있는 그린이구아나는 대부분이 새끼입니다. 40㎝ 정도 자랄 때까지의 기르기가 가장 어렵다고 합니다.

뚜껑
달아나는 경우도 있기 때문에, 반드시 뚜껑을 덮어 둡니다. 또한, 힘이 세기 때문에 뚜껑 위에는 무거운 물건을 두도록 합니다.

온도계
수조 안의 온도가 너무 높거나, 낮지 않도록 온도계를 두어 언제나 온도를 일정하게 합니다.

먹이
그린이구아나의 먹이는 어미와 새끼일 때에 먹는 것이 다릅니다. 새끼일 때에는 주로 밀벌레나 귀뚜라미 등의 벌레를 먹습니다. 어른이 되면, 거의 채소나 과일 등을 먹습니다.

이구아나용 사료

귀뚜라미 · 밀벌레 · 푸른 채소 · 사과 · 바나나

바닥 재료
바닥 재료는 작은 동물용의 목초 등을 사용합니다. 이것은 쿠션 기능도 있습니다.

먹이 그릇
입구가 넓은 것을 사용합니다. 개 용도의 식기 등 토기 그릇을 선택하면 좋습니다.

이구아나 등의 파충류 무리는 주위의 환경이나 기르는 사람의 보살핌에 따라 스트레스를 받아 몸의 상태가 변하기 쉬운 동물입니다. 가능하면 안심시켜 주는 것이 잘 기를 수 있는 방법입니다. 이구아나가 안심하고 있는 모습을 기억하여, 쉬고 있을 때에는 조용히 두도록 합니다.

기분이 안정되어 있는 모습

⚠ 주의

● 그린이구아나는 어른이 되면, 전체 길이가 1.5m나 됩니다. 사육할 때에는 크게 자랄 때까지 확실한 책임을 가지고 기르도록 합니다.

● 크게 자란 이구아나는 힘이 무척 세어, 수조의 뚜껑을 간단히 열어 달아날 수가 있습니다. 뚜껑에는 무거운 물건을 얹어 둡니다.

● 이구아나를 기를 때에는 28~30℃가 가장 좋은 온도입니다. 히터 등을 이용하여 항상 온도를 일정하게 해 줍니다.

● 평소에 주는 먹이만으로는 영양이 부족합니다. 파충류용 비타민제 등을 준비하여 먹이에 섞어 줍니다.

✎ 새끼 이구아나의 먹이가 되는 살아 있는 귀뚜라미는 애완동물 판매점에서 팔고 있습니다.

닭

백색레그혼 ■ 꿩목 꿩과 ■ 몸무게 약 2kg
■ 원산지: 이탈리아

닭은 아주 옛날부터 사람들에게 길러져 왔던 새입니다. 알을 낳아 주거나, 식육용으로서 사람들에게 도움을 줘 왔습니다. 또한 울음소리를 듣고 즐기기 위해 개량한 닭도 있습니다. 사람에게 친숙하여 기르기 쉬운 새입니다.

사육 시설
사육 시설은 바람이 잘 통하고, 햇볕이 잘 드는 장소에 설치합니다. 비를 피할 수 있는 장소와 운동장이 필요합니다.

보금자리 상자
비가 들어오지 않는 장소에 상자를 만들어 놓고, 그 속에는 가는 짚 등을 깔아 둡니다. 암컷은 여기서 매일 알을 낳게 됩니다.

홰
그다지 멀리 날지 못하지만, 홰를 준비해 줍니다.

자물쇠
밖으로부터 다른 동물이 들어오지 못하도록, 출입문에는 확실하게 자물쇠를 채워 둡니다.

모래 운동장
몸에 붙은 기생충 등을 떼어 내기 위하여 모래 목욕을 합니다. 모래가 똥 등에 의해 더러워지면 그 부분을 청소하도록 합니다.

먹이

곤충 분말 / 푸른 채소 / 마른 멸치 / 지렁이

닭용 배합 사료를 줍니다. 나무좀벌레가루, 채소, 마른 멸치 등도 주도록 합니다. 지렁이도 즐겨 먹습니다.

물그릇
병에 물을 넣어, 양동이 등 물그릇 안에 거꾸로 세워서 고정합니다. 물그릇 안에는 언제나 같은 양의 물이 나옵니다.

먹이 그릇
가능하면 크고, 튼튼한 것을 준비합니다. 닭이 먹기 쉬운 높이에 설치합니다.

관찰 닭의 알의 성장

산란 이후 12시간 경과
아직 병아리의 모습은 없습니다.

산란 이후 36시간 경과
노른자위 부분이 변화하고 있습니다.

산란 이후 1주일 경과
몸의 형태와 눈을 알 수 있습니다.

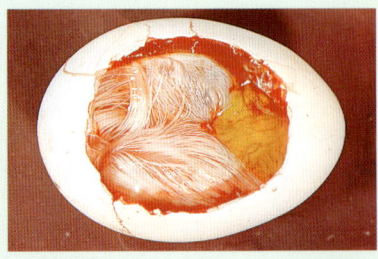
산란 이후 18일 경과
깃털이 생겨나고, 병아리 모습을 갖춥니다.

닭의 사육에는 작은 돌 등이 필요합니다. 닭이 작은 돌이나 모래를 삼키면, 위(소화 기관)에서 먹은 먹이를 잘게 부수는 역할을 합니다.

● 병아리 기르는 법

어미 닭이 없는 경우에는, 기르는 사람이 책임을 가지고 길러 나가야 합니다.
먹이는 병아리용으로 잘게 만들어진 것을 이용하도록 합니다.

관찰 닭의 몸

볏이 크다. 볏이 작다.
턱 피부가 길고 크다. 턱 피부가 작다.
수컷   암컷

수컷과 암컷의 차이는 그 외에도 꼬리 깃이 수컷은 길고, 울음소리가 큰데 비해, 암컷은 '꼬옥 꼬옥 꼭' 하며 작은 소리로 울 뿐입니다.

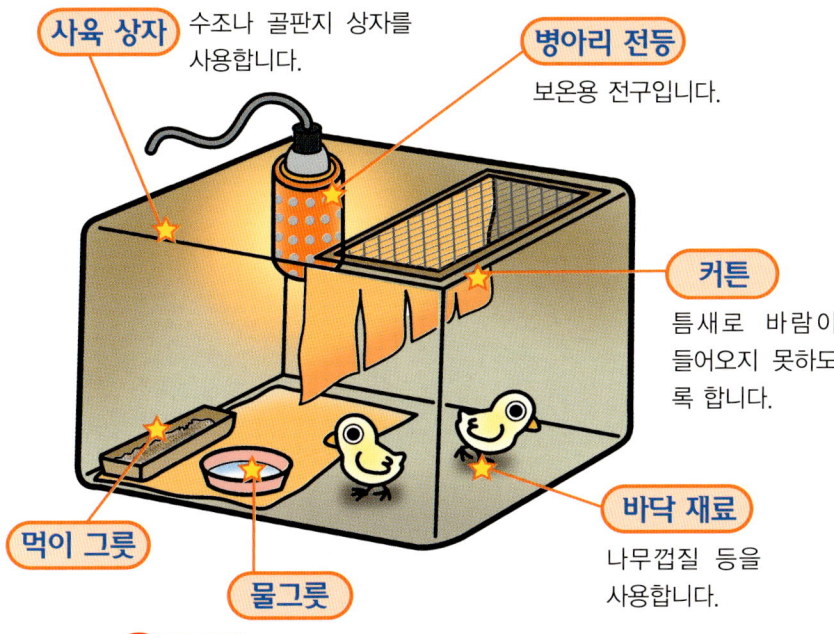

- **사육 상자**: 수조나 골판지 상자를 사용합니다.
- **병아리 전등**: 보온용 전구입니다.
- **커튼**: 틈새로 바람이 들어오지 못하도록 합니다.
- **바닥 재료**: 나무껍질 등을 사용합니다.
- **먹이 그릇**
- **물그릇**

!주의
● 병아리는 물론, 새의 새끼들은 추위에 약한 생물입니다. 병아리 전등이나 작은 동물용의 히터를 사용하여 35~38℃ 정도의 온도를 유지하도록 합니다. 어미 새가 있는 경우에는 새끼들의 보살핌을 어미 새에게 맡기는 편이 좋습니다.

수컷의 발에는 날카롭고 큰 며느리발톱이 있습니다. 이것은 적으로부터 몸을 보호하기 위할 때와 무리의 우두머리를 차지하기 위해 싸울 때 이용합니다. 기분이 나쁠 때, 기르는 사람에게도 공격할 수 있기 때문에 주의하도록 합니다.

부화 당일 ①
속에서 알을 깹니다.

부화 당일 ②
알이 점점 깨져 갑니다.

부화 당일 ③
속에서 병아리의 모습이 보이기 시작합니다.

부화 당일 ④
병아리가 스스로의 힘으로 밖으로 나옵니다.

✎ 식품인 계란은 무정란으로 아무리 따뜻하게 해 주어도 병아리로 부화되지 않습니다.
수컷과 암컷을 함께 기르고 있는 중에 얻은 알은 병아리로 부화할 가능성이 있습니다.

거위 · 오리

중국거위 ■ 오리목 오리과 ■ 몸무게 약 5.4kg(♂), 약 4.5kg(♀) ■ 원산지: 중국

거위와 오리도 알, 고기, 깃털 등을 얻기 위하여 기르는 새입니다. 최근에는 관상용으로도 기르고 있습니다.

중국거위

지붕
비를 막거나, 더운 날씨에는 그늘을 만들어 시원하게 생활할 수 있도록 하는 데 지붕이 필요합니다.

먹이 그릇

사육 시설
오리 · 거위가 달아나지 않도록, 그리고 밖에서 고양이 등의 동물이 들어오지 못하도록 그물이나 철망으로 주위를 막습니다.

무의 잎
평지
배추

먹이
오리 · 거위는 매일 많은 먹이를 먹습니다. 닭용 배합 사료나 평지, 배추, 무의 잎 등을 줍니다.

물웅덩이
목욕할 수 있을 정도의 물웅덩이가 있으면 좋아합니다.

먹는 물
물웅덩이의 물도 먹지만, 신선한 물을 준비합니다. 크고 얕은 그릇에 담아 둡니다.

관찰 중국거위의 몸

오리 무리인 거위의 발에는 헤엄에 필요한 큰 물갈퀴가 발달해 있습니다.

이마에 나 있는 혹의 크기로 수컷과 암컷을 구분할 수가 있습니다.

큰 혹을 가진 수컷

암컷의 혹은 그다지 눈에 드러나지 않습니다.

물에 떠 있기 위한 깃털 다듬기

목욕 중이거나 목욕이 끝난 뒤에 꼬리 깃털이 나 있는 엉덩이를 부리로 쓰다듬는 모습(행동)을 관찰할 수 있습니다.

이것은 꼬리 깃털이 있는 곳에, 유선(기름 분비선)이라고 하는 데서 나오는 기름을 깃털에 발라 주고 있는 것입니다. 이 기름에 의해 물이 스며들지 않아 물 위에 떠 있을 수가 있습니다.

✎ 거위의 번식기는 봄입니다. 산란하는 알의 수는 한 해에 약 40개이며, 알을 품는 일수는 약 31일입니다. 그리고 오리의 번식기는 봄~가을입니다. 산란하는 알의 수는 한 해에 150~160개이며, 알을 품는 일수는 28일입니다.

비둘기

양비둘기 ■ 비둘기목 비둘기과 ■ 전체 길이 31~34㎝
■ 분포: 아프리카 북부, 동아시아
◆ 현재의 비둘기 품종은 양비둘기를 개량한 것입니다.

예전에 핸드폰이 없던 시절, 비둘기는 귀소 본능(멀리 떨어진 장소에서 자신의 집으로 돌아오는 것)이 매우 강하여 '전서 비둘기(편지 배달 비둘기)'로써 이용되어져 왔습니다. 당시의 신문사는 반드시 전서 비둘기를 기르고 있었습니다. 지금은 경주용이나 관상용으로 기르고 있습니다.

집비둘기

사육 시설 내부
사육 시설 안에는 비둘기가 앉기 쉽도록, 여러 층으로 앉을 수 있는 나뭇가지를 설치합니다.

● 사육 시설

사육 시설은 햇볕이 잘 드는 장소에 만듭니다. 비둘기가 돌아올 때, 쉽게 찾을 수 있도록 옥상 위 등에 만들어 두면 좋습니다. 또한, 고양이 등의 동물이 사육 시설 안에 들어올 수 없도록 출입구에는 뚜껑을 만들어 둡니다.

일광욕은 진드기나 벼룩을 퇴치합니다.

타임 레코드 (시간 기록기)
경주할 때, 시간을 재는 기계입니다. 돌아온 비둘기의 고무관을 안에 넣어 시간을 측정합니다.

먹이

비둘기용 배합 사료를 주식으로 하고, 그 외에 소금 흙, 채소, 삼 열매 등을 줍니다.

물을 잘 마시기 때문에 자동 급수기를 부착합니다.

공원의 비둘기
공원 등에서 흔히 볼 수 있는 비둘기는 기르고 있던 집비둘기가 야생화한 것입니다.

관찰 비둘기의 성장

① 비둘기의 알입니다. 2개를 낳습니다. 보금자리는 비를 피할 수 있는 장소에 작은 나뭇가지 등으로 만듭니다.

② 부화한 새끼입니다. 산란 후 17~18일 만에 부화합니다. 부화 직후에는 노란색 깃털입니다.

③ 어미 비둘기는 낮에는 열심히 먹이를 운반하고, 밤에는 새끼들을 따뜻하게 보살피며 지켜 줍니다.

④ 부화 후 20일째. 조금씩 어미와 같은 깃털이 생겨납니다. 약 1개월이 지나면 집을 떠납니다.

집으로 돌아오는 훈련은 집을 나간 후 2주가 될 무렵부터 시작합니다. 처음에는 배를 굶주리게 하여 밖에서 돌아오면 시설 안에 먹이를 뿌려 놓고 불러들입니다.

십자매

- 참새목 단풍나무새과
- 전체 길이 11cm
- 원산지: 동남아시아

십자매는 동남아시아에 분포하는 '단독'이라는 새를 일본에서 품종 개량한 새라고도 전해지고 있습니다. 알 품기와 새끼를 매우 잘 키우며, 건강하고 추위에도 강하기 때문에 처음 새를 기르는 사람도 기르기 쉬운 새입니다.

사육 상자
그냥 기를 때에는 사육 상자로 충분하지만, 번식을 시킬 경우에는 상자 주위를 골판지 등으로 막아 줍니다.

채소 그릇
채소를 넣기 위한 그릇을 준비합니다. 안에는 물도 조금 넣어 두도록 합니다.

먹이
작은 새 전용 배합 사료나 나무좀벌레 가루, 야채 등을 주도록 합니다.

보금자리
십자매는 항아리처럼 생긴 보금자리를 이용합니다. 항아리 모양의 보금자리를 고정시켜 준비해 줍니다.

목욕
자주 물로 목욕을 하기 때문에, 매일 깨끗한 물을 준비해 줍니다.

물그릇
마실 물은 매일 신선한 것으로 준비합니다.

먹이 그릇
사육 상자에 준비되어 있는 그릇을 이용합니다.

● 새끼 기르는 법
십자매나 문조의 새끼를 길러 손바닥에서 장난하고 노는 모습을 지켜볼 수 있을 정도로 길러 봅니다.

새끼가 태어나면, 새끼 기르기를 체험해 봅니다. 한눈을 팔면 안 되기 때문에 대단히 고생스럽지만, 새끼가 성장하는 것을 지켜 보는 것은 매우 즐거운 일입니다.

30°C

새끼에게 주는 먹이는 30°C 정도의 미지근한 물로 데워 줍니다.

새끼에게 먹이를 먹이기 위한 도구입니다.

새끼는 위를 향해 입을 벌립니다. 새끼의 먹이주머니가 부풀릴 때까지 주도록 합니다.

새끼를 기르는 데 필요한 짚으로 만든 상자입니다. 통기성이 있고, 보온이 됩니다. 상자 속의 온도는 28~30°C 정도로 유지합니다.

✏️ 십자매의 번식기는 일 년 내내이지만, 보통 봄과 가을에 번식시킵니다. 낳는 알의 수는 1회에 4~7개이며 알을 품는 일수는 14일입니다.

● 홰의 굵기

너무 가는 홰

가장 좋은 굵기의 홰

너무 굵은 홰

홰는 너무 가늘어도, 너무 굵어도 좋지 않습니다. 십자매가 홰를 잡을 때, 발의 발가락이 홰의 3분의 2 정도를 잡을 수 있으면 좋습니다.

● 먹이 관리

껍질이 있는 먹이는 껍질이 남겨져 아직 먹이가 남아 있는 것처럼 보여도 실제로는 먹이가 없는 경우도 있습니다. 매일 먹이 그릇을 가볍게 입으로 불어서 껍질을 치워 주도록 합니다.

보금자리 재료

보금자리 재료를 준비해 두면, 십자매가 스스로 뽑아서 보금자리로 운반한 후에 자신이 좋아하는 보금자리를 만듭니다.

문조

■ 참새목 단풍나무새과 ■ 전체 길이 14~16㎝ ■ 원산지: 동남아시아

문조는 동남아시아 자바 섬이나 발리 섬의 숲에서 흔히 볼 수 있는 작은 새입니다. 일본에서는 에도 시대에 사육을 목적으로 수입되어 여러 가지 품종이 만들어졌습니다. 성격이 난폭한 새이지만, 건강하고 사람에게도 잘 길들여져, 손 위에서 놀기도 합니다.

집 상자

기르는 법은 십자매와 같지만, 집 상자는 문조용의 것을 준비해 주어야만 합니다. 보금자리 재료를 넣어 주면 문조가 스스로 집 안으로 운반해 갑니다.

목욕

문조는 물로 목욕하는 것을 대단히 좋아합니다. 매일 아침 물을 갈아 주도록 합니다. 물로 목욕할 수 있는 그릇도 이따금씩 물로 깨끗이 청소해 줍니다.

먹이

먹이는 십자매와 같은 것이지만, 배합 사료는 문조용의 것을 선택합니다. 껍질이 있는 먹이는 남아 있는 것을 매일 점검하도록 합니다.

● 십자매 · 문조 무리 ●

■ 전체 길이 ◆ 주요 특징

작은부리십자매
■ 11㎝ ◆ 몸 전체가 희고, 양쪽 어깨 사이에 갈색 반점이 있습니다.

갈색십자매
■ 11㎝ ◆ 몸 전체가 갈색으로 된 것입니다.

사쿠라문조
■ 14~16㎝ ◆ 문조와 ·백문조를 교배시켜 만든 것입니다.

백문조
■ 14~16㎝ ◆ 문조가 백색으로 변화한 것입니다.

 문조의 번식기는 10~5월이며, 보통 5~6개의 알을 낳습니다. 알을 품는 일수는 약 18일입니다.

잉꼬

잉꼬 ■ 앵무새목 잉꼬과 ■ 전체 길이 18cm
■ 원산지: 오스트레일리아

잉꼬는 우리나라에서도 흔히 기르는 작은 새입니다. 건강하고 사육도 어렵지 않으며, 훈련도 쉽습니다. 잘 훈련시키면 사람의 목소리도 흉내 냅니다.

사육 상자

작은 새 사육 상자에서 기르도록 합니다. 한 쌍을 기를 때에는 40~50cm 정도의 것이 좋습니다.

집 상자

알을 낳거나 새끼를 보살필 때 필요합니다. 애완동물 판매점에서 잉꼬용 집 상자를 팔고 있습니다.

물그릇

매일 신선한 물로 갈아 줍니다. 사육 상자를 살 때, 함께 세트 되어 있는 것이면 괜찮습니다.

바닥 그릇

똥을 누거나, 먹이가 떨어지면 지저분하기 때문에 매일 청소하도록 합니다. 바닥 그릇에는 신문지를 알맞은 크기로 접어 깔아 둡니다.

● 새끼 기르는 법

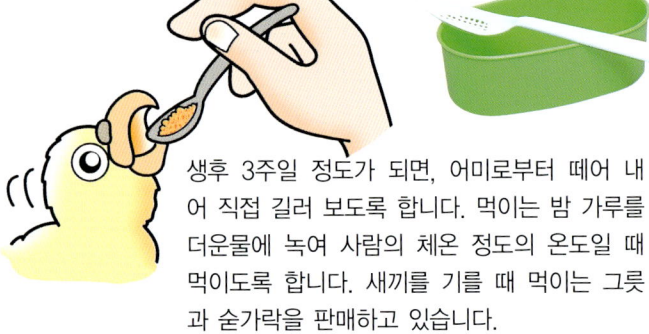

생후 3주일 정도가 되면, 어미로부터 떼어 내어 직접 길러 보도록 합니다. 먹이는 밤 가루를 더운물에 녹여 사람의 체온 정도의 온도일 때 먹이도록 합니다. 새끼를 기를 때 먹이는 그릇과 숟가락을 판매하고 있습니다.

● 알을 품는 중에는 엿보지 않는다

알을 품고 있거나 새끼를 보살 피고 있을 때, 잉꼬의 보금자 리를 만지거나 엿보지 않도록 합니다. 될 수 있으면 조용한 방에서 저녁이 되면 모포 등으 로 사육 상자를 덮어 어둡게 만들어 줍니다.

야생의 잉꼬는 오스트레일리아에서 큰 무리를 지어 생활하고 있습니다.

채소 그릇
채소는 채소 그릇에 물을 조금 넣고 꽂아 둡니다. 채소는 매일 교환해 줍니다.

소금 흙
작은 물그릇 등을 이용하여 소금 흙을 넣어 줍니다.

먹이 그릇
물그릇과 같이 사육 상자를 구입할 때, 함께 세트되어 있는 것을 사용합니다. 먹이 그릇의 높이에 맞추어, 홰를 설치합니다.

먹이
주식으로는 잉꼬용 먹이를 사용하고, 칼슘 보충을 위해 곤충 분말을 주도록 합니다. 흙을 먹는 잉꼬에게는 소금 흙도 필요합니다.

잉꼬용 사료 / 작은 새 배합 사료 / 곤충 분말 / 소금 흙 / 채소

● 일광욕을 시키는 법
날씨가 화창한 날에는 일광욕을 시켜 줍니다. 이때, 물 목욕 대신으로 상자마다 분무기를 이용하여 조금씩 물을 뿌려 줍니다.

● 말을 기억시켜 보자

잉꼬에게 말을 가르치는 것은 생후 2개월 무렵부터가 가장 적당한 시기입니다. 새끼 무렵부터 매일 이름 등의 같은 말을 반복하여 불러 주도록 합니다. 처음에는 '가나다라'의 발음부터 가르쳐 주면 빨리 기억합니다.

중형 잉꼬

홍단잉꼬 ■ 앵무새목 앵무새과 ■ 전체 길이 33㎝
■ 원산지: 오스트레일리아

오색잉꼬 ■ 앵무새목 작은잉꼬과 ■ 전체 길이 25~30㎝
■ 원산지: 인도네시아, 뉴기니, 오스트레일리아

홍단잉꼬
뺨에 오렌지색의 반점이 있습니다. 대표적인 중형의 잉꼬로, 잉꼬보다도 굵은 철망의 사육 상자에서 기릅니다.

오색잉꼬
색깔이 아름답기 때문에 최근 인기가 높은 중형의 잉꼬입니다. 홍단잉꼬보다도 더 굵은 철망의 사육 상자에서 기르도록 합니다.

먹이

해바라기 씨 / 사과 / 소금 흙 / 곤충 분말 / 채소

중형 잉꼬에게는 잉꼬의 먹이와 같은 것 이외에도 과일이랑 해바라기 씨를 주도록 합니다.

관찰 홍단잉꼬의 장식깃

평소에는 장식깃을 접어 두고 있습니다.

흥분하거나, 놀라면 장식깃을 세웁니다.

잉꼬의 산란은 하루에 한 알씩, 1~2일 간격으로 모두 5~6개의 알을 낳습니다.

카나리아

- 참새목 되새과
- 전체 길이 12.5cm
- 원산지: 대서양의 카나리, 마딜라, 아조레스 제도

카나리아는 16세기 초에 유럽으로 들어와 기르기 시작한 작은 새입니다. 울음소리가 아름다운 새로, 일본에서는 에도 시대(17~19세기)에 네덜란드 인이 가져온 것으로 전해지고 있습니다.

붉은카나리아

사육 상자
카나리아는 모습과 울음소리가 아름다운 새이기 때문에, 사육 상자도 아름답게 보이기 위해 보통 둥근 형태의 것이 이용됩니다. 각진 상자에서도 기를 수가 있습니다.

채소 그릇

먹이
붉은카나리아의 날개 깃의 색을 아름답게 하기 위하여 증색제를 먹이에 섞습니다. 그 외에 좁쌀 가루와 채소도 줍니다.

카나리아용 배합 사료

채소 / 증색제 / 곤충 분말

원반고리
홰의 일종이지만, 카나리아가 앉으면 흔들리기 때문에, 놀이 기구도 됩니다.

홰
카나리아의 발에 맞는 굵기의 것을 선택합니다. 카나리아용 사육상자의 경우에는, 알맞은 굵기의 홰가 준비되어 있습니다.

먹이 그릇
먹이 그릇이나 물그릇 이외에, 카나리아에게는 증색제 그릇과 곤충 분말을 담을 그릇이 필요합니다.

● 카나리아의 발에 있는 링

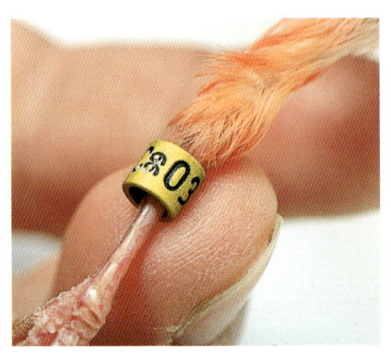

카나리아의 발에 있는 링에는 각각의 카나리아가 태어난 연도가 새겨져 있습니다. 이것은 카나리아의 품평회에 내보낼 때, 등록번호가 되기도 합니다.

● 번식시키는 법

번식을 시킬 때에는, 사육 상자가 아닌 번식용의 나무로 만든 상자가 필요합니다. 속은 약간 어두운 정도로 하여 카나리아의 기분을 안정시킵니다. 둥지는 그릇 모양의 둥지를 사용합니다.

나무로 만든 상자는 뒤에 미닫이가 있어, 알을 관찰할 수가 있습니다.

카나리아의 번식기는 3~10월이며, 낳는 알 수는 보통 4~5개입니다. 알 품는 기간은 14일입니다.

수서 생물(담수)

금붕어, 붕어, 송사리, 미꾸라지 등의 주위에 있는 물고기나 열대어, 미국가재, 담수 패류 등을 소개합니다. 일부의 열대어를 제외하고는 대부분 수조와 공기 펌프만 있으면 기를 수 있는 것들입니다.

수포안붕어

수서 생물(담수)

금붕어

화금붕어 ■ 잉어목 잉어과 ■ 몸길이 15~25cm ■ 원산지: 중국

금붕어는 옛날부터 사람들과 친해져 길러져 왔습니다. 물의 준비도 쉽고, 간단하게 구입할 수 있기 때문에, 처음으로 물고기를 기르는 사람에게는 가장 적당합니다.

화금붕어

수조
금붕어의 크기랑 마리 수에 맞추어 수조의 크기를 선택합니다.

필터
수조의 물을 순환시켜 더러운 것을 제거하고, 물을 깨끗이 유지합니다. 스펀지 필터는 모래에 파묻혀도 사용할 수 있습니다.

물고기의 수
수조의 크기에 따르기도 하지만, 너무 많이 넣지 않도록 합니다. (60cm 수조의 경우, 5cm 금붕어라면 15~20마리, 오랫동안 기른다면 5~10마리 정도)

바위
물고기가 숨는 집으로 바위를 넣어 둡니다.

공기 펌프
수조에 공기를 보내는 장치입니다. 공기를 보내는 양을 조절할 수 있는 것도 있습니다.

자갈
작은 크기의 자갈을 4~5cm 두께로 깔아 둡니다.

● 유금붕어 기르는 법
4~7월이 산란기입니다. 알을 낳으면 관찰해 봅니다.

① 수초에 알을 낳아 부착합니다.

② 5~7일이 지나면 부화하여 유영합니다.

③ 1개월 정도된 유금붕어의 치어. 아직 붉은색이 없습니다.

④ 붉은색이 화려한 유금붕어(성어)

대형 종의 금붕어를 어릴 때부터 큰 수조에서 기르는 경우에 빨리 크게 성장합니다.

전등

수초를 기르는 데 필요합니다. 또한 전등이 있으면 물고기가 예쁘게 보입니다.

먹이

팔고 있는 금붕어의 먹이로도 충분합니다만, 때때로 실지렁이랑 깔따구 애벌레 등 살아 있는 먹이도 줍니다. 다만 물을 더럽히는 원인이 되기 때문에 많이 주지 않도록 합니다.

실지렁이

깔따구 애벌레

금붕어 사료

수초

수초는 물속의 이산화탄소를 사용하여 산소를 만들어 냅니다. 또한 물고기가 숨는 집과 알을 낳는 장소도 됩니다.

물

수돗물도 괜찮지만, 하루 정도 받아 두어 소독제를 제거해 주는 것이 요령입니다.

● **용기의 차이에 의해 기르는 마리 수도 달라집니다**

같은 양의 물이라도 공기와 접하는 면이 큰 용기는 작은 용기에 비해 많이 기를 수가 있습니다.

1마리   2마리   5마리

관찰 금붕어의 꼬리지느러미

여러 가지 형태의 꼬리 지느러미가 있습니다.

붕어꼬리(화금붕어)

갈라진 꼬리(검은툭눈금붕어)

공작꼬리(지금붕어)

금붕어의 똥

항문에서 길게 늘어져 있는 것이 금붕어의 똥입니다.

✎ 금붕어는 추울 때에는 수조 물속 아래에, 더울 때에는 위에 있습니다.

수서 생물(담수)

송사리

쇠송사리 ■ 송사리목 송사리과 ■ 전체 길이 4cm

야생의 송사리는 우리나라와 일본의 본토에서 서식하고 있지만, 수가 적어져 최근에는 거의 관찰하기 어렵습니다. 오렌지색을 지닌 쇠송사리는 야생의 검은송사리를 품종 개량한 것으로, 열대어 판매점에서 구입할 수 있습니다.

쇠송사리(암컷)

공기 펌프

물속으로 공기를 보내기 위해 필요한 기구입니다. 가격이 비싸더라도 소리가 조용하고, 공기의 양을 조절할 수 있는 것이 사용하기 쉽습니다. 호스 끝에 붙어 있는 공기 돌은 공기를 가늘게 공기 거품으로 하기 위한 것으로, 산소가 물속에서 잘 녹습니다.

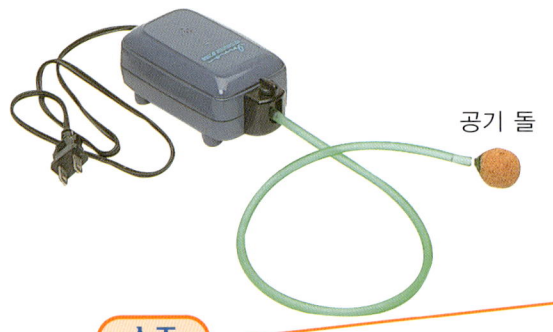

공기 돌

수조

폭이 30~40cm 수조라면, 10~15마리 정도가 적당합니다. 큰 수조 이외에 작은 수조를 준비해 두면 알을 기르는 데 편리합니다.

● 쇠송사리 기르는 법 수컷은 오래 살며, 잘 기르면 4년이나 살 수 있습니다.

산란 후 1시간이 지난 알
알에는 '부착모'라고 하는 가는 털이 있어, 서로 엉겨 붙어 있습니다.

4일째의 알
몸 전체가 검게 변하고, 눈, 심장, 혈관, 가슴지느러미가 발달해 있습니다.

8일 후의 알
몸의 대부분의 기관이 발달해 있고, 부화하기만을 기다리는 상태입니다.

부화한 애기 송사리(치어)
처음에는 플랑크톤, 조류 등을 먹습니다.

✎ 산란기는 4~10월이지만, 수온이 18~30℃를 유지하면 시기에 관계없이 알을 낳습니다.

뚜껑
고양이 등에게 공격당하기 쉽기 때문에 반드시 뚜껑을 덮어야 합니다.

● 수조 놓는 장소
직사광선을 직접 받지 않도록 은은한 커튼을 친 창가에 두도록 합니다.

관찰 암컷과 수컷의 차이
지느러미의 차이를 관찰해 봅니다.

수컷 — 등지느러미가 잘려 있는 모양입니다.

암컷 — 등지느러미가 잘려 있는 모양이 아닙니다.

허리지느러미의 폭이 좁습니다.

수초
부레옥잠, 붕어마름 등의 수초를 넣어 두면, 그곳에 알을 낳습니다.

실험
송사리는 물의 흐름을 거슬러서 헤엄치는 습성이 있습니다. 양동이 속에 물결을 만들어 실험해 봅니다.

← 오른편 방향으로 흐르게 하면, 왼편 방향으로 헤엄칩니다.

➡ 왼편 방향으로 흐르게 하면, 오른편 방향으로 헤엄칩니다.

먹이

팔고 있는 송사리 사료 등을 하루에 한 번 주는데 남기지 않을 정도의 양으로 줍니다. 또한 알을 잘 낳을 수 있게 하기 위하여 살아 있는 실지렁이 등도 때때로 주도록 합니다.

● 쇠송사리의 몸(수컷)

위를 향해 있고, 수면 가까운 곳에 있는 먹이를 먹기에 좋게 생겼습니다.

입

눈 몸에 비해 큽니다.

아가미 껍질 속에 아가미가 보입니다.

등지느러미 뒤쪽에 붙어 있습니다.

등뼈

✏️ 송사리는 무리를 지어 행동하는 습성이 있고, 수조 속에서는 순위 행동이나 영역 싸움 행동이 보입니다.

수서 생물(담수)

붕어 · 잉어

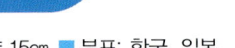

토종붕어 ■ 잉어목 잉어과 ■ 전체 길이 약 15㎝ ■ 분포: 한국, 일본

붕어와 잉어는 같은 잉어과에 속하고, 매우 가까운 관계입니다. 매우 닮아 있지만, 붕어는 잉어보다 몸이 작고 수염이 없습니다. 잉어는 대형으로 몸이 가늘고 길며, 입가에 4개의 수염이 있는 것으로 구별됩니다.

토종붕어

물
판매하고 있는 소독제 제거제를 사용하면 간단하지만, 용기에 넣은 수돗물을 만 하루 동안 놓아 두면 소독제를 제거할 수가 있습니다.

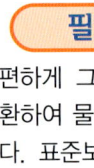

필터
간편하게 그냥 넣어 두면, 공기가 순환하여 물을 흐르게 하는 필터입니다. 표준보다 한 수치 더 큰 것을 사용하는 것이 좋습니다.

공기 펌프
수조의 크기에 맞추어 선택합니다. 45~60㎝ 수조라면, 일반적으로 판매하고 있는 것으로 충분합니다.

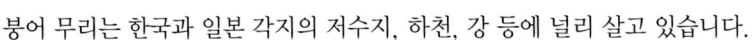

●붕어의 종류●

■ 전체 길이 ■ 분포 ◆ 주요 특징

붕어 무리는 한국과 일본 각지의 저수지, 하천, 강 등에 널리 살고 있습니다.

은붕어
■ 10~20㎝ ■ 한국, 일본 각지 ◆ '참붕어' 라고도 하며, 잡식성으로 겨울에는 깊은 장소로 이동합니다.

겐고로붕어
■ 약 22㎝ ■ 일본 각지 ◆ 비와호가 원산지로 지금은 각지에 방류되어 있습니다. '넙적붕어' 라고도 합니다.

니고로붕어
■ 20~40㎝ ■ 일본 비와호 ◆ 동물성 플랑크톤이나 조류 등을 먹습니다. 비와호 명산의 붕어초밥으로 유명합니다.

은붕어는 일본의 관동 지방에서는 암컷이 많고, 수컷은 거의 없습니다. 다른 물고기의 정자에 의해 알이 발생한다고 생각되고 있습니다.

●잉어 기르는 법

잉어의 사육은 기본적으로 붕어와 같습니다. 그러나 잉어는 크게 자라기 때문에 수조도 될 수 있는 한 큰 것을 준비하도록 합니다. 물 밖으로 튀어나오기 쉬운 물고기이기 때문에 반드시 뚜껑을 덮어 둡니다.

●비단잉어의 종류●

비단잉어는 관찰하고 즐기기 위하여 만들어진 물고기입니다. 일본에서는 에도 시대(17~19세기)부터 품종 개량이 이루어져 지금도 새로운 품종이 많이 만들어지고 있습니다.

빨간비단잉어(적사)

은색솔잎비단잉어(은송엽)

일본비단잉어(대화금)

쇼와삼색비단잉어(소화삼색)

독일솔잎황금비단잉어(독일계송엽)

황금비단잉어(황금)

수초: 물속에 산소를 만들어 내는 역할과 알을 낳는 장소로도 되기 때문에 반드시 심어 두도록 합니다.

바위: 바위를 넣어 두면, 물속의 분위기가 자연스럽습니다. 또한 물고기의 숨는 집으로도 사용됩니다.

먹이: 잉어용의 배합 사료나 실지렁이, 깔따구 애벌레 등을 줍니다.

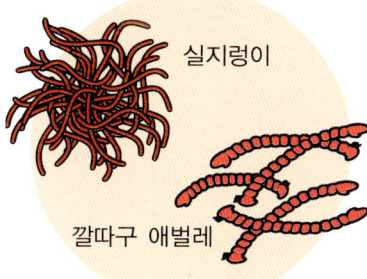
실지렁이 / 깔따구 애벌레

자갈: 수조 바닥에 자갈을 깔아 두는 것은 여과 작용에 의해 물을 깨끗이 하기 위해서입니다. 큰 알맹이의 자갈을 4~5cm 두께로 깔아 둡니다.

관찰 붕어와 잉어의 차이

붕어 - 수염이 없다.
잉어 - 수염은 입 양쪽에 2개씩 있다.

●잉어가 입을 움직이는 방법

잉어는 양턱에 이빨이 없고, 입을 조금 앞으로 밀어낼 수가 있습니다. 강바닥의 뻘이나 자갈 모래를 빨아들이기 쉬워, 그 속에 있는 작은 벌레, 조개 등을 먹습니다.

잉어 무리는 내이와 부레를 연결하는 베버 기관이 발달해 있기 때문에, 소리를 잘 들을 수 있다고 전해집니다.

미꾸라지

미꾸라지 ■ 잉어목 잉어과 ■ 전체 길이 10~18㎝ ■ 분포: 한국, 일본

미꾸라지 무리는 주로 물 바닥에서 생활하며, 모래나 뻘 속에 숨는 성질이 있습니다. 입 주위에 수염이 있고, 그 수는 종류에 따라 여러 가지입니다. 일본에서는 10종류가 분포하고 있습니다.

미꾸라지

수조
45㎝ 수조에서 15마리, 60㎝ 수조에서는 20마리 정도를 기를 수 있습니다.

공기 펌프
수조의 크기에 맞는 모터의 공기 펌프를 선택합니다. 소형의 수조라면, 일반적으로 팔고 있는 것으로도 충분합니다.

필터
물속의 쓰레기를 제거하고, 물을 깨끗이 하는 기구입니다. 간단하게 던져 넣는 필터로서 조금 큰 것을 사용하도록 합니다.

나무
물고기의 숨을 집을 만들어 주기 위해서도, 나무나 큰 바위를 넣어 주도록 합니다.

자갈
큰 알맹이 자갈을 2~3㎝ 두께로 깔아 둡니다.

먹이
금붕어 사료 이외에도 살아 있는 깔따구 애벌레, 실지렁이를 줍니다.

금붕어 사료   실지렁이   깔따구 애벌레

●미꾸라지의 종류●

■ 전체 길이 ■ 분포 ◆ 주요 특징

일본미꾸리
■ 4~6㎝ ■ 일본 본토, 시코쿠 ◆ 수염은 8개로, 수서 곤충 등의 유충이나 작은 동물을 먹습니다.

기름종개
■ 5~12㎝ ■ 한국, 일본 ◆ 수염은 6개로, 조류나 작은 수서 곤충을 먹습니다.

옆줄기름종개
■ 5~10㎝ ■ 일본 중부 ◆ 수염은 6개로, 빨간집모기 등의 유충을 먹습니다.

미꾸라지 무리는 비늘이 매우 작고 가늘어, 그중에는 피부 속에 숨어 있어 밖에 드러나지 않는 것도 있습니다.

관찰 미꾸라지의 호흡

미꾸라지는 아가미로 호흡하지만, 직접 입으로 공기를 빨아들여 장에서 산소를 섭취한 뒤에 항문으로 이산화탄소를 배출합니다. 물속에 산소가 부족할 때 흔히 관찰됩니다.

장호흡하는 미꾸라지

수초 수초가 있으면 자연스러운 풍경처럼 보여 물고기가 안정을 취합니다.

물 팔고 있는 소독제 제거제를 사용하면 간단하게 되지만, 용기에 하루 동안 수돗물을 받아 두면 소독제를 제거할 수 있습니다.

●미꾸라지의 동면

저수지나 하천에 사는 미꾸라지는 겨울 동안, 뻘이나 흙 속에 숨어들어 동면을 합니다. 미꾸라지는 피부 호흡도 할 수 있기 때문에, 매우 적은 습기가 있어도 살아 갈 수가 있습니다.

메기

메기 ■ 메기목 메기과 ■ 전체 길이 25~50㎝ ■ 분포: 한국, 일본, 중국

메기는 물이 따뜻한 늪이나 저수지, 물살이 약한 강의 뻘 바닥에 살고 있습니다. 낮에는 바위 등의 그림자에 숨어 있다가 주로 밤에 활동합니다. 물고기나 개구리, 가재 등을 먹습니다.

파이프

물체 뒤에 숨는 습성이 있어 염화비닐파이프 등을 넣어 숨을 집을 만들어 줍니다.

먹이 냉동 새우나 냉동 모시조개, 작은 물고기 등을 작게 잘라서 줍니다. 한 번에 모두 먹을 수 있는 양을 줍니다.

냉동 새우 / 냉동 모시조개 / 작은 물고기

⚠ 주의

● 메기는 동작이 활발하고, 식욕도 왕성하기 때문에 수조에서 1마리 이상 기르면 싸움을 하게 됩니다. 가능하면 1마리만 기르도록 합니다. 또한 다른 물고기를 넣어 두면, 메기에게 잡아 먹히기 때문에 함께 수조에 넣어 두지 않도록 합니다.

✏ 미꾸라지의 수염은 뻘 속에 있는 실지렁이 등의 먹이를 찾는 역할을 합니다.

열대어 1

구피 ■ 송사리목 송사리과 ■ 전체 길이 3cm(♂) ■ 원산지: 베네수엘라, 기아나 등
블루구라미 ■ 농어목 나무타기물고기과 ■ 전체 길이 10cm ■ 원산지: 인도, 말레이 반도, 태국
베타 ■ 농어목 나무타기물고기과 ■ 전체 길이 5~8cm ■ 원산지: 태국, 캄보디아

구피

원래 구피 등의 열대어는 열대 지방의 강이나 호수에서 살고 있었습니다. 이들 물고기는 사람의 손에 의해 개량되어, 여러 가지 색을 지닌 품종으로 많이 만들어져 왔습니다. 따뜻한 장소에 사는 물고기이기 때문에, 물의 온도에 주의하는 것이 대단히 중요합니다.

히터

적절한 수온을 유지하기 위해서는 히터가 필요합니다. 수온을 일정하게 유지시키는 자동 온도계 부착 히터도 있습니다.

바닥 면 필터

수조의 자갈 아래에 설치합니다. 필터 위에 깔아 두는 섬유 널빤지랑 자갈 속에 사는 박테리아의 활동에 의해 물이 여과되는 장치입니다. 1~3주간 정도로 쓰레기를 치워 내고, 6개월에 한 번 자갈을 씻어 줍니다.

수초

수초는 물을 깨끗이 하거나, 물속에 산소를 만드는 역할을 합니다. 특히 열대어의 수조는 물의 온도가 높아 더러워지기 쉽기 때문에 수초는 꼭 필요합니다.

공기 펌프

먹이 열대어용 사료 이외에 실지렁이, 작은 벌레(모기, 초파리) 등 살아 있는 먹이도 잘 먹습니다.

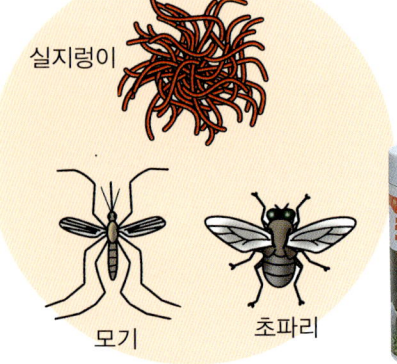

실지렁이
모기
초파리
열대어용 사료

관찰 구피의 번식기 · 암수의 몸 변화

수컷에게는 아름다운 무늬가 나타지만, 암컷은 무늬가 없습니다. 크기는 수컷이 작고, 허리지느러미의 끝에 가늘고 뾰족한 교접기가 있습니다.

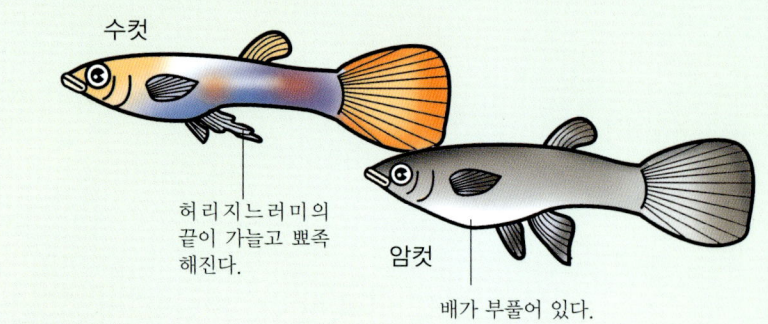

수컷
허리지느러미의 끝이 가늘고 뾰족해진다.
암컷
배가 부풀어 있다.

✏ 사육되고 있던 구피가 야생화하여, 일본 후쿠오카, 오오이타, 오키나와 등 따뜻한 지방의 하천과 온천 지역에서 번식하고 있습니다.

블루구라미

수조
수조의 크기는 사육하는 마리 수에 따라 차이가 나지만, 10마리 정도라면 60㎝ 정도의 크기가 보통입니다. 또한 암수 한 쌍만 기를 때에는 30㎝ 정도 크기로도 충분합니다.

수온계
온도를 관리하기 위해서는 수온계가 필요합니다. 20~25℃ 정도가 적당한 온도로서, 하루에 1~2회 수온을 점검합니다. 온도가 너무 내려가거나, 올라갔을 때에는 수온계를 보면서 따뜻한 물이나 찬물을 조금씩 넣어 줍니다.

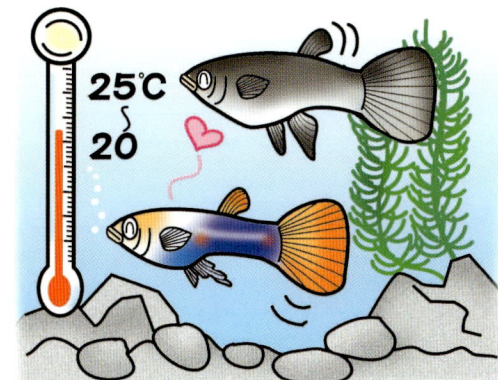

●베타의 사육법

수컷

베타는 아가미 부분이 특별한 작용을 가져, 직접 공기를 빨아들여 산소를 섭취할 수 있습니다. 그 때문에, 투명한 유리잔 등 작은 용기에 넣어서 기를 수도 있습니다. 하지만 물이 더러워지기 쉽기 때문에, 자주 갈아 주는 것이 필요합니다.

⚠ 주의
● 베타의 수컷끼리는 맹렬하게 싸움을 해서 상대방을 죽이는 경우도 있습니다. 여러 마리를 기를 경우에는, 수컷은 반드시 1마리만 넣도록 합니다.

맹렬하게 싸우는 2마리의 수컷

구피의 출산

구피의 알은 암컷의 배 속에서 부화하여 물고기 형태를 갖추고 태어납니다. 한 번에 20~100마리가 태어납니다. 갓 태어난 새끼들은 6~7mm 정도 크기입니다.

구라미의 배지느러미
구라미는 길게 자라 있는 배지느러미를 움직여 먹이를 찾습니다. 원래 헤엄치기 위해 있던 배지느러미가 감각 기관으로서 변화한 것입니다.

구라미의 보금자리 만들기

구라미 수컷은 산란 때를 맞추어 보금자리를 만듭니다. 수초의 파편 등을 모아 이것을 목에서 분비하는 점액 물질로 혼합하여 수면에 거품 모양으로 보금자리를 만듭니다.

베타 이외에 같은 무리인 구라미도 특수한 호흡 기관으로 공기 호흡을 할 수 있어, 다른 물고기가 살 수 없는 작은 늪지 등에서도 생활할 수가 있습니다.

수서 생물(담수)

열대어 2

피라니아 ■ 잉어목 카라신과 ■ 전체 길이 20~30㎝ ■ 원산지: 남아메리카 열대 지역

남아메리카 아마존 강 원산의 피라니아는 난폭한 물고기로 잘 알려져 있습니다. 한국과 일본에서는 관상어로서 수입되어, 열대어 판매점에서는 2~3㎝의 새끼 물고기가 판매되고 있습니다. 날카로운 이빨이 있기 때문에, 주의하여 취급하도록 합니다.

자이언트황색피라니아

전등
수초를 넣어 두면 반드시 전등을 켜 둡니다. 수초는 빛이 없으면 성장하지 않습니다. 또한 물고기의 색과 무늬를 아름답게 보이기 위해서도 필요합니다. 2개의 전구를 부착할 수 있는 형광등을 사용하는 것이 좋습니다.

바닥 면 필터
자갈 아래에 세트하여 자갈 속에 살고 있는 박테리아의 힘을 이용하여 물을 여과합니다.

히터
열대에 사는 물고기는 보온을 위한 히터가 필요합니다. 수온이 내려가면 자동적으로 히터의 전원이 켜지는 자동 온도계 부착 히터도 있습니다.

관찰 피라니아의 몸

날카로운 이빨
면도날과 같은 이빨과 튼튼한 턱으로 먹이를 찢어 먹습니다. 남아메리카의 강에서는 가축인 소, 말 등을 무리를 지어 습격하여 뼈만 남기는 일도 있을 정도입니다.

몸색의 변화

산란기의 수컷은 턱에서 배에 걸쳐 붉은색이 진해집니다.

피라니아 무리는 18종류가 알려져 있고, 열대어 판매점에서는 주로 수초를 먹는 '메치니스'라는 성격이 온순한 종류도 팔고 있습니다.

수조
90㎝ 이상의 큰 수조를 준비하도록 합니다. 번식을 생각하면, 120㎝ 이상의 수조가 이상적입니다. 놓는 장소는 될수록 조용한 장소가 좋습니다.

물
동물성 단백질 먹이를 잘 먹기 때문에 물이 더러워지기 쉬워, 1주일에 한 번 3분의 1에서 4분의 1 정도 물을 교환해 줍니다. 물은 하루 전에 받아 두도록 합니다.

수온계
26℃ 정도가 적당한 온도입니다. 때때로 점검하여 온도 관리를 합니다. 수온이 내려가거나 올라가 있을 경우에는, 소독제를 제거한 더운물이나 찬물을 더해 줍니다.

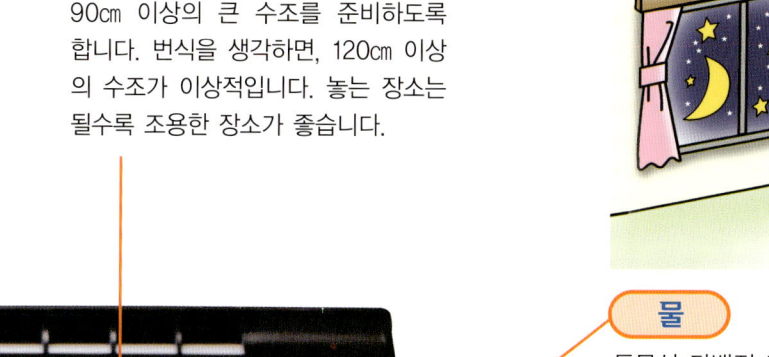

먹이

실지렁이, 미꾸라지, 말린 새우, 금붕어

숨는 집
물고기가 안정할 수 있도록 나무나 바위를 넣어 숨을 장소를 만들어 줍니다.

2~3㎝의 어린 물고기에게는 실지렁이, 깔따구 애벌레, 장구벌레 등을 줍니다. 성장하게 되면, 살아 있는 미꾸라지랑 금붕어 등을 줍니다. 먹고 남은 것은 즉시 치우도록 합니다.

⚠ 주의

● 다른 종류의 물고기를 함께 넣어서는 안 됩니다
피라니아만 사육하도록 합니다. 다른 물고기는 피라니아가 잡아먹어 버리기 때문에 절대로 넣어서는 안 됩니다. 또한 같은 종류라도 먹이가 부족할 때에는 서로 잡아먹기 때문에 먹이를 충분히 넣어 주도록 하여, 절대 배가 고프지 않도록 해 줍니다.

● 손으로 직접 먹이를 주어서는 안 됩니다
성질이 난폭하고 날카로운 이빨로 무는 경우가 있기 때문에, 먹이를 줄 때에는 충분한 주의를 하지 않으면 안 됩니다. 또한 무의식적으로 손을 넣거나 하는 일은 하지 않도록 합니다.

● 현지에서는 피라니아는 식용으로 이용됩니다
난폭한 피라니아도 아마존 강 유역에 사는 사람들에게는 귀중한 단백질원이 됩니다. 고기는 식용으로 날카로운 이빨은 칼처럼 이용됩니다.

 서식지인 아마존 강에서는 장마가 시작되는 1~2월이 산란기로서 수천 개의 알이 물 바닥에 낳아지게 됩니다. 산란 후에는 수컷이 곁에 머물면서 알을 보살핍니다.

●열대어 종류●

■ 전체 길이　■ 원산지　◆ 주요 특징

열대어라고 일컬어지는 것에는 잉어, 메기, 송사리 등의 무리도 있습니다. 그 대부분이 동남아시아, 아프리카, 남아메리카 등의 열대 지방의 담수에 사는 물고기입니다. 형태랑 색깔이 아름답고, 관상용 물고기로서 사랑받아 왔습니다.

네온테트라
■ 3~4cm　■ 아마존 강　◆ 가장 일반적인 열대어로 기르기가 쉽습니다. 네온의 찬란한 듯한 아름다운 색을 지니고 있습니다.

배의 일부가 붉다.

카디널테트라
■ 4~5cm　■ 아마존 강　◆ 네온테트라와 매우 닮아 있지만, 배의 붉은 선이 굵고 긴 것으로 구별됩니다.

배 전체가 붉다.

레포리누스·아피니스
■ 25cm　■ 아마존 강　◆ 크게 성장하기 때문에 대형 수조가 필요합니다. 초식성이 강한 열대어입니다.

수염이 있다.

붉은꼬리블랙잭
■ 12cm　■ 태국(메남 강)　◆ 검은 몸에 붉은 꼬리지느러미가 특징입니다. 먹이는 동물질 이외에, 삶은 시금치 등도 먹습니다.

붉은프라티
■ 5cm　■ 멕시코, 과테말라　◆ 여러 가지 품종이 만들어져 있습니다. 사진은 붉은와그프라티 품종으로서 모든 지느러미가 검은색인 것이 특징입니다.

붉은소도텔
■ 수컷 6cm, 암컷 8cm　■ 멕시코, 과테말라　◆ 꼬리지느러미의 끝이 길게 늘어져 있는 것이 수컷입니다. 암컷에서 수컷으로 성전환을 하는 것이 알려져 있습니다. 여러 가지 품종이 있습니다.

더블소도텔
◆ 붉은소도텔의 개량 품종입니다.

꼬리지느러미 양 끝이 길게 자란다.

구피
■ 수컷 3cm, 암컷 5cm　■ 남아메리카 북부　◆ 여러 가지 색과 형태 등 많은 품종이 있습니다. 암컷은 직접 새끼 물고기를 낳습니다.

블루글래스구피
◆ 구피의 개량 품종입니다.

물총고기
■ 30cm　■ 베트남, 태국, 일본(오키나와 현 이남)
◆ 입에서 강한 물 화살을 쏘아 육상의 곤충을 잡습니다.

열대어는 자연 하천 등에서 채집한 것뿐만 아니라, 번식과 개량도 왕성하게 하고 있어 계속하여 새로운 품종이 만들어져 나오고 있습니다.

드워프이집트마우스블루다
■ 6cm ■ 아프리카 북동부 ◆ 암컷은 알을 입에 넣어 두어 부화한 새끼 물고기가 헤엄칠 수 있을 때까지 보살핍니다.

브라운디스커스
■ 18cm ■ 아마존 강 ◆ 원반처럼 생긴 몸이 특징입니다. 새끼 물고기는 어미 피부에서 나오는 우유와 같은 것을 먹고 자랍니다.

에인절피시
■ 12cm ■ 아마존 강 ◆ 옛날부터 사람들과 친밀한 열대어로서, 많은 품종이 만들어져 있습니다.

잭탬프시
■ 20cm ■ 아마존 강 ◆ 성질이 난폭하기로 유명한 전 복싱 챔피언에서 이름이 유래하였습니다. 그 이름처럼 공격성이 강한 물고기입니다.

드워프구라미
■ 6cm ■ 인도 ◆ 수컷에는 청색의 아름다운 무늬가 있습니다. 수면에 거품집을 지어 산란하고, 새끼들이 헤엄쳐 다닐 때까지 수컷이 보살핍니다.

크라운로치
■ 15cm ■ 수마트라 섬, 칼리만탄 섬 ◆ 활발한 물고기로, 무리를 짓습니다.

키싱구라미
■ 20cm ■ 동남아시아 ◆ 그린키싱구라미의 백색 품종입니다. 뽀뽀를 하는 것으로 유명합니다. 애정 표현이 아니라 투쟁 행동의 하나입니다.

트랜스루센트유리고양이
■ 12cm ■ 동남아시아 ◆ 유리처럼 투명한 몸이 특징입니다. 메기의 종류입니다.

✏️ 번식은 물고기의 종류에 따라 직접 새끼 물고기를 낳는 것, 수초에 알을 낳는 것, 거품집을 만드는 것 등 여러 종류입니다.

수서 생물(담수)

미국가재

■ 십각목 가재과 ■ 몸길이 약 10cm ■ 원산지: 미국

미국가재는 원래 한국과 일본에 살지 않던 가재였습니다. 한국과 일본의 환경에 적응하여, 기르기 쉽기 때문에 애완 동물로서 인기가 있습니다.

사육 상자
플라스틱 상자나 수조에서 기를 수가 있습니다. 기르는 가재의 마리 수에 따라 크기를 달리합니다.

나무
애완동물 판매점에서 팔고 있는 것을 사용합니다. 주워 온 것은 때를 지우는 약제로 때를 제거한 후에 사용하도록 합니다. 숨을 집으로도 이용됩니다.

먹이
미국가재는 무엇이나 먹습니다. 마른 멸치는 물로 부드럽게 해서 주고, 채소는 한 번 데친 것을 주도록 합니다. 또한 살아 있는 작은 물고기를 넣어 주면 스스로 붙잡아 먹습니다.

뚜껑
가재가 달아나지 않도록 반드시 뚜껑을 덮어 둡니다.

물
물은 소독 제거제로 소독제를 제거한 수돗물이나, 하루 전에 받아 두었던 물을 사용합니다. 물이 더러워지면 교환합니다.

자갈
자갈이 없어도 기를 수 있지만, 가능하면 애완동물 판매점에서 팔고 있는 자갈을 이용하도록 합니다. 물이 더러워지는 것을 방지해 주기도 합니다.

●암수 구별법

수컷
배의 발 가운데 가장 앞에 있는 1쌍의 발이 깁니다.

암컷
배의 발이 모두 같은 길이입니다.

관찰 가재의 성장

①알은 어미의 배 아래에 붙어 있고 그곳에서 부화합니다.

②부화한 후에 약 1주일이 지나면 어미로부터 독립하게 됩니다.

112 　가재의 새끼들의 먹이는 수초와 실지렁이, 깔따구 애벌레, 죽은 작은 물고기 등을 줍니다.

●미국가재의 채집

굵은 실 끝에 오징어 등을 묶어 미국가재가 있는 하천이나 저수지, 늪 등에 넣으면 낚입니다. 손으로 잡을 때에는 등 중앙을 잡고, 집게발에 물리지 않도록 주의합니다.

●싸움을 하지 않도록 집게발을 감싸 줍니다

미국가재를 많이 기르고 있으면, 싸움을 하여 집게발이 떨어져 버리는 경우가 있습니다. 굵은 빨대를 이용하여 집게발을 감싸 주면 싸움에서 집게발이 떨어지는 것을 막을 수 있습니다.

●집게발은 다시 생깁니다

만약, 집게발이 떨어져 버려도, 시일이 조금 지나면 집게발은 다시 생깁니다. 떨어져 버린 부분으로부터, 작은 집게발이 나기 시작하여 점점 원래의 크기로 자라납니다.

일본가재

일본가재는 수가 적어져 버린 가재입니다. 깨끗한 물에서 살고 있기 때문에, 공기 펌프와 필터를 사용하여 기르도록 합니다.

우치다가재

원래는 북아메리카에서 살고 있던 가재입니다. 일본에는 들여온 것이 북해도의 마슈우 호수에만 살고 있습니다. 대형의 가재이기 때문에 큰 수조에서 기르도록 합니다. 수조 안에는 숨는 집이랑 수초를 설치합니다. 공기 펌프와 필터도 준비합니다.

가재의 탈피

① 움직이지 않고, 몸의 색이 검게 변합니다. 조금 시간이 지나면 탈피를 시작합니다.

② 먼저, 머리 부분의 껍질을 벗기 시작합니다. 더듬이랑 발도 깨끗이 탈피합니다.

③ 탈피가 갓 끝난 몸은 부드럽습니다. 10일 정도가 지나면, 딱딱한 껍질이 됩니다.

일본가재는 물의 오염 등으로 마리 수가 적어졌습니다. 야생종의 채집은 절대하지 않도록 합니다.

민물게

붉은발말똥게

붉은발말똥게 ■ 십각목 붉은발말똥게과 ■ 등껍질 너비 3.5㎝
■ 분포: 한국, 일본 지바 현~시코쿠, 규슈, 오키나와

붉은발말똥게는 바닷물과 민물이 서로 만나서 섞이는 기수(汽水)에 살고 있는 게입니다. 해안 가까운 습지와 초원, 논 등에서 생활하고 있습니다.

사육 상자
플라스틱 상자나 수조에서 기릅니다. 게의 마리 수에 따라 상자의 크기를 교환합니다.

물
민물로 기릅니다. 게의 몸이 완전히 물에 잠길 수 있을 정도의 양으로 합니다. 수돗물은 소독제 제거제를 사용하거나, 하루 전에 받아 둔 물을 사용합니다.

뚜껑
게가 달아나 버리는 일이 있기 때문에, 반드시 뚜껑을 덮도록 합니다.

숨는 집
게가 숨을 장소를 만들어 줍니다. 애완동물 판매점에서 팔고 있는 상품이나 빈 깡통을 이용할 수도 있습니다.

자갈

애완동물 판매점에서 팔고 있는 검은 바다 돌모래 등의 자갈을 깔아 줍니다. 반 정도가 육지가 되도록, 경사지게 자갈을 깔아 줍니다.

검둥붉은발말똥게

먹이
게는 잡식성으로, 동물성 단백질의 말린 멸치, 쪄서 말린 멸치, 삶은 달걀 등과 금붕어 사료, 채소 등도 줍니다.

쪄서 말린 멸치
삶은 달걀
말린 멸치
채소 금붕어 사료

관찰 암수의 차이

수컷 삼각형의 배를 하고 있습니다.

암컷 배가 둥근 형태를 하고 있습니다.

게의 거품 내기

거품 내기는 물이 더러워졌거나, 공기가 부족할 때에 합니다.

붉은발말똥게 무리는 해안 가까운 논과 풀밭 등에 있지만, 해안에 있는 경우도 있습니다.

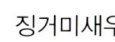
새우

징거미새우

징거미새우 ■ 십각목 징거미새우과 ■ 몸길이 9㎝ ■ 분포: 한국, 일본

징거미새우는 수컷의 집게다리가 몸길이의 약 1.8배나 되는 다리가 긴 새우입니다. 흐름이 약한 하천이나 호수, 늪 등의 모래랑 뻘 장소에 살고 있습니다.

수조
기르는 새우의 종류와 마리 수에 따라 사육 상자의 크기를 선택합니다. 징거미새우는 30㎝ 이상의 사육 상자를 선택합니다.

공기 펌프

수조의 크기에 맞는 힘을 가진 공기 펌프를 선택합니다. 공기를 보내는 양을 조절하는 것도 있습니다.

수초
새우는 수초가 먹이도 됩니다. 가능하면, 서식하고 있던 장소의 수초가 가장 좋지만, 애완 동물 판매점에서 팔고 있는 것도 괜찮습니다.

필터

수조의 크기에 맞는 필터를 사용합니다. 속에 있는 여과재가 더러워지면 교환합니다.

자갈

자갈은 2~3㎝의 두께로 깔아 줍니다.

먹이
먹이는 각각 가늘게 하여 줍니다. 말린 멸치, 쪄서 말린 멸치는 물로 부드럽게 한 뒤에 줍니다. 그 외에 수초, 삶은 채소, 금붕어 사료 등을 줍니다.

삶은 달걀 · 수초 · 쪄서 말린 멸치 · 다랑어 몸살 · 금붕어 사료 · 말린 멸치 · 채소 · 금붕어 사료

● 수조 청소부

금붕어와 함께 넣어 두면, 금붕어가 먹고 남은 사료의 나머지를 청소합니다.

바닥에서 먹이를 찾는 징거미새우

⚠ 주의

● 작은 물고기를 함께 넣어 두면, 먹어 버리는 일도 있습니다. 송사리나 다른 물고기의 새끼 등은 절대 함께 넣지 않도록 합니다.

민물에 사는 새우는 징거미새우 이외에도 늪새우와 줄새우 등이 있습니다.

수서 생물(담수)

조개

말씹조개 ■ 삼각조개목 돌조개과 ■ 껍질 길이 약 25cm ■ 분포: 한국, 일본
재첩 ■ 대합목 가막조개과 ■ 껍질 길이 약 4cm ■ 분포: 한국, 일본
논우렁이 ■ 중복족목 우렁이과 ■ 껍질 길이 약 6cm ■ 분포: 한국, 일본 북해도 남부 이남

하천이나 저수지에 사는 조개에는 이매패나 권패 등 여러 가지 종류가 있습니다. 우렁이 등의 권패 무리는 사육이 간단하여 잘 증식됩니다. 말씹조개, 재첩 등의 이매패는 오랫동안 기르는 것은 어려울 수도 있습니다.

재첩

논우렁이

먹이
식물성의 먹이를 먹기 때문에, 배추 등의 야채, 수초 등을 자갈 속에 심어 둡니다.

바위
바위에 나는 이끼 등도 먹기 때문에, 큰 바위를 넣어 둡니다.

뚜껑
유리나 플라스틱 벽면을 기어올라 달아날 수 있기 때문에 반드시 뚜껑을 덮어 둡니다.

수조
30~60cm 정도의 크기가 좋습니다. 여름은 서늘하고, 겨울에는 따뜻한 방에 두도록 합니다.

필터
가장 간단하면서 던져 넣어 두는 형태의 필터입니다. 수조의 크기보다 조금 힘이 센 것을 선택합니다.

물
일주일에 한 번 정도 물을 갈아 줍니다.

자갈
물을 깨끗하게 하거나, 수질을 안정시키는 역할도 합니다. 큰 알맹이 자갈을 깔아 둡니다. 조개가 자갈 속에 파고 들어갈 수 있도록 두껍게 깔아 줍니다.

관찰 우렁이의 산란

어미와 같은 모습으로 태어나는 우렁이 새끼

우렁이 무리는 알을 낳고, 몸 속에서 수정합니다. 어린 조개가 될 때까지 어미의 몸속에서 자라고, 한 번에 서너 마리에서 수십 마리가 태어납니다.
유생으로 태어나지 않는 것은, 바다에 비해 저수지나 하천 등의 민물에서는 유생의 먹이가 적고, 죽을 확률이 높기 때문이라고 생각되고 있습니다.

말씹조개

🏷️ 담수(민물) 조개를 채집하면, 젖은 낙엽 등과 함께 비닐 주머니에 넣어 가지고 옵니다.

수서 생물(해수)

바다 생물에는 아름다운 것이 많지만, 바닷물의 확보가 대단히 어렵습니다. 그러나 최근에는 매우 양질의 인공 해수(인위적으로 조성한 바닷물)도 판매되고 있기 때문에 예전에 비해 훨씬 사육이 간편해졌습니다. 바닷물고기 이외에도 해파리나 불가사리, 성게, 집고둥 등을 소개합니다.

프레임에인절피시

해수어

푸른자리돔

푸른자리돔 ■ 농어목 자리돔과 ■ 전체 길이 8㎝
■ 분포: 한국(제주도 이남), 일본(가고시마 현 이남)

바닷물고기 사육은 인공 바닷물 덕택으로 초보자라도 꽤 간편하게 할 수 있게 되었습니다. 예쁜 물고기랑 독특하게 생긴 물고기 등을 길러서 그 모습을 관찰해 보는 것도 좋겠습니다.

수조
기르는 바닷물고기의 마리 수와 크기에 따라 수조의 크기도 달라집니다. 작은 바닷물고기라면 60㎝의 수조로 충분히 기를 수가 있습니다.

히터

수온이 언제나 안정될 수 있도록 자동 온도 설정 세트가 부착된 히터를 사용합니다. 수조의 크기에 따라 히터의 종류도 달라지기 때문에, 애완동물 판매점에서 상의하고 구입하도록 합니다.

산호와 바위
수조 속이 깨끗하게 보이거나, 물고기가 숨는 집이 되기 때문에 애완동물 판매점에서 팔고 있는 산호나 바위를 설치합니다.

먹이

마른 새우 / 김 / 미역 / 바닷물고기 먹이

바닷물고기의 먹이, 마른 새우, 김, 미역 등 종류에 따라 적절한 먹이를 줍니다.

유리자리돔 푸른자리돔
노랑쥐치
프레임에인절피시

⚠ 주의

빨간씬벵이

● 같은 수조에서 기르는 물고기의 종류를 선택하는 데 주의합니다. 빨간씬벵이와 같은 입이 큰 물고기랑 난폭한 물고기와 함께 작은 물고기를 기르지 않도록 합니다. 큰 물고기가 작은 물고기를 잡아 먹어 버립니다.

● 가정에서 기를 수 있는 물고기 가운데, 독을 지닌 것이랑 이빨이 날카로운 것이 있습니다. 보살필 때, 충분히 주의하도록 합니다.

등지느러미에 독이 있는 가시를 지닌 쏠배감펭

날카로운 이빨을 가진 알락곰치

바닷물고기의 종류에 따라서는 밤이 되면 몸의 색깔이 변하는 것도 있습니다.

필터

상부 필터

외부 필터

수조의 크기에 따라 필터를 선택합니다. 60㎝ 수조일 경우에는 상부 필터라도 괜찮지만, 그 이상의 크기라면 외부 필터를 선택하면 좋습니다.

전등

바닷물고기용 형광등과 밝게 하기 위한 보통의 형광등을 같이 사용하도록 합니다. 바닷물고기용 형광등은 가격이 비쌉니다.

수온계

바닷물고기를 기르는 수온은 25~28℃ 정도가 적당한 온도입니다. 수온계로 점검합니다.

모래

애완동물 판매점에서 팔고 있는 산호모래를 선택합니다. 또한 바닥을 기는 망둑류 등 기르는 물고기의 종류에 따라서 가는 모래를 선택합니다.

●바닷물 만드는 법

바닷물을 만들 때에는 인공 바닷물을 사용합니다. 종류에 따라, 물과의 분량이 다를 수도 있기 때문에 선택한 인공 바닷물을 만드는 방법의 설명서를 잘 읽고, 전문가의 도움을 받도록 합니다.

바닷물의 농도를 측정하는 바닷물용 비중계입니다. 만들어진 바닷물에 띄워 붉은 눈금에 맞추도록 합니다.

●바닷물을 안정시키도록 합니다

갑자기 물고기를 넣지 말고, 2주간 정도 필터를 움직여서 바닷물을 안정시켜 둡니다. 필터의 여과 재료 속에 바닷물 박테리아를 넣어 두면 박테리아가 발생하여 좋은 바닷물이 됩니다.

●바닷물의 농도를 점검합니다

바닷물이 만들어진 뒤, 물고기를 넣어 기르고 있을 때에도 때때로 바닷물의 농도가 안전한지 비중계로 점검합니다. 염분이 많을 때에는 비중계가 원래의 위치로 되돌아갈 때까지 물을 넣어 줍니다.

관찰 바위와 산호, 항아리 등은 물고기의 숨는 집

바위 틈새에 숨어 있는 남양쥐치입니다. 남양쥐치는 밤이 되면 산호나 바위의 틈새에 들어가 휴식합니다. 아름다운 색을 지닌 물고기는 대부분이 낮에 활동하고 밤이 되면 휴식합니다.

작은 유리자리돔이 항아리에 숨어 있습니다. 그 외에 큰 물고기가 있을 경우에는, 몸을 보호하기 위하여 무리를 만들거나 이와 같이 어딘가에 숨어 있습니다.

바닷물은, 바다에서 길어 온 물을 사용할 때에는 바닷물 속의 박테리아가 죽어 즉시 더러워지기 때문에 인공 바닷물을 사용할 것을 권장합니다.

해파리

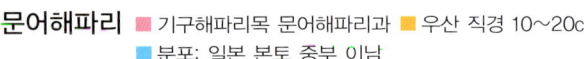

문어해파리

문어해파리 ■ 기구해파리목 문어해파리과 ■ 우산 직경 10~20㎝
■ 분포: 일본 본토 중부 이남

해파리는 특유의 흐늘흐늘 움직이는 헤엄으로, 보는 사람의 마음을 고쳐 주는 생물로서 기르는 경우가 늘어났습니다. 사육은 어렵고, 사육 경험을 많이 필요로 합니다.

해파리는 가능하면 큰 수조에서 기르도록 합니다. 우아하게 헤엄치도록 하는 것이 사육 요령입니다.

수조

가리개(커버)
해파리가 필터의 흡수구에 빨려 들거나, 히터를 만지지 못하도록 가리개(커버)를 합니다.

배수구
물속에 거품을 만들지 않도록 수면에서 수심 3~5㎝ 정도의 장소에 배수 파이프를 설치합니다.

가리개(커버) 속

외부 필터
해파리 사육은 물속에 거품을 만들지 않는 것이 중요합니다. 외부 필터를 사용하여 언제나 깨끗한 바닷물을 조용히 내도록 합니다.

! 주의
18~22℃
● 해파리는 종류에 따라서 낮은 수온에서도 기를 수 있지만, 18~22℃가 되도록 히터로 조절합니다. 때때로 수온계로 점검합니다.

먹이
해파리의 먹이는 주로 '브라인슈림프'라고 하는 작은 새우입니다. 이것을 스포이트로 해파리의 우산 속에 있는 입에 주입합니다.

● 해파리 종류 ●
■ 우산 직경 ■ 분포 ◆ 주요 특징

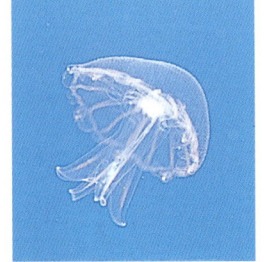
물해파리
■ 15㎝ ■ 일본 북해도 서부 이남 ◆ 해안에서 흔히 볼 수 있는 해파리입니다.

물구나무해파리
■ 6㎝ ■ 일본 가고시마 현 이남 ◆ 마치 물구나무 선 모습으로 무리를 지어 헤엄칩니다.

그물우산해파리
■ 6㎝ ■ 일본 본토 중부 이남 ◆ 비교적 얕은 장소에 있기 때문에 쉽게 잡을 수 있습니다.

● 물해파리의 일생

해파리가 산란하면, 알은 '플라눌라 유생'이 되어 물속을 헤엄칩니다. 그리고 바위나 해초 등에 붙어서 '폴립' 상태로 변합니다. 그곳에서 성장하여 크게 자라면 '에피라 유생'이 되어 한 개씩 떨어져, 물속을 헤엄치며 어른 해파리로 자라게 됩니다.

헤엄치기 시작하는 에피라 유생

해파리의 우산 부분에 공기 거품이 들어가 버리면, 그것이 염증을 일으켜 우산이 찢어져 버리는 일이 있습니다.

불가사리

혹불가사리 ■ 유변목 혹불가사리과 ■ 분포: 일본 아마미 제도 이남

불가사리는 바닷물이 고인 웅덩이 등에서 볼 수 있는 생물로서, 일반적으로 5개의 팔이 있습니다. 팔은 잘라 내어도 다시 생겨납니다.

혹불가사리

수조 — 가능하면 큰 수조에서 기르도록 합니다. 수조는 45㎝ 이상의 것이 좋습니다.

히터 — 수온은 언제나 일정한 온도를 유지합니다. 기르는 종류에 따라 다르지만, 남쪽 바다의 불가사리는 20~25℃ 정도입니다.

공기 펌프 — 수조의 크기에 맞추어 공기 펌프를 준비합니다.

전등  — 바닷물고기용 전등을 사용합니다. 작은 것으로도 충분합니다.

먹이 — 먹이는 냉동 새우나 말린 새우, 잘게 자른 물고기 등을 줍니다. 핀셋으로 불가사리의 입에 넣어 줍니다.

관찰 불가사리가 일어나는 모습

 ① 불가사리를 뒤집어 봅니다.

 ② 2~3개의 팔로 몸을 둥글게 합니다.

 ③ 둥글게 한 몸을 구르듯이 합니다.

 ④ 2~3분 만에 완전히 원래 모습으로 되돌아옵니다.

●불가사리의 종류●

■ 팔의 길이 ■ 분포 ◆ 주요 특징

붉은불가사리
■ 6~7㎝ ■ 일본 본토 중부 이남 ◆ 작은 것은 바닷물이 고인 웅덩이에서 잡을 수가 있습니다.

여덟팔불가사리
■ 5~6㎝ ■ 일본 본토 중부~아마미 제도 등 ◆ 바닷물이 고인 웅덩이의 바위 밑에서도 볼 수 있습니다. 팔이 끊어지기 쉬운 불가사리입니다.

단풍잎불가사리
■ 5~6㎝ ■ 일본 북해도 남부~규슈 ◆ 갯벌 등에서도 볼 수 있습니다. 먹이는 작은 조개나 물고기 등입니다.

만두불가사리
■ 20㎝ ■ 일본 오키나와 이남 ◆ 전체가 공 모양으로 부풀어 있습니다.

불가사리는 몸 아래에 있는 입으로부터 위(소화 기관)를 뒤집어 내어 먹이를 잡아 소화하면서 먹습니다.

성게

고높은분지성게

고높은분지성게 ■ 성게목 도롱뇽성게과 ■ 껍질 직경 3cm
■ 분포: 한국, 일본 보우소우 반도 이남

성게는 낮에 바닷물이 고인 웅덩이에서 바위 틈새에 들어가 있는 생물입니다. 그러나 밤이 되면 기어 나와 먹이를 먹습니다. 가능하면 눈치 채지 않도록 잡기 위해서는 경험 많은 사람과 저녁부터 밤에 찾아다녀 보는 것도 좋습니다.

수조 큰 수조는 필요 없지만, 바닷물을 많이 사용하기 때문에 45cm 이상의 수조에서 기르도록 합니다.

바닷물 인공 바닷물을 비중이 맞게 만든 것을 사용하도록 합니다. 한 달에 한 번, 수조의 3분의 1에서 2분의 1 정도의 바닷물을 교환해 줍니다.

필터 바닥 면 필터나 윗면 필터를 사용합니다.

공기 펌프 수조의 크기에 맞추어 공기 펌프를 선택합니다.

숨는 집 성게는 낮에는 바위의 틈새에 숨어 지냅니다. 수조 안에서도 숨을 수 있도록 바위를 놓아 둡니다.

모래 애완동물 판매점에서 팔고 있는 산호모래 등을 사용합니다.

먹이 먹이는 미역이나 말린 새우, 김 등을 성게의 아랫부분에 있는 입 근처에 놓아 줍니다.

말린 새우 / 미역 / 김

●성게의 종류●

■ 껍질 직경 ■ 분포 ◆ 주요 특징

분홍성게
■ 7cm ■ 일본 본토 중부~규슈
◆ 바닷물 웅덩이에서 흔히 볼 수 있는 성게입니다.

큰가시성게
■ 5cm ■ 일본 보우소우 반도, 사가미만 이남 ◆ 분홍성게처럼 흔히 볼 수 있는 성게입니다.

나팔성게
■ 10cm ■ 일본 보우소우 반도, 사가미만 이남 ◆ 작은 돌이나 조개, 해초 등을 몸에 붙여 있는 것도 있습니다.

▶ 관찰 성게의 발

유리에 붙어 있을 때, 성게의 관족을 관찰해 봅니다.

관족을 유리에 붙입니다.

성게의 상태가 나빠지면, 시간이 지날수록 가시가 떨어져 나갑니다. 심하면 죽어 버리기 때문에 밖으로 성게를 끄집어내든지, 즉시 바닷물을 교환해 줍니다.

말미잘

바닷물이 고인 웅덩이 등에서도 볼 수 있지만, 애완동물 판매점에도 여러 가지 종류가 판매되고 있습니다. 말미잘뿐만 아니라 물고기도 함께 기르면 좋습니다.

작은 물고기를 잡은 절인매실말미잘

먹이

물을 더럽히지 않도록 하기 위해서도 5㎜ 정도의 크기로 자른 것을 줍니다.

모시조개의 몸살 / 잘게 자른 물고기 / 말린 새우

바닷물 — 바닷물 교환은 한 달에 한 번 정도, 3분의 1가량의 양을 교환합니다.

필터 — 물고기와 함께 기르는 경우에는 상부 필터 등 큰 여과기를 사용합니다.

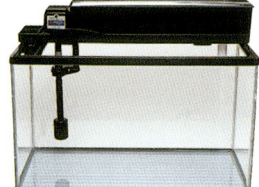

히터 — 수온을 안정시키기 위하여 히터를 사용합니다.

물고기 — 함께 기를 수가 있는 것은 흰동가리입니다. 그 이외의 작은 물고기는 잡아먹히는 경우가 있습니다.

수온계 — 수온이 15℃ 이하로 내려가지 않도록 주의합니다.

● **흰동가리와 말미잘**

흰동가리는 말미잘의 독에도 끄떡없습니다. 말미잘을 이용하여 다른 물고기로부터 몸을 보호합니다.

산호

말미잘처럼 물고기와 함께 기를 수가 있지만, 너무 많은 물고기를 넣으면 물이 더러워져 허약해져 버리는 일도 있습니다.

꽃우산산호

필터 — 외부 필터나 상부 필터 등 큰 여과기를 사용하여 기르도록 합니다.

바닷물 — 바닷물의 교환은 한 번에 전부하지 않고, 2주일에 한 번, 3분의 1 정도씩 교환해 줍니다.

● **색깔을 화려하게 하는 자외선 형광등**

자외선이 나오는 형광등을 사용합니다. 산호의 색깔이 화려하게 보입니다. 자외선은 자연의 상태와 마찬가지로 하루에 12시간 정도 비추도록 합니다.

먹이 — 먹이는 주로 '브라인슈림프' 등의 플랑크톤입니다. 스포이트를 사용하여 개개의 산호 위에 뿌려 줍니다.

모래 — 수조에 깔아 둘 경우, 작은 알갱이의 산호모래를 사용합니다.

● **수온 관리**

산호는 수온이 15℃ 이하가 되면 죽어 버리기 때문에, 특히 겨울에는 히터를 사용해서 20~25℃가 되도록 해 줍니다.

 말미잘은 상태가 나빠지면, 바위 등에 부착하는 힘이 약해집니다. 원인은 수온이 너무 높거나, 물이 더러워졌거나, 물 흐름의 세기에 있습니다.

수서 생물(해수)

소라게

두점박이긴눈집게 ■ 십각목 집게과 ■ 갑옷 길이 1.5㎝
　　　　　　　　　　■ 분포: 일본 동경만 이남, 오키나와

참집게 ■ 십각목 집게과 ■ 갑옷 길이 1㎝
　　　　 ■ 분포: 한국, 일본, 캄차카 반도, 캘리포니아

해안의 바닷물이 고인 웅덩이에서 흔히 볼 수 있는 것은 고둥집게와 집게입니다. 간단히 잡을 수도 있고, 기르는 것도 쉬운 생물입니다. 애완동물 판매점에서도 팔고 있습니다.

두점박이긴눈집게

수조
플라스틱 상자나 수조에서 기를 수가 있습니다. 집게만 기르는 경우에는 작은 상자만으로도 충분합니다.

공기 돌
얕은 수심의 바닷물에서 기르기 때문에 필터는 필요 없습니다. 공기를 보내기 위하여 공기 돌을 사용합니다.

여러 가지 형태가 있습니다.

돌
바다에서 주워 온 것이나 애완동물 가게에서 팔고 있는 것을 사용합니다.

모래
금붕어용 자갈이나 산호 모래 등을 사용합니다.

공기 펌프
소형의 공기 펌프로 충분히 기를 수가 있습니다. 공기의 양을 조절할 수 있는 것으로서 가능하면 적은 양의 공기를 보내도록 합니다.

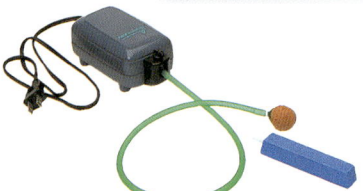

먹이
집게는 무엇이든지 먹습니다. 모시조개의 몸살, 말린 새우, 미역 등을 줍니다. 팔고 있는 게의 사료나 금붕어 사료도 먹습니다.

모시조개의 몸살

말린 새우

미역

실험 집게가 일어나는 실험

① 참집게를 뒤집어 둡니다. 집게는 껍질 속에 들어 있는 상태입니다.

② 조금 지나면, 주위의 상황을 살펴 보며 조금씩 껍질로부터 나옵니다.

③ 몸을 최대한 밖으로 내어 지면에 발을 붙입니다. 발톱 끝이 걸리면 몸을 일으킵니다.

④ 힘차게 몸을 일으킵니다. 껍질이 둥글기 때문에 구르면서 몸을 일으켜 세웁니다.

집게와 게를 함께 기르면, 집게는 조개껍질 속에 있어도 게에게 잡혀 밖으로 꺼내져 먹힙니다.

●이사를 위한 껍질을 준비해 줍니다

집게는 몸이 커지면 그때까지 사용하고 있던 조개껍질이 작아져서 몸의 크기에 맞는 조개껍질을 찾습니다. 사육 상자 안에 여러 가지 크기의 이사를 위한 조개껍질을 준비해 줍니다.

●집게 채집

썰물이 빠져나간 뒤에 생긴 바닷물 웅덩이를 살펴봅니다.

바닷물이 빠진 뒤에 생긴 웅덩이를 잘 관찰해 보면 작은 조개가 움직이고 있는 것을 알 수 있습니다. 소리를 내면, 껍질 속에 들어가 움직이지 않기 때문에 조용히 접근하여 잡도록 합니다.

바닷물

바닷물 원료

비중계
올바른 바닷물이 만들어졌는가를 측정하는 비중계입니다. 만들어진 바닷물에 띄워서 붉은 눈금에 정지하도록 조절합니다.

바닷물은 애완동물 판매점에서 팔고 있는 인공 바닷물을 이용하면 편리합니다. 집게는 바닷물이 적기 때문에 경험이 많은 사람에게 물과 바닷물의 원료 양을 계산하는 것을 도움 받아서 바닷물 농도의 비중계를 사용하면서 만들어 봅니다.

집게를 잡을 때에는 그물을 사용하여 조금 떨어진 장소에서 잡는 것이 좋습니다.

▼ 관찰 집게의 이사

① 새로운 껍질의 크기를 살펴봅니다.

② 조금씩 몸을 껍질 밖으로 드러냅니다.

③ 서둘러 새로운 껍질로 이동합니다.

④ 이사가 끝났습니다.

말미잘이 붙어 있는 집게는 이사할 때에도 말미잘을 떼어 내어 함께 이사 갑니다.

소면집게

① 지금까지의 말미잘이 붙어 있는 껍질에서 새로운 껍질로 이사를 갑니다.

② 새로운 껍질로 들어가면, 낡은 껍질에 붙어 있는 말미잘을 떼어 냅니다.

③ 새로운 껍질에 말미잘을 붙이면 이사는 끝납니다.

 수심 20~30m에 사는 집게는 조개껍질을 깨어 속을 먹어 버리는 돌돔이나 비늘돔 등의 물고기로부터 몸을 보호하기 위하여 말미잘을 조개껍질에 부착시키는 것입니다.

게

무늬발게

무늬발게 ■ 십각목 바위게과 ■ 갑옷 길이 2.5cm ■ 분포: 한국, 일본 북해도~규슈

바다에 사는 게는 애완동물 판매점에서 팔고 있지만, 실제로 바다의 물웅덩이 등에서 잡는 것도 간단합니다. 건강하기 때문에 바닷물이 있으면, 오랫동안 기를 수가 있습니다.

수조 수조나 플라스틱 상자 등에서 기를 수가 있습니다. 그리 높지 않은 용기에서 기르면, 달아나는 일도 있기 때문에 주의합니다.

뚜껑 게가 달아나지 않도록 반드시 뚜껑을 덮어 둡니다.

필터 바닷물의 양이 적기 때문에 바닥의 모래를 통하여 더러워진 것을 걸러 내는 바닥 면 필터를 사용하면 좋습니다.

돌 바다에서 주워 온 돌이나 애완동물 판매점에서 팔고 있는 것을 설치합니다. 게가 숨을 집으로도 이용됩니다.

공기 펌프 바닷물의 양이 적기 때문에 공기의 양을 조절할 수 있는 펌프로서, 약한 공기를 보내도록 합니다.

물 바다에서 가져온 바닷물이나 인공 바닷물로 사육합니다. 바닷물의 양은 수조의 3분의 1 정도로 합니다.

모래 애완동물 판매점에서 팔고 있는 산호모래 등을 사용합니다.

먹이 게는 무엇이나 먹습니다. 잘게 자른 물고기나 먹이용의 말린 새우 등을 줍니다.
잘게 자른 물고기 / 말린 새우 / 모시조개의 몸살 / 마른 멸치

! 주의
● 같은 사육 상자에 작은 물고기나 집게, 새우 등을 함께 넣어 두면 거의 게가 잡아먹어 버립니다. 게를 기를 때에는 게만을 기르도록 합니다.

● 먹이를 너무 많이 주면 바닷물이 더러워집니다. 게가 먹고 남기지 않을 양의 먹이를 주도록 합니다. 바닷물이 희게 더러워지면 교환합니다.

관찰 게의 몸

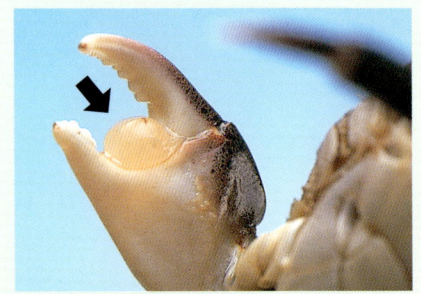 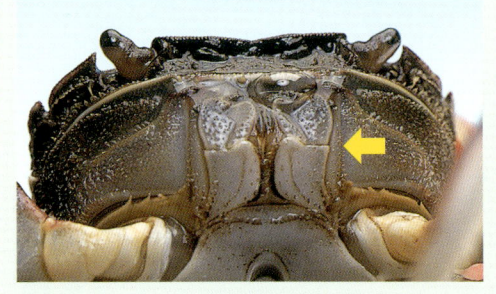 

집게발 사이에 있는 혹주머니는 먹이의 맛을 느낄 수 있는 감각 기관이라고 알려져 있습니다.

큰 턱 입이 있는 큰 턱으로, 먹이를 좌우에서 고정할 수가 있습니다.

눈 좌우가 제각기 움직이고, 등껍질 갑옷 속으로 숨길 수 있습니다.

바다에서 게를 찾을 경우에는, 낮보다는 저녁에 찾아야 쉽게 관찰할 수 있습니다.

새우

붉은등줄새우 ■ 십각목 털새우과 ■ 몸길이 5cm ■ 분포: 일본 보우소우 반도 이남

애완동물 판매점에서 팔고 있는 새우 중에는 색깔이 아름다운 것도 있습니다. 이와 같은 새우는 수온의 관리와 성능이 좋은 필터 등을 설치하여 기르도록 합니다.

붉은등줄새우

전등
바닷물고기용 전등을 사용합니다.

수조
기르는 새우의 마리 수에 따라 사육 상자의 크기를 바꿉니다. 4~5마리를 기를 경우에는 60cm 수조가 좋습니다.

히터
수온이 언제나 26℃ 정도로 일정하게 유지될 수 있도록 설치합니다.

공기 펌프
큰 수조를 사용할 경우에는 힘이 강력한 펌프를 사용합니다.

수온계
수온을 일정하게 하지 않으면 안 되기 때문에 언제나 점검할 수 있도록 수온계를 설치합니다.

필터
모래를 통하여 더러워진 것을 빨아내는 바닥 면 필터와 상부 필터 등을 사용합니다.

모래
애완동물 판매점에서 팔고 있는 산호모래 등을 사용합니다.

먹이
물고기와 같이 기를 경우에는 물고기가 먹고 남긴 먹이를 청소합니다.

물고기 사료 모시조개의 몸살
말린 새우 잘게 자른 물고기

흰점무늬빨간새우

⚠ 주의

● 먹이의 크기가 너무 크면 새우끼리 먹이를 사이에 두고 싸움을 합니다. 먹이는 가급적 가늘게 잘라 각각의 새우에게 주도록 합니다.

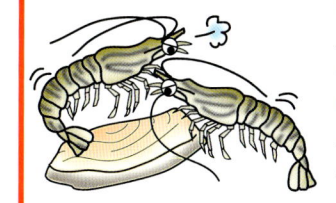

관찰 닭새우의 성장

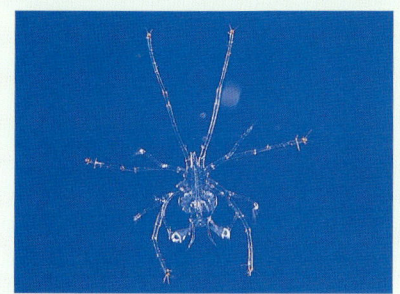

'필로조마'라고 불리는 유생입니다.

새우 가운데에서도 250일이라고 하는 긴 유생 기간을 거쳐 점점 어른의 몸 생김새로 변해 갑니다.

어른이 되면 낮에는 바위 구멍 등에 숨어 지내다가 밤이 되면 조개, 새우, 게, 성게, 해초 등을 먹습니다.

✏ 애완동물 판매점에서 팔고 있는 새우 중에는 물고기의 몸을 청소해 주는 종류도 있습니다.

조개

소라 ■ 원시복족목 소라과 ■ 분포: 한국, 일본 북해도 남부~규슈

바닷조개는 애완동물 판매점 등에서도 팔고 있지만, 생선 가게나 슈퍼마켓 등에서도 살아 있는 조개를 살 수가 있습니다.

소라

수조

기르는 조개의 수에 따라 수조의 크기가 달라집니다. 45~60㎝ 크기의 수조로도 충분합니다.

필터

바닥 면 필터와 상부 필터를 사용합니다.

공기 펌프

수조의 크기에 맞추어 공기 펌프를 선택합니다. 45~60㎝ 크기의 수조라면, 보통 팔고 있는 것을 사용해도 좋습니다.

모래

애완동물 판매점에서 팔고 있는 산호모래 등을 사용합니다.

해초

애완동물 판매점에서 팔고 있는 해초를 구입합니다. 먹이도 됩니다.

수온계

수온이 너무 높아서는 안 됩니다. 15~20℃ 정도를 유지하도록 합니다. 수온계로 가끔씩 점검합니다.

먹이

김

미역

소라 등의 조개는 자연 상태에서 주로 해초를 먹습니다. 사육하고 있는 경우에는 가공하지 않은 김이나 미역을 주도록 합니다.

! 주의

● 소라 등의 조개는 허약해지거나 죽어 버리면 전혀 움직이지 않게 됩니다. 그대로 놔두면 물을 더럽히는 원인이 되기 때문에, 매일 관찰하여 움직이지 않는 조개는 꺼내도록 합니다.

소라는 밤이 되면 활발하게 움직입니다. 먹이를 주는 것도 저녁부터 밤이 좋습니다.

● **소라의 발**

소라 등의 대부분의 권패(나선형으로 껍질이 둘둘 말린 조개류 소라, 고둥, 우렁이 등) 무리는 2개의 따로 나뉜 발을 앞뒤로 내밀어 전진합니다. 조개에도 발이 있습니다.

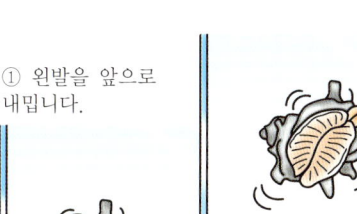

① 왼발을 앞으로 내밉니다.
② 2개의 발을 나란히 하여 다음에는
③ 오른발을 앞으로 내밀어 전진합니다.

● **소라의 뿔**

소라는 같은 종류라도 사는 환경에 따라 뿔이 있는 것과 없는 것이 있습니다. 파도의 세기에 따라 변해진 것이라고 알려져 있습니다.

파도가 심한 장소

파도가 거센 장소에서는 뿔로 파도에 밀려가지 않도록 주위의 바위에 단단히 들러붙어 있습니다.

파도가 잔잔한 장소

파도가 약한 장소에서는 파도에 실려 가는 일이 거의 없기 때문에 뿔이 없습니다.

▸ **관찰 조개의 몸**

소라

소라는 분명히 눈이 있으며, 만져서 살펴보기 위한 더듬이가 있습니다.

검은 점으로 보이는 것이 눈
더듬이

모시조개

필요 없는 바닷물을 흘러 보내는 출수관

이패류에는 바닷물을 삼켜 산소를 얻기 위한 입수관과 출수관이 있습니다.

바닷물을 빨아들이기 위한 입수관

모시조개의 몸을 숨기는 방법

①껍질 속에서 발을 내밀어 모래를 파냅니다.

②발을 모래 속으로 들이밀어 몸 부분의 조개껍질을 모래 속으로 숨깁니다.

③반복해서 조개껍질 대부분이 모래 속에 잠길 때까지 발을 사용하여 숨습니다.

④입출수관이 위를 향하도록 위치를 바꾸면서 몸을 계속 숨깁니다.

✎ 소라의 껍질 색은 먹는 먹이의 종류에 따라 변화가 있습니다. 갈색의 해초류만을 먹은 것은 조금 누런색을 띱니다.

수서 생물(해수)

●조개의 종류●

■ 분포　◆ 주요 특징

조개 무리는 지구 상에 약 10~12만 종이 있는 것으로 알려져 있습니다. 우리나라와 일본 그리고 주변의 바다에는 그들 가운데 약 6000종이 살고 있는 것으로 알려져 있습니다. 사는 장소, 생활 방법, 먹이를 찾는 법 등 생활환경은 여러 가지입니다.

비단고둥사촌
■ 한국, 일본 키이 반도 이남　◆ 몸은 렌즈형으로, 껍질 표면은 매끄럽고 빛이 납니다.

◀ **고리뿔고둥**
■ 일본 보우소우 반도 이남, 서태평양　◆ 수심 50~300m의 해저에 사는 권패류입니다. 8~9개의 뿔이 있습니다. 성장할 때, 거추장스런 뿔은 스스로 잘라 냅니다.

줄무늬가 있다.

◀ **밤색줄무늬계란고둥**
■ 한국, 일본 보우소우 반도 이남, 인도, 서태평양　◆ 수심 10~50m의 모래땅의 바다 밑에 살고 있습니다. 껍질은 두텁고 딱딱하며 광택이 있습니다.

돌기가 있다.

주름이 있다.

뿔의 길이는 껍질의 약 반 정도

◀ **솔방울고둥**
■ 일본 보우소우 반도 이남, 인도네시아 해역　◆ 수심 50~200m의 바다 바닥에 살고 있습니다. 껍질은 앞뒤로 갈려 뭉개진 것 같은 형태로, 양측에 지느러미처럼 생긴 돌출부가 특징입니다.

지느러미처럼 생긴 돌출부가 있다.

문형이 없다.

관 모양의 돌기가 있다.

비늘 모양의 굽이가 있다.

➡ **노란줄무늬고둥**
■ 일본 키이 반도 이남　◆ 바위 지대나 산호초, 바위 틈새나 작은 돌들이 모여 있는 장소에 살고 있습니다. 황색과 검은 줄무늬가 특징입니다. 껍질은 두텁고 단지형입니다.

황색과 검은 줄무늬

긴 뿔이 규칙적으로 나 있다.

성탑고둥
■ 일본 보우소우 반도~규슈　◆ 수심 30~150m의 바위 지대에 살고 있습니다. 도자기처럼 생긴 순백색의 권패류입니다. 뿔이 넓고 삼각형으로 위를 향하여 나 있습니다.

뼈고둥
■ 일본 보우소우 반도 이남, 인도, 서태평양　◆ 수심 10~50m의 모래땅에 살고 있습니다. 뿔이 빗살의 간격처럼 나열되어 있습니다. 이 뿔이 뼈처럼 보이는 데서 '뼈고둥'이라는 이름이 붙여졌습니다.

사각형의 붉은 무늬가 있다.

칼라붓고둥
■ 일본 보우소우 반도~규슈　◆ 수심 20~100m의 모래땅의 바다 바닥에서 살고 있습니다. 껍질이 두껍고 조금 무거운 권패류입니다.

하루샤고둥
■ 일본 보우소우 반도 이남, 인도, 서태평양　◆ 달리 '카바프이치마츠'라고도 불립니다. 수심 20m 정도까지의 바위 지대나 모래땅에 살고 있습니다. 흰 바탕에 사각형의 붉은 무늬가 나 있습니다.

껍질은 얇고 깨지기 쉽다.

유리고둥
■ 전 세계의 난류 지역　◆ 난류 해수면 위에 떠다니면서 생활하는 권패류입니다. 분비한 점액으로 공기 거품을 만들어 모아 그곳에 거꾸로 매달려 파도 사이를 흘러 다닙니다.

가는줄무늬고둥
■ 일본 보우소우 반도 이남　◆ 바닷물이 빠져나간 웅덩이에 살고 있습니다. 해초가 나 있는 바위 틈새를 미끄럼타듯이 움직입니다.

대형 동물

동물원이나 수족관 등에서 길러지고 있는 대형 동물은, 일반 가정에서는 기를 수 없습니다. 그러나 관찰하는 일은 가능합니다. 사자, 코끼리, 돌고래, 올빼미 등의 동물들이 동물원·수족관에서 어떻게 길러지고 있는지 그 모습과 관찰 방법을 소개합니다.

아프리카코끼리

사자

- 식육목 고양이과
- 몸길이 140~250㎝
- 몸무게 120~250㎏
- 분포: 아프리카(적도 부근 열대 다우림을 제외한 사하라 사막 남부 이남), 인도 북서부

동물원에서 인기가 많은 사자를 기르기 위해서는, 크고 튼튼한 창살 우리와 넓은 운동장이 필요합니다. 야생의 사자는 초원에서 살며, 누(검은 꼬리아프리카초원소)와 임팔라 등의 초식 동물을 사냥하여 먹습니다. 제한된 면적의 동물원에서는 자연 그대로의 모습을 다 볼 수는 없지만, 사자의 동작이나 움직임은 관찰할 수 있습니다.

먹이

이틀에 한 번, 동물원 관람 시간이 끝난 저녁이 식사 시간입니다. 간식 정도의 고기와 소뼈 등은 매일 줍니다.

한 마리분씩 정확한 양을 재어 그릇에 담아 줍니다.

먹이를 주는 날은 사자들이 운동장으로 나와 있을 때, 우리 안에 넣어 줍니다.

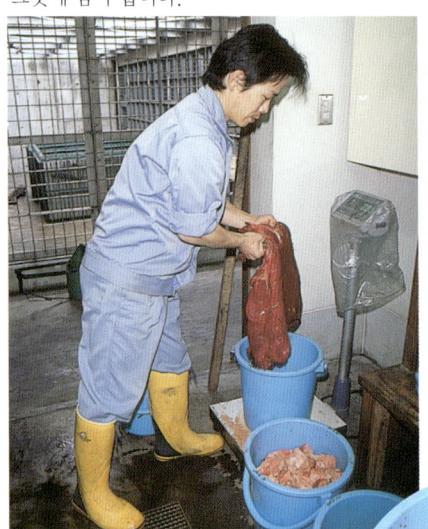

간식거리인 소뼈는 운동장의 높은 장소에 놓아둡니다. 사자가 뼈를 씹어 먹는 광경을 사자(관람) 버스를 타고 가까이에서 관찰할 수 있습니다.

먹이의 양은, 수컷과 암컷, 혹은 새끼와 어른에 따라 다릅니다. 어른 수컷 사자 한 마리의 1회 식사 양은 말고기 8㎏과 닭의 머리 3㎏입니다.

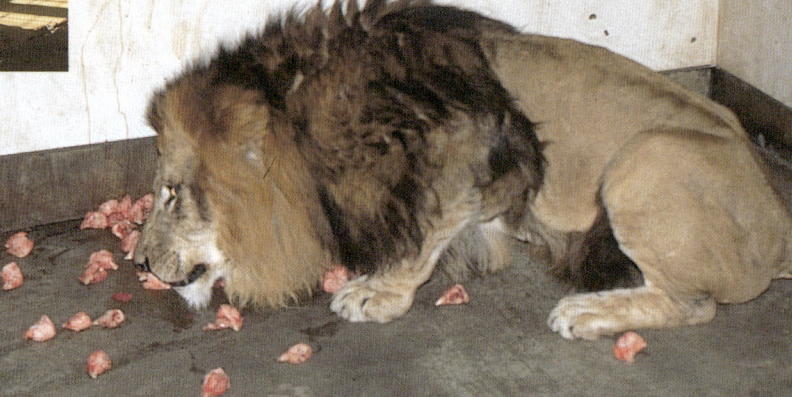

우리에서 먹이를 먹습니다. 10분 정도가 지나면 먹는 것이 끝납니다.

사자, 코알라, 코끼리, 말, 염소, 수리, 올빼미는 동경 타마 동물원의 자료입니다.

사육

사자는 맹수이기 때문에 사육에는 세심한 주의가 필요합니다. 강철로 만들어진 튼튼한 우리, 출입문, 이중으로 된 잠금장치 등 사자가 도망쳐 나오지 못하도록 하기 위한 설비가 완벽하게 준비되어 있어야만 합니다. 또한, 먹이를 먹는 상태나 똥의 상태 등 건강관리에도 주의를 두어 한 달에 한 번은 몸무게 측정을 합니다.

양측으로 나란히 줄지어 있는 사자 우리. 각각 1~2마리씩 들어 있습니다. 통로 아래는 사자가 운동장으로 나갈 때 이용하는 길입니다.

출입문이 이중의 잠금장치로 되어 있습니다.

방문객이 오기 전에 지프를 타고 운동장의 상태를 점검합니다. 위험한 물건이 떨어져 있거나, 벽이 무너진 곳이 없는지 전체를 2~3번 일주하면서 확인합니다.

점검이 끝나면, 드디어 사자들이 운동장으로 나옵니다. 좁은 우리에서 운동장으로 나온 사자들은 각각 좋아하는 장소를 향하여 걸어갑니다.

사자가 나가고 없는 사이에 우리를 청소합니다. 더러워진 바닥을 솔과 물로 깨끗이 청소합니다.

관찰 사자의 몸과 동작

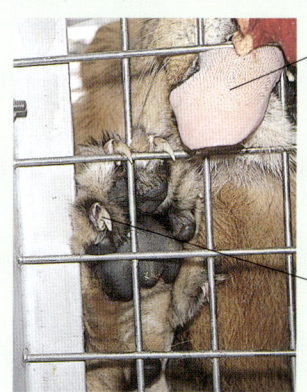

혀 — 표면에 까칠까칠하게 가시가 돋아 있어 고기를 엷게 자르거나, 털 다듬기를 할 때 긴요하게 이용됩니다.

발톱 — 먹이 동물을 잡거나, 고기 등을 잡을 때에 날카롭고 큰 발톱을 드러냅니다.

이빨 — 날카롭게 솟아난 이빨은 송곳니로, 먹이 동물을 공격하거나 고기를 물어 끊거나 찢는 데 사용합니다.

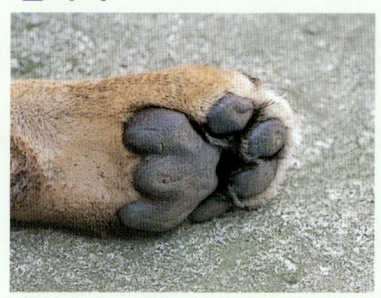

발바닥 — 발바닥에 있는 육구는 쿠션 역할을 하며, 미끄럼 방지에 도움을 줍니다.

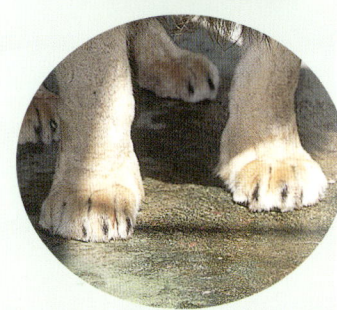

보통은 발에 가려 밖에서는 볼 수가 없습니다.

발톱 손질은, 오래되어 낡은 발톱을 새로운 발톱으로 바꾸기 위하여 하는 행동입니다.

발톱 손질 흔적

꼬리 — 고양이가 재롱떨듯이 꼬리를 흔들어 새끼 사자를 구슬리기도 합니다.

먹이를 사냥하는 것은 주로 암컷의 몫으로, 몇 마리가 협력하여 성공합니다. 수컷은 주로 세력권을 지키기 위해, 때때로 서식 영역을 순찰합니다.

코알라

- 유대목 코알라과
- 몸무게 8~12kg
- 몸길이 60~83㎝
- 분포: 오스트레일리아 동부

코알라는 유칼리나뭇잎만을 먹고 생활하는 동물로, 캥거루와 같은 무리입니다. 홀로 세력권을 가지고 생활하며, 주로 밤에 행동합니다. 낮에는 대부분 잠을 자고 있거나, 움직여도 그 동작은 매우 느립니다.

먹이

유칼리나무는 600가지 종류가 있습니다. 이 가운데 코알라가 먹는 것은 35종류 정도입니다. 타마 동물원에서는 9종류를 주고 있습니다. 먹이의 양은 하루 한 번, 한 마리마다 8~9그루(4~5kg)입니다. 유칼리나무는 일본 이즈 반도 아타가와 등 따뜻한 지방에서 먹이 전용으로 재배되고 있습니다.

유칼리나뭇잎에는 소화하기 어려운 섬유와 유독 성분이 포함되어 있습니다.

코알라는 몸길이의 약 3배나 되는 맹장에서 유칼리나뭇잎을 소화합니다. 유독 성분은 간장에서 해독합니다.

유칼리나뭇잎은 매일 정확히 양을 측정하여 줍니다.

타마 동물원 안에는 유칼리나무를 재배하는 시설이 있습니다. 실온 상태에서 여러 종류를 재배하고 있습니다.

물속에서 유칼리의 뿌리 부위를 가위로 자릅니다. 이것을 '물 작업'이라고 하는데, 유칼리를 신선한 상태로 오랫동안 유지하기 위한 것입니다.

나무에 묶어 놓은 통 모양의 먹이 그릇에 꽂아 둡니다.

사육

사육 방은, 단독 생활을 하기 때문에 한 마리씩의 생활공간으로 나뉘어져 있습니다. 실내의 온도는 13~28℃ 범위로 계절에 맞추어 설정합니다.

바닥에 놓여 있는 유칼리 등은 바닥으로 떨어졌을 경우에 대비한 쿠션이 되기도 합니다.

오전 중으로 똥과 오줌으로 더러워진 바닥을 청소합니다. 똥글똥글하게 생긴 똥은 한 번에 눈 것이 50개 정도입니다. 오줌은 약간 접착성이 있습니다.

그날 먹고 남긴 유칼리의 양을 보고, 어느 정도 먹었는지를 점검할 수 있습니다.

건강관리

먹이를 먹는 상태, 똥 등으로 그날의 몸의 상태를 알 수 있으며, 그 외에 몸무게 측정은 한 달에 2번씩 합니다. 측정 방법은 코알라를 품에 안고 체중계에 오르거나, 코알라가 있는 나무를 올려 측정합니다.

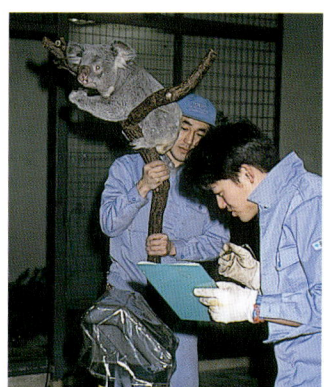
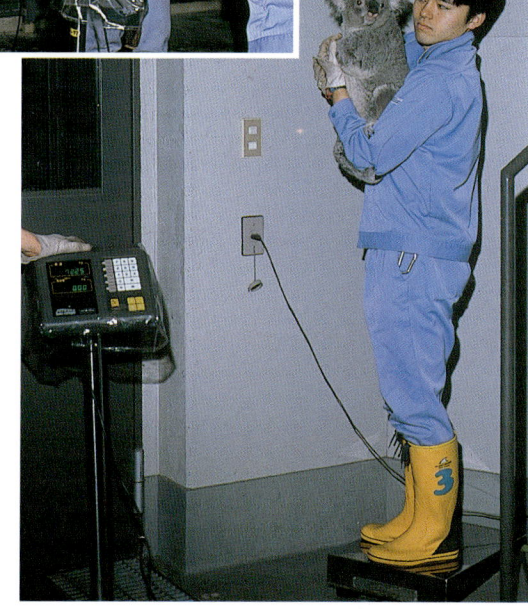

관찰 코알라의 하루

코알라는 하루 19시간에서 24시간 이상 잠자는 생활을 합니다. 이것은 영양가가 낮은 유칼리를 먹이로 하고 있기 때문에 에너지 절약을 위해서입니다. 저녁이나 밤이 되면 움직이는 것을 볼 수 있습니다.

코알라의 새끼 돌보기

코알라는 보통 2년에 한 번 한 마리의 새끼를 낳습니다. 주머니 속에서 자란 새끼는 6개월이 지나면 밖에 나옵니다.

주머니에 새끼를 넣어 이동하는 어미 코알라

새끼는 태어나서 일 년이 지나면 독립합니다.

새끼의 이유식은 어미의 항문에서 나오는 '팟푸'라고 불리는 맹장똥을 먹습니다. 이 똥에는 새끼가 성장하기 위해 필요한 미생물이 포함되어 있습니다.

✏️ 코알라는 나무를 타오르거나, 나뭇가지를 잡는 데 편리한 날카로운 발톱이 모든 발가락에 나 있습니다.

코끼리

아프리카코끼리
- 장비목 코끼리과　■ 몸길이 540~750㎝,
  몸높이 320~400㎝　■ 몸무게 5800~7500kg
- 분포: 아프리카(사하라 이남)

코끼리는 육상에서 가장 큰 동물입니다. 동물원에서 친숙한 코끼리이지만, 큰 체구의 코끼리를 사육하기 위해서는 많은 양의 먹이가 필요합니다. 야생에서 어른 암컷 무리는 가족관계를 중심으로 서너 마리에서 십여 마리 이상이 모여 살아가고 있습니다. 수컷은 평소에는 단독으로 행동하다가 번식기가 되면 암컷 무리에 합류합니다.

먹이

코끼리는 큰 몸을 유지하기 위하여, 매우 많은 먹이를 먹습니다. 식사는 1일 2회로, 아침은 마른풀과 대나무, 사과, 고구마 등을 줍니다. 저녁에는 마른풀, 사료, 당근, 고구마 등을 줍니다. 여름이 되면, 신선한 푸른 풀 100kg이 먹이에 포함됩니다.

어미 아프리카코끼리와 새끼

수컷 한 마리의 먹이 마른풀 90kg, 사료 7kg, 고형 사료 7kg, 옥수수 4kg, 사과 5kg, 고구마 5kg, 당근 5kg

두유
양동이 한가득(20ℓ)이 한 마리의 양입니다.

우리 앞에는 물 먹는 곳이 있어서 코를 내밀어 마십니다.

사람의 피부 온도 정도로 따뜻하게 데운 두유를 한 번에 마셔 버립니다.

아침 식사는 우리에서 먹으며, 낮에는 대나무 등이 간식으로 나옵니다.

한 개의 마른풀 덩어리는 30kg이나 나갑니다. 그것을 승강기에 실어 위로부터 방으로 던져 줍니다.

사육

코끼리가 내놓는 똥이랑 오줌은 매우 양이 많습니다. 코끼리들이 운동장에 나가 있는 사이에 각각의 방을 몇 사람이 함께 청소합니다.

소형 트랙터로 더러워진 짚 더미를 운반합니다.

아침에 먹이를 줄 때는 한 마리씩 대화를 하는 일로 시작합니다.

똥이랑 짚 더미를 치운 다음에는 물청소로 깨끗이 합니다.

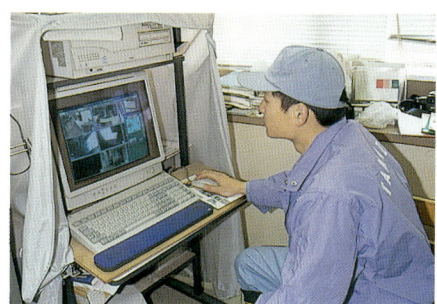

그날 일어난 일, 건강 상태 등 느낀 점을 사육 일지에 기록합니다.

때때로 운동장과 우리를 모니터로 점검합니다. 이상이 있으면 재빨리 확인하기 위해서입니다.

우리에는 추울 경우를 대비하여 대형의 난로를 설치해 두고 있습니다.

관찰 코끼리의 몸

코

코와 윗입술이 붙어 늘어난 것으로, 속에는 뼈가 없습니다. 코를 자유로이 이용하여 물을 마시거나, 물건을 집을 수 있습니다.

귀 큰 귀는 열을 밖으로 내보내기 위한 부채와 같은 역할을 합니다.

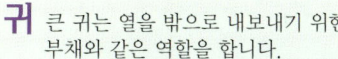

꼬리 꼬리 끝에 털이 나 있고, 파리 등의 벌레를 쫓아내는 데 편리합니다.

입

음식을 으깨어 부수는 어금니가 발달해 있습니다. 이 어금니는 안에서 밖으로 이빨을 밀어 내듯이 일생 동안 5번이나 새로 납니다.

발 앞발에 4개, 뒷발에 3개의 발굽이 있습니다.

똥 1개의 무게가 1~2kg으로, 한 번에 5~8개의 똥을 눕니다.

코끼리의 임신 기간은 약 22개월이며, 새끼 코끼리의 몸무게는 약 100kg입니다. 새끼 코끼리는 태어나서 2년 정도까지 어미의 젖을 먹습니다.

말

몽고야생말 ■ 기제목 말과 ■ 몸높이 120~146㎝
■ 몸무게 350kg ■ 분포: 중앙아시아

어미 몽고말과 새끼

말은 옛날부터 가축으로서 농사짓는 일과 물건을 운반하는 일을 담당하여 왔습니다. 또한 사라브레드와 같은 경주 말이 만들어졌습니다. 말의 사육에는 달리는 습성 때문에 넓은 방목장이 필요합니다. 여기에 소개하는 몽고야생말은 가축인 말과는 친척 관계에 있다고 생각되어지고 있습니다.

먹이

수컷이 하루에 먹는 양은 마른풀 7.5kg, 사료와 고형 사료 500g 으로, 이것을 아침과 저녁 2번에 나누어 줍니다.

사육

방목장의 똥을 치우고 우리를 청소합니다. 우리에 마른풀을 넣어 잠자리를 준비해 줍니다.

밤에 말이 쉬기 위한 우리입니다. 바닥에 있는 마른풀은 말이 스스로 넓게 펼쳐서 침대로 사용합니다.

똥이 굳은 상태와 양, 색깔 등을 보고 말의 건강 상태를 알 수 있습니다.

관찰 말의 몸

소리가 들리는 방향으로 움직이는 귀

귀 물체가 내는 소리에 민감하여, 소리를 내면 귀가 앞 뒤로 움직입니다.

갈기 몽고야생말은 갈기가 짧고, 곧게 서 있는 것이 특징입니다.

꼬리 긴 꼬리는 파리 등 귀찮은 벌레를 쫓아 내는 데 편리합니다.

발굽 발굽은 하나입니다.

몽고야생말은 전 세계의 동물원에서 약 400마리가 사육되고 있지만, 야생에서는 절멸하였습니다.

염소

- 우제목 소과
- 몸무게 30~60kg

염소도 말과 같이 가축으로서 길러져 온 동물입니다. 주로 젖과 털실을 생산하는 데 이용되며, 많은 품종이 있습니다. 몸이 튼튼하여 사육이 쉬운 동물이지만, 잠을 잘 수 있는 방과 조금 넓은 운동장이 필요합니다.

사육

무리를 지어 생활하기 때문에, 사육하는 장소는 어느 정도 넓은 곳이 필요합니다. 응달과 양달 등 기후 조건에도 주의가 필요합니다.

운동장 안에 있는 작은 집에는 낮에 자유로이 드나들 수 있도록 합니다. 밤에는 모두 모여서 잠을 잡니다.

먹이

암컷 10마리와 수컷 2마리의 먹는 양으로 하루 한 번, 고형 사료 2kg을 줍니다. 마른풀 5kg은 2번 나누어 줍니다.

마른풀과 고형 사료

염분을 보급하기 위한 광염 (소금 덩어리)

마른풀과 고형 사료에는 수분이 없기 때문에 물을 언제라도 마실 수 있게 합니다.

장소를 가리지 않고 똥을 누기 때문에 여기저기 떨어진 똥을 대나무 갈퀴로 긁어모아 청소합니다.

관찰 염소의 몸

눈
육식 동물과 달리 눈동자는 한일자 모양으로 가운데 있습니다.

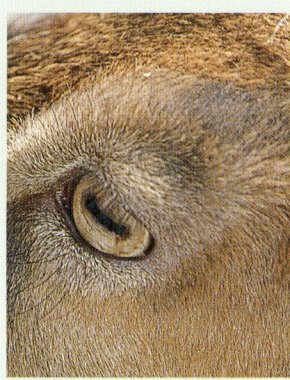

뿔
뿔은 싸움을 하거나, 적으로부터 몸을 보호하는 데 사용합니다.

발굽
발굽은 2개입니다.

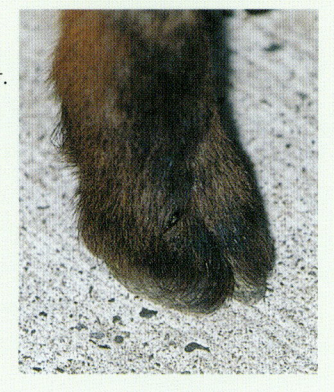

타마 동물원의 염소는 염소의 원종 파산(야생 염소)의 몸색에 가깝게 하기 위해 개량되어진 것입니다.

대형동물

돌고래

큰돌고래 ■ 고래목 돌고래과 ■ 전체 길이 3m ■ 몸무게 400kg
■ 분포: 열대~온대의 육지 근처 바다

돌고래는 식사, 수면, 새끼 키우기 등 모든 것을 물속에서 합니다. 돌고래를 사육하려면 넓고 깊은 풀장이 필요합니다. 주로 동물원과 수족관에서 가장 널리 길러지고 있는데 지능이 높아, 여러 가지 곡예 기술을 기억하여 돌고래 쇼 등에서 환상적인 묘기를 보여 줍니다.

먹이

하루에 12~13kg의 물고기를 4번에 나누어 줍니다. 많이 주면, 배를 아프게 하는 원인이 됩니다. 물고기의 크기는 그대로 삼킬 수 있을 정도로 그다지 크지 않은 것을 준비합니다.

곡예 기술을 잘한 보상으로 물고기를 받아먹는 흑범고래

임연수어　〈돌고래의 먹이〉
전갱이　　　　　고등어
시샤모　　　　　까나리
　　　오징어

분업하여 먹이를 준비합니다. 먹이는 개체별로 양동이에 넣어 관리합니다.

금속 탐지기를 사용하여 물고기 속에 낚싯바늘 등이 들어 있는 것은 아닌지 검사합니다.

●훈련 모습

돌고래는 호기심이 강하고, 머리가 좋은 동물이기 때문에, 곡예 기술을 가르치면 기억할 수 있습니다. 평소의 놀이 동작에서 보였던 행동으로 조련사의 손짓에 맞춰 훈련합니다. 가능한 한 단계를 세분화하여 조금씩 다음 단계로 나아가는 것이 중요합니다.

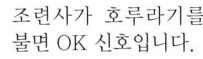

조련사가 호루라기를 불면 OK 신호입니다.

손을 들면, 그것을 본 돌고래들이 '점프하라'는 지시로 이해합니다.

지시한 그대로 점프합니다. 잘하면, 호루라기를 붑니다.

보상으로 먹이를 받기 때문에, 신호가 다시 있으면 점프하게 됩니다.

돌고래, 해마, 큰바다사자, 펭귄은 미나미치타 해변 랜드의 자료입니다.

건강관리

평소에 돌고래들을 잘 관찰하여 두는 것이 매우 중요합니다. 먹이를 먹는 법과 헤엄치는 법 등을 점검하고, 상태가 나쁠 때에는 혈액 검사, 신체 검사 등을 합니다. 몸무게 측정은 1개월에 한 번, 큰 체중계 위에 올려놓고 측정합니다.

특수한 체온계 가는 튜브의 끝에 체온을 측정할 수 있는 센서가 있습니다.

체온 측정 돌고래를 하늘을 향해 눕힌 뒤에 항문에 체온계의 센서를 넣어 측정합니다.

돌고래의 똥 상태가 나쁠 때는, 물에 잘 녹지 않는 똥을 눕니다.

각 돌고래에 대한 그날의 상태와 조련사가 발견한 이상 등을 화이트보드에 적습니다.

신체 검사 성장을 알기 위하여 몸의 각 부위를 측정합니다.

혈액 검사 꼬리지느러미에서 피를 뽑습니다.

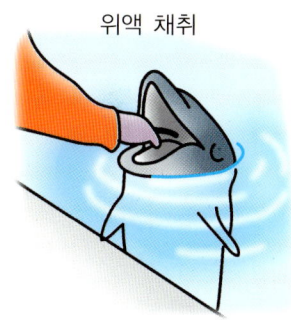

위액 채취 위 속에 튜브를 넣어 위액을 채취합니다.

사귀기

사람과 친숙하기 쉬운 돌고래는 동물원과 수족관에서 인기가 높습니다. 호기심도 많습니다. 그러나 돌고래에게도 개성이 있어, 한 마리 한 마리의 성격이 다릅니다. 돌고래와 사이좋게 지내기 위해서는 돌고래의 기분을 생각해 주는 것이 가장 중요합니다.

공놀이를 매우 좋아합니다.

관찰
돌고래와 사귈 기회가 있을 때, 관찰해 봅니다.

만져 주길 원하는 곳
손바닥으로 부드럽게 만져 줍니다.
- 등지느러미
- 가슴지느러미
- 몸의 옆 부분

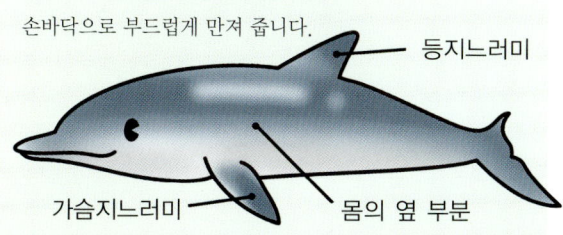

만지면 싫어하는 곳
억지로 만지거나, 싫어하는 것을 해서는 안 됩니다.
- 메론(신경계)
- 분기공
- 얼굴 주위

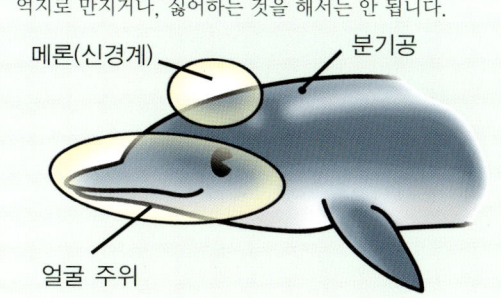

✎ 돌고래의 머리 부분에 있는 메론(신경계)은 소리를 모으는 기관으로서, 먹이를 찾거나 동료와 대화를 나눌 때 사용합니다.

대형 동물

해마

- 기각목 해마과
- 전체 길이 400cm(♂)
- 몸무게 1600kg(♂)
- 분포: 북아메리카(캐나다, 알래스카 서부, 그린란드, 유라시아 대륙 북부)

물범 무리 중에 가장 몸집이 큰 동물입니다. 주로 바다에서 생활하기 때문에, 바닷물의 넓은 풀장이 필요합니다. 또한 휴식하거나 새끼를 낳기 위해 육지로 올라오기 때문에, 바위 섬 등의 휴식 장소도 확보해야만 합니다. 자연 상태에서는 무리를 지어 생활하고, 조개 등을 먹습니다.

먹이 수컷에게는 까나리 25kg을 하루에 한 번 줍니다. 암컷에게는 14kg을 3번으로 나누어 줍니다.

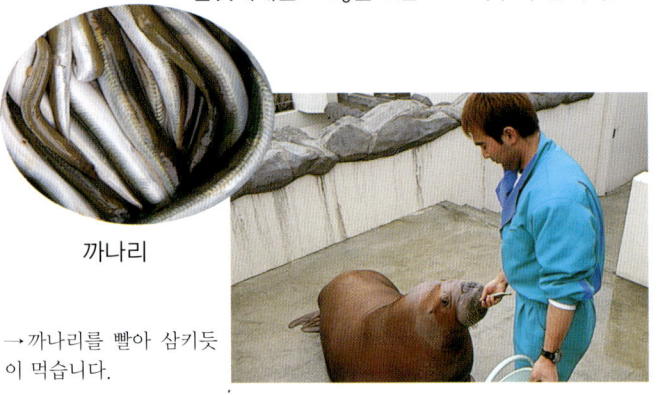

까나리

→까나리를 빨아 삼키듯이 먹습니다.

사귀기 해마는 의외로 순한 동물입니다.

만지기 코끝을 만져 주면 기분이 좋은 듯한 표정을 짓습니다. 피부는 부드러우면서도 탱탱합니다.

얼음 먹기 간식 대용으로 얼음을 주면 행복하게 먹습니다. 수분 보급의 목적도 있습니다.

관찰 해마의 상아

상아 위턱의 송곳니가 길게 자란 것으로, 싸움을 할 때 무기가 됩니다. 또한 머리를 지탱하거나, 바다 밑에서 이동할 때에도 상아를 이용합니다.

수염 수염을 사용하여 바다 밑의 먹이를 찾습니다.

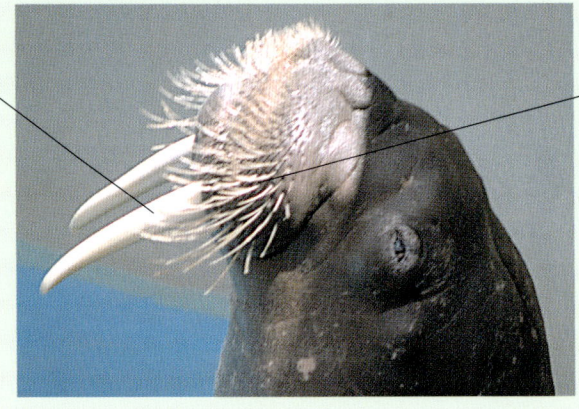

큰바다사자

- 기각목 바다사자과
- 전체 길이 300cm(♂)
- 몸무게 556kg(♂)
- 분포: 북태평양, 일본 북해도 연안, 동해

큰바다사자도 해마처럼 해안이나 해상에서 생활합니다. 일부다처제로 번식기에는 하렘을 만듭니다.

먹이 수컷에게는 하루에 고등어, 임연수어, 전갱이, 오징어를 20kg씩 하여 3번으로 나누어 줍니다. 암컷은 그 반의 양을 먹습니다.

큰바다사자가 번식기에 만드는 하렘이란 한 마리의 수컷에, 수십 마리에서 수백 마리의 암컷이 모인 번식 집단을 말합니다. 그리고 큰바다사자에게는 귀(귓바퀴)가 있지만, 해마에게는 귓구멍만 있습니다.

펭귄

훔볼트펭귄 ■ 펭귄목 펭귄과 ■ 전체 길이 66~72cm
■ 분포: 페루, 칠레 해안과 부근 섬

훔볼트펭귄

애교가 있는 모습과 동작으로 동물원에서 인기가 높습니다. 무리를 지어 생활하기 때문에 풀장이 있는 넓은 장소가 필요합니다. 또한 새끼를 키우기 위한 작은 집도 준비해야 합니다.

사육
넓은 사육장에는 풀장 이외에 숨는 집, 쉬는 장소, 번식용의 작은 집 등이 있습니다. 원래 펭귄은 똥 위에서 생활하는 습관이 있지만, 보기에 더럽기 때문에 청소합니다.

먹이
20~23cm 정도의 크기인 전갱이를 하루에 10마리씩 낮과 저녁으로 2번 나누어 줍니다.

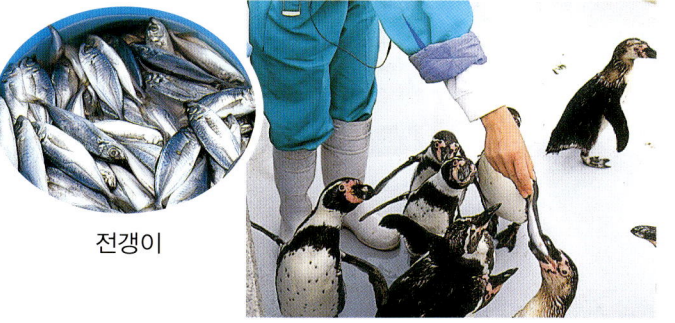
전갱이

물을 뿌려 가며 대나무 솔로 깨끗이 청소합니다.

새끼를 키우는 용도의 작은 집에 알을 낳습니다.

관찰 알을 품고 있는 모습

보통 2월 말~3월에 알을 낳지만, 계절과 관계없이 번식이 가능합니다. 알의 수는 2개로, 어미는 작은 집 안에 있는 작은 나뭇가지들로 만든 둥지 위에서 알을 따뜻하게 품습니다.

물속에 있는 모습
유선형의 몸으로 수영하는 데 적응하여 있습니다. 노처럼 생긴 날개를 사용하여 물속을 날듯이 헤엄칠 수가 있습니다. 거꾸로 지상에서는 뒤뚱뒤뚱 걸으며, 빨리 달리는 일은 불가능합니다.

 훔볼트펭귄과 마젤란펭귄은 매우 닮아 있지만, 훔볼트펭귄은 가슴에 검은 띠가 하나뿐이므로 구별됩니다.

수리 · 올빼미

검독수리 ■ 매목 매과 ■ 전체 길이 75~90㎝, 날개 길이 170~213㎝
■ 분포: 유라시아, 아프리카 북부, 북아메리카 중부, 한반도

흰날개푸른수리 ■ 매목 매과 ■ 전체 길이 60㎝, 날개 길이 187㎝
■ 분포: 사하라 이남 아프리카

흰올빼미 ■ 올빼미목 올빼미과 ■ 전체 길이 53~66㎝
■ 분포: 유라시아 북부, 북아메리카 북부, 그린란드

올빼미 ■ 올빼미목 올빼미과 ■ 전체 길이 58㎝
■ 분포: 유라시아 북부, 한반도

수리, 올빼미 무리는 포유류와 파충류, 물고기 등을 먹는 육식성 새로 '맹금류'라고 불립니다. 날카로운 부리를 지녔는데, 그 형태는 짧고 갈고리 모양을 하고 있습니다. 사육하기 위해서는 자유롭게 날아다닐 수 있도록 넓은 공간이 필요합니다.

먹이

수리와 올빼미는 같은 먹이를 먹습니다. 하루에 한 번, 말고기와 닭 머리를 줍니다. 또한 영양가가 높은 마우스와 흰쥐는 번식기에 통째로 주는 일도 있습니다.

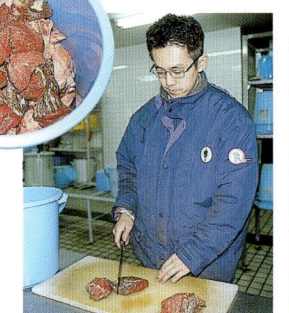
말고기와 닭 머리

먹기 쉽도록 한 입 크기로 자릅니다.

정오 무렵부터 오후 2시까지 먹이 장소에 먹이를 둡니다.

흰쥐를 물고 있는 흰날개푸른수리

사육

사육장은 '플라잉사육장'이라고도 불리며, 높이 22m에, 면적은 1127㎡로 매우 넓습니다. 안에는 나무와 바위 지대 등이 잘 배치되어 있어 새들은 자연의 환경과 비슷한 생활을 하고 있습니다.

때때로 먹이를 먹는 상태나 모습을 점검합니다.

일 년에 한 번 자라난 나뭇가지와 잎을 잘라 내는 작업을 행합니다.

날카로운 발끝으로 흰쥐를 잡고 있는 흰올빼미

관찰 올빼미의 몸

귀 큰 귀는 좌우에서 위치가 다른 데서 들리는 작은 소리도 잘 듣습니다.

목 목은 좌우로 각각 270° 정도까지 회전할 수 있습니다.

두리번 두리번

발톱 발가락은 나뭇가지를 붙잡을 때, 앞에 2개, 뒤에 2개로 나뉘어집니다.

수리의 집

높은 나무 위에 짚과 작은 나뭇가지를 사용하여 둥지를 만듭니다.

수리 무리는 주로 낮에 활동하지만, 시각과 청각이 뛰어난 올빼미는 야행성으로, 어둠 속에서도 먹이를 잡을 수 있습니다.

사육·관찰정보관

관찰 일기 쓰는 방법 ——— 146
표본 만들기 ——— 148
사육 Q & A ——— 150
동물 병원의 일 ——— 160
사육에 관한 법률 ——— 164

관찰 일기 쓰는 방법

애써서 생물을 기르는 것이니 관찰 일기를 쓰는 것이 좋습니다. 하지만 그저 막연하게 기르는 동물만 보고 있어서는 아무것도 쓸 수가 없습니다. 관찰 일기를 쓰려면 우선 대상 생물을 잘 관찰해야 합니다. 그러면 그동안 보지 못했던 사실을 발견하거나 깨달을 수 있습니다. 다 쓴 일기는 다음에 사육할 때 참고로 사용해도 좋을 것입니다.

■ 곤충 관찰 일기

대부분의 곤충은 성장이 빠릅니다. 매미와 일부 하늘소를 제외한 대부분의 곤충은 봄에 애벌레를 채집하면 여름 전에 날개돋이를 할 수 있으므로 '관찰 일기'를 쓰기에 좋은 생물입니다. 아주 간단한 것도 좋으니 매일 써 보도록 합니다.

● 관찰 일기를 쓰는 요령

1. **계속 쓰기** 어쨌든 계속 쓰는 것이 중요합니다. 하루, 이틀 쓰지 않게 되면 의미가 없습니다.
2. **채집 기록 쓰기** 년, 월, 일, 시, 채집 장소를 기록합니다. 그때의 날씨나 온도 등도 기록해 두면 좋습니다. 애완 곤충 판매점에서 구입했다면 산 날짜를 기록합니다.
3. **사육을 시작할 때 크기 기록하기** 처음 어떤 상태였는지는 나중에 중요함으로 크기와 무게 등을 가능하면 구체적으로 기록합니다.
4. **먹이의 양과 온도 기록하기** 어떤 먹이를 얼마나 먹는지 기록합니다. 먹이를 먹는 시간과 먹을 때의 모습도 기록합니다.
5. **알기 쉽게 쓰기** 글만 적어 놓으면 나중에 볼 때 다시 생각나지 않는 경우가 많습니다. 스케치나 사진을 붙여 알기 쉽게 기록하는 것이 중요합니다.

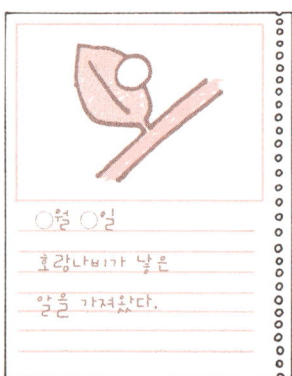 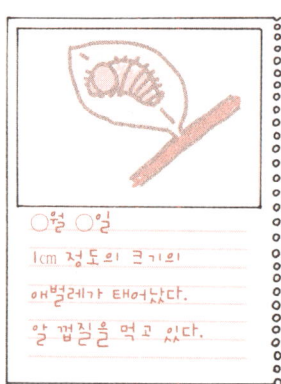 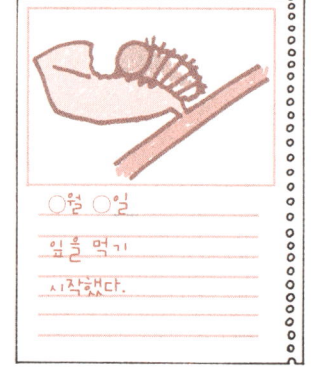 

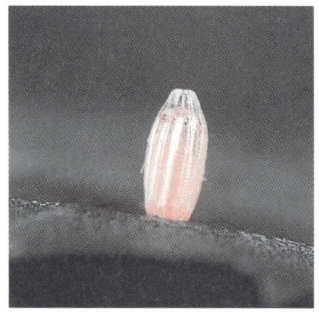   

카메라가 있으면 자라는 모습을 찍어 관찰 일기에 사진을 붙여 두면 좋습니다. 그때 사진만 붙이지 말고 찍은 날짜와 시간, 곤충의 모습 등도 함께 적어 둡니다.

곤충은 몸이 머리·가슴·배로 나누어져 있고, 다리는 6개입니다. 특징을 잘 스케치해 둡니다.

! 주의
● 관찰 일기는 가능한 평소의 모습을 기록해야 합니다. 큰 소리를 내거나 갑자기 얼굴을 들이대어 곤충이 놀라지 않게 합니다.

● 현미경이 있다면

집에 현미경이 있다면 나비의 비늘이나 물방개의 다리를 살펴봅니다. 새로운 것을 발견할 수 있을 것입니다.

 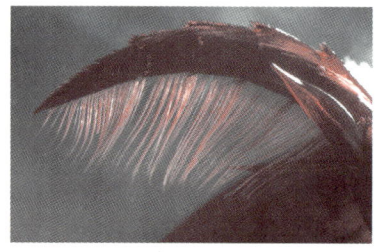

배추흰나비의 날개 비늘 　　　　　물방개의 뒷다리

비디오로 기록할 때는 녹화 장면에 년, 월, 일을 넣거나 목소리를 넣어 구별해 둡니다. 조명은 비치지 않는 게 좋습니다.

■ 애완동물 관찰 일기

애완동물에 대해서도 관찰 일기를 쓴다면, 단지 귀여워하며 기를 때보다 훨씬 더 애완동물의 여러 가지 모습을 알 수 있을 것입니다. 여기서는 '햄스터 관찰 일기'의 예를 소개합니다.

● 애완동물을 관찰하는 요령

1. 애완동물과 조금 거리를 둡니다 애완동물이 귀엽기 때문에, 간혹 자신의 가족과 같이 생각하고 접촉하는 경우가 있는데, 그러면 원래의 행동을 알 수가 없습니다. 조금 거리를 두고 관찰하여 봅니다.

2. 간단한 실험을 해 봅니다 어떤 먹이를 좋아하는지 여러 가지를 놓아두고 관찰해 보는 것이 가장 간단한 실험입니다. 햄스터의 경우에는 해바라기 씨를 몇 개나 볼주머니에 저장하는지 실험해 봅니다.

● 성장 기록을 만들어 봅니다

애완동물 가운데서도 햄스터는 성장이 빠른 동물의 하나입니다. 새끼가 태어나면, 꼭 성장 기록을 만들어 봅니다. 몇 마리가 태어났는지, 언제 털이 자라기 시작하였는지, 눈이 뜨인 것은 언제부터였는지 등을 기록해 봅니다.

햄스터는 언제 일어나고, 언제 잠드는지 조사해 봅니다. 언제 무엇을 하는지, 햄스터의 행동을 기록합니다. 그때의 행동을 알기 쉽게 그림으로 그려 두면 좋습니다.

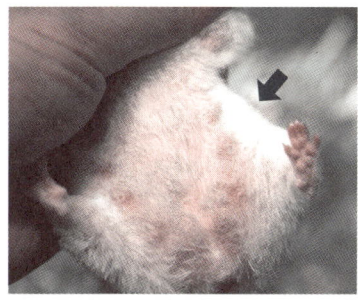

출산 직전의 어미 햄스터의 젖꼭지는 분명하게 드러나 있습니다.

햄스터는 짝짓기를 하고 나서 약 17~18일이 지나면 출산합니다.

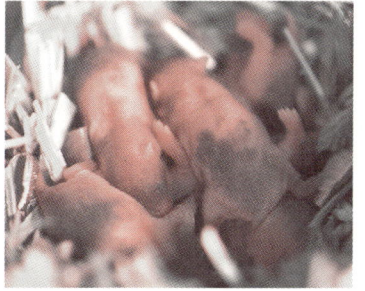

태어난 뒤, 며칠 뒤에 털이 나기 시작하는지, 눈은 뜨는가 등 여러 가지 변화를 세심하게 관찰하여 봅니다.

> ⚠ **주의**
>
> ● 햄스터의 새끼의 몸무게를 잴 때에는, 어미 햄스터가 사람에게 친숙해 있는 것이 대단히 중요합니다. 주인에게 친숙하지 않은 경우에 새끼를 만져 사람의 냄새가 새끼에게 배어 버리면, 어미 햄스터가 새끼 돌보기를 그만두는 일도 생깁니다. 주인에게 길들여져 있으면, 언제나 먹이를 주는 주인의 냄새를 기억하고 있기 때문에 안심입니다. 만약 길들여져 있지 않을 때는 나무젓가락이나 핀셋으로 부드럽게 잡아서 몸무게를 측정합니다.

생물의 크기를 나타내는 방법

종류에 따라 크기를 나타내는 방법이 정해져 있습니다. 사육 상자에 눈금을 표시해 두면 몸의 크기를 한눈에 알 수 있고, 기록을 하는 데도 편리합니다.

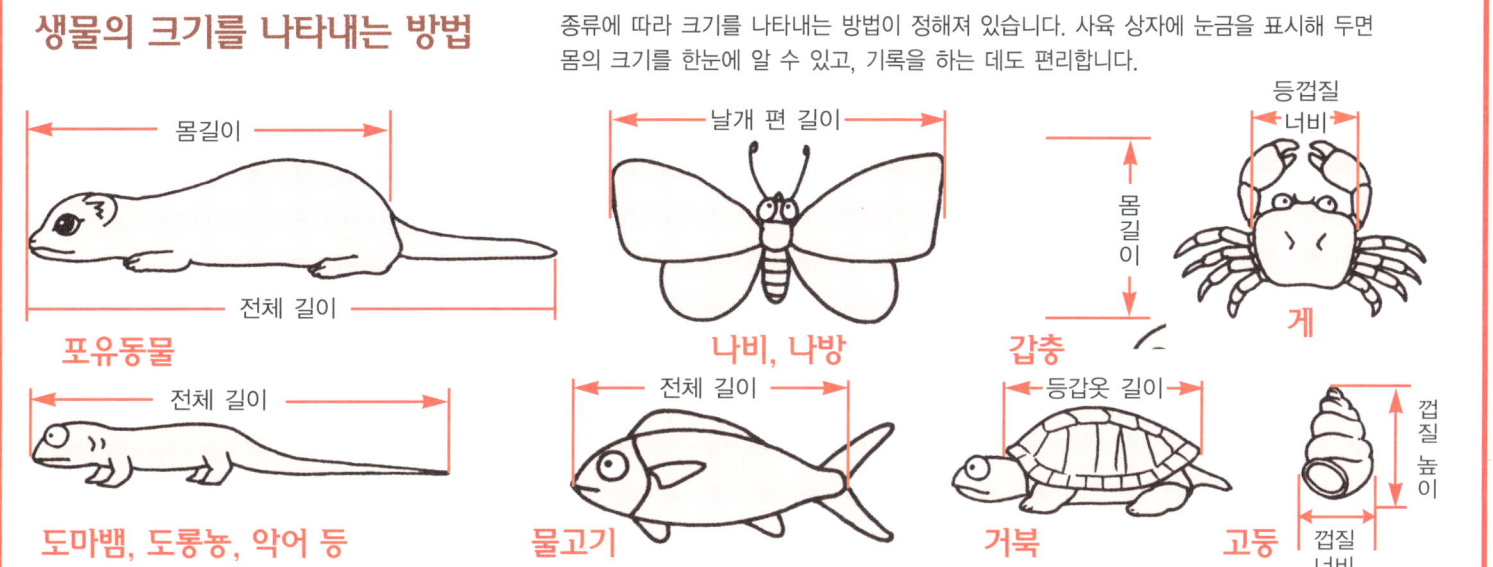

✎ 새, 뱀 등에서는 머리부터 꼬리 끝까지를 전체 길이로 표시합니다.
포유동물의 개, 말 등에서는 어깨 높이(발바닥에서 어깨까지의 높이)도 사용됩니다.

표본 만들기

사육한 곤충이나 동물이 죽으면 애써서 관찰일기를 쓴 생물이니 기록을 위해서라도 표본으로 남겨 둡니다.

■ 곤충 표본

곤충은 수명이 짧아 사육하면 반드시 죽기 마련입니다. 표본하기 쉬운 생물이므로 사육한 기록과 함께 표본을 만듭니다.

● 나비, 나방 표본

몸이 부드러울 때 가슴 중앙에 곤충 핀을 꽂아 날개를 펴서 고정시키고, 배가 처지지 않게 아래에 솜을 넣어 받쳐 줍니다. 건조한 용기에 20일 정도 그대로 둡니다.

① 조심해서 나비의 배를 잡고 가슴 중앙에 곤충 핀을 수직으로 꽂습니다.

② 꽂은 침을 손으로 꼭 잡고 기름종이를 간 전시판에 수직으로 꽂습니다.

③ 바늘침으로 날개 모양을 조심스럽게 정리합니다.

④ 기름종이를 덮어씌우고 구슬핀으로 날개 위치를 고정합니다.

⑤ 배가 처지지 않게 솜을 넣고 위치를 정리합니다.

⑥ 20일 정도 건조를 시키고 라벨을 붙여 보존합니다.

● 장수풍뎅이, 사슴벌레 표본

굵은 곤충 핀을 오른쪽 날개가 붙어 있는 부분에 수직으로 꽂고, 다리 위치를 정리합니다. 이것을 '전족'이라고 합니다. 끝나면 건조한 용기에 넣고 방충제를 넣어 둡니다.

① 곤충 핀을 오른쪽 날개가 붙어 있는 부분에 수직으로 꽂습니다.

② 전시판에 침을 확실히 꽂고 고정합니다.

③ 핀셋으로 다리의 위치를 정리하며 다리가 떨어지지 않게 주의합니다.

④ 정리한 다리의 양쪽으로 곤충 핀을 꽂고 다리가 움직이지 않게 합니다.

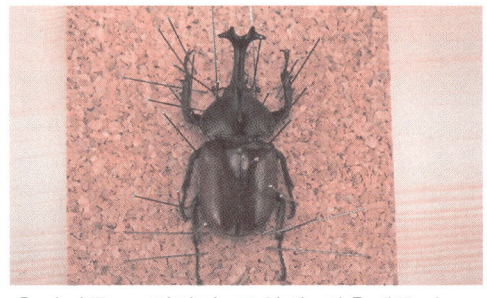

⑤ 다리를 고정하면 주위에 방충제를 놓고 2~3주간 건조한 곳에 둡니다.

⑥ 라벨을 붙여 건조한 용기에 보존합니다.

✎ 라벨에 채집 장소, 채집 날짜, 채집자명(표본 제작자명), 종류, 성별 등을 써 놓습니다.

● 잠자리 표본

잠자리는 배 부분이 떨어지기 쉬워 삼각 종이에 넣은 그대로 라벨을 붙여 보존합니다. 전시할 경우는 이쑤시개를 얇게 한 것이나 풀줄기를 가슴부터 꽂습니다.

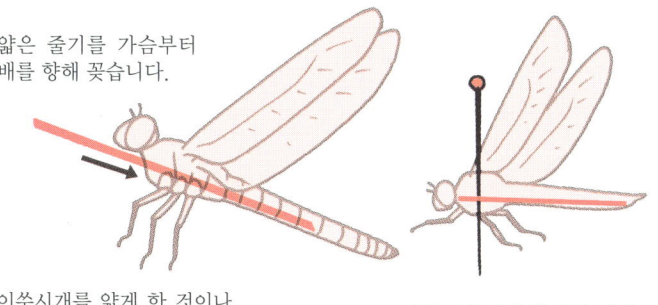

얇은 줄기를 가슴부터 배를 향해 꽂습니다.

이쑤시개를 얇게 한 것이나 풀줄기를 사용합니다.

풀줄기를 사용한 경우 침은 줄기에 꽂아도 좋습니다.

● 메뚜기 표본

메뚜기, 귀뚜라미, 사마귀는 내장이 썩기 쉬워 배 아래쪽을 잘라 내장을 꺼냅니다. 내장을 꺼내면 솜을 넣어 모양을 정리하고, 장수풍뎅이와 같은 방법으로 전시합니다.

  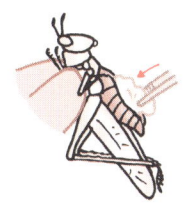

① 칼로 배 아래를 자릅니다.

② 핀셋으로 내장을 꺼냅니다.

③ 안을 닦고 솜을 넣어 모양을 정리합니다.

● 침을 꽂는 위치

침을 꽂는 위치는 곤충에 따라서 결정됩니다. 표본 상자에 보관 할 때, 표본이 안정적이면서 특징을 덜 가릴 수 있는 위치에 침을 꽂기 때문입니다. 침을 꽂을 수 없을 정도로 작은 곤충은 먼저 두꺼운 종이를 자르고 그 끝을 삼각형으로 만듭니다. 그리고 삼각형 부분에 곤충 몸을 붙이고 그 종이에 침을 꽂습니다.

작은 곤충은 희고 두꺼운 종이, 셀룰로이드판에 붙입니다.

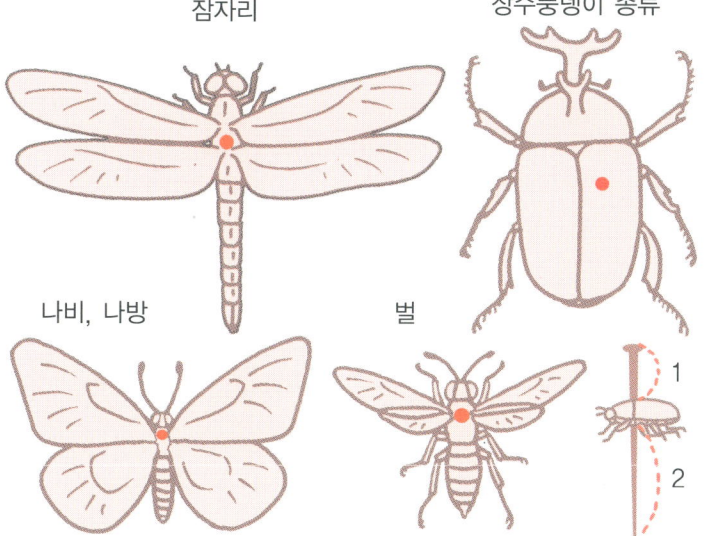

잠자리

장수풍뎅이 종류

나비, 나방

벌

● 표시한 곳에 침을 꽂습니다.

옆으로 봐서, 아래에서 3분의 2 지점에서 멈춥니다.

■ 새우 · 게 표본

포르말린이나 메틸알코올을 사용한 액체 속에 보존하는 표본(액침 표본)도 있지만, 이것들은 극약으로 포르말린을 살 경우에는 허가가 필요합니다. 여기서는 간단한 '건조 표본'을 만드는 법에 대해서 설명하겠습니다.

  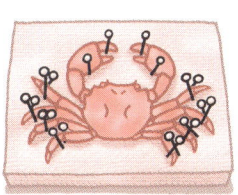

① 등껍질을 떼어 내어 물로 씻어 내면서 내장을 분리합니다.

② 5% 포르말린액으로 고정하면 좋지만, 생략해도 무방합니다.

③ 형태를 갖춘 후에 1주일~10일 정도 건조시켜 둡니다.

(주의) 포르말린으로 고정하지 않고, 오랫동안 보관할 경우에는 색이 변하는 경우가 있습니다.

■ 조개 표본

조개는 조개껍질을 표본으로 보존합니다. 시간이 지나면 색이 변하는 조개껍질도 있기 때문에 삶는 시간을 짧게 합니다. 해변에서 주워 온 조개껍질 등은 물로 잘 씻은 후에 말려서 표본으로 합니다.

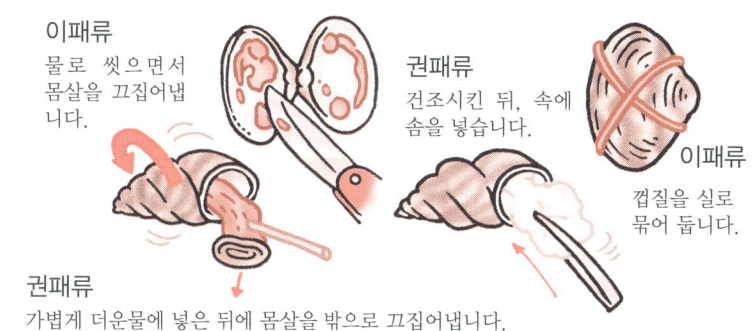

이패류
물로 씻으면서 몸살을 끄집어냅니다.

권패류
건조시킨 뒤, 속에 솜을 넣습니다.

이패류
껍질을 실로 묶어 둡니다.

권패류
가볍게 더운물에 넣은 뒤에 몸살을 밖으로 끄집어냅니다.

(주의) 조개를 너무 삶으면 껍질이 상합니다. 몇 분 정도로 합니다.

● 전시 · 전족 모양

나비와 나방은 앞날개의 아랫부분이 직선이 되게 합니다. 장수풍뎅이 종류는 앞다리를 앞으로, 가운뎃다리 · 뒷다리는 뒤로 향하게 하고, 좌우 다리의 위치가 같게 전시합니다.

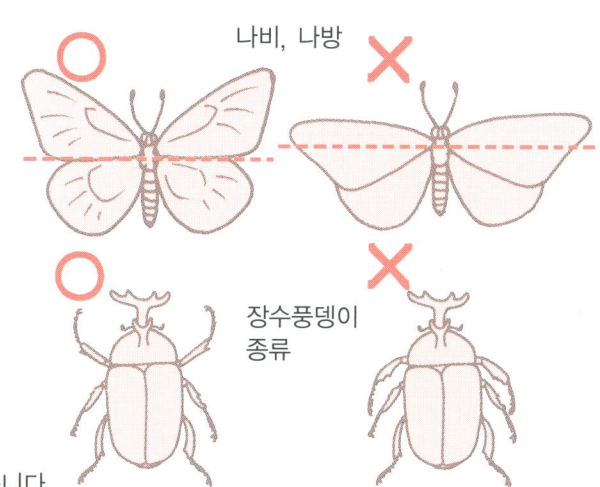

나비, 나방

장수풍뎅이 종류

제작한 표본은 표본 상자(나무 상자가 습기를 먹지 않아 좋습니다.)에 방충제와 함께 넣고 건조한 장소에 보관합니다.

사육 Q & A

생물을 기를 때 가장 곤란할 때는 가족 여행을 떠나거나, 집에 아무도 없을 경우입니다. 여기에서는 2~3일 짧은 기간 동안 집을 비울 때의 돌보는 방법을 소개합니다. 일주일 이상 오랫동안 집을 비울 때에는, 사육을 계속하는 일은 매우 어렵습니다. 개, 고양이 등은 애완동물 호텔에 맡겨 둡니다.

Q 집을 오랫동안 비울 경우 어떤 일에 주의해야 하나요?

● 장수풍뎅이 · 어른 사슴벌레

사육 상자에 놀이목을 2~3개 넣어 둡니다. 또 곤충 매트는 듬뿍 깔아 줍니다. 먹이인 곤충용 젤리는 장수풍뎅이 1마리를 기준으로 이틀에 1개씩 해서 몇 개를 여기저기에 놓아둡니다. 바나나를 넣어 줘도 좋습니다.

● 메뚜기

일광욕이 필요함으로 사육 상자를 창가 쪽으로 옮깁니다. 먹이는 벼과 식물로 물에 꽂아 두면 오래 가기 때문에 뿌리까지 뽑아 화분에 심어 그것을 통째로 사육 상자에 넣습니다.

● 새우 · 가재 · 게

원래부터 먹이를 적게 먹는 생물이기에, 수초나 이끼 등도 먹기 때문에 1주일 정도라면 그대로 두어도 괜찮습니다. 다만, 몇 마리를 함께 기르는 경우는, 서로 잡아먹을 위험이 있으니까 1마리씩 사육 상자에 나누어 두든지 숨을 집을 많이 만들어 줍니다.

● 달팽이

1주일 정도라면 그대로 둡니다. 달팽이는 상자 안이 건조하면 집으로 들어가 쉽니다. 돌아와서 깨울 때에는 물을 뿌리거나 미지근한 물을 뿌리면 다시 활동을 하기 시작합니다.

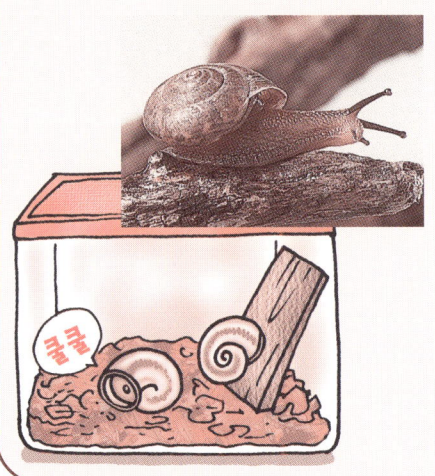

● 물고기

평소에 잘 보살펴 건강한 물고기라면 1주일이나 10일간 아무것도 주지 않아도 괜찮습니다. 오히려 외출하기 전에 먹이를 너무 많이 주면 물이 더러워져 버리기 때문에 좋지 않습니다.

● 개구리와 올챙이

건조하지 않도록 사육 상자에는 축축한 물이끼를 많이 넣어 두고, 큰 물그릇도 넣어 둡니다. 건강한 개구리라면, 외출하기 전에 많이 먹여 두면 괜찮습니다. 올챙이 경우에는 수초를 많이 넣어 두면, 수초 줄기나 바닥에 가라앉은 유기물을 먹습니다.

● 도마뱀

평소에 잘 보살핀 경우에는, 특별히 아무것도 하지 않아도 괜찮지만, 먹이를 너무 많이 주지 않도록 합니다. 작은 종이나 새끼의 경우에는, 체력이 없기 때문에 온도나 습도를 일정하게 유지하는 데 주의합니다.

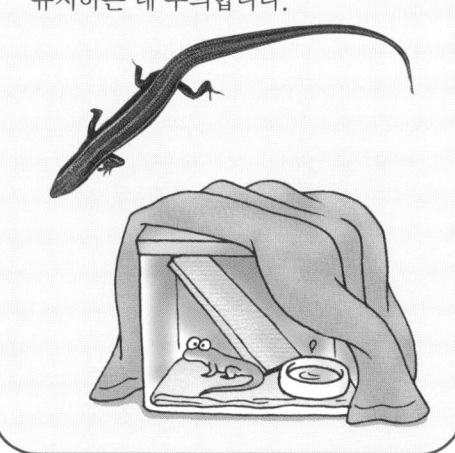

● 거북

평소의 상태를 유지하는 것이 중요합니다. 다만, 사육 상자는 오랜 시간 햇볕이 드는 장소에 놓아두어서는 안 됩니다. 거북은 사육 환경이 좋은 경우, 물만으로도 꽤 오랜 기간 동안 살아갈 수 있습니다. 10일 정도라면 먹이를 먹지 않아도 특별히 염려할 필요가 없습니다.

● 토끼 등의 작은 포유류

먹이 그릇과 급수기는 큰 것으로 둡니다. 사육 상자는 대량으로 생기는 똥과 오줌을 받아 두기 위하여 될 수 있으면 큰 것으로 교체해 주는 것이 좋습니다. 출입문에는 확실하게 자물쇠를 채워 둡니다. 사육 상자를 두는 장소는 될수록 바람이 잘 통하는 시원한 장소를 선택합니다.

● 고양이와 개

가족이 모두 여행을 갈 경우에는, 애완동물 호텔이나 수의사에게 맡기는 것이 가장 안심할 수 있습니다. 미리 집 근처에 맡길 수 있는 장소를 찾아 둡니다. 최근에는, 애완동물과 함께 머물 수 있는 호텔이나 여관도 있어 애완동물이 가족의 한 일원으로 동행하는 것도 가능하게 되었습니다. 하지만 확실하게 길들이거나 훈련을 하지 못한 경우에는 여행 장소에서 곤란한 일이 생길 수도 있습니다. 훈련을 반드시 시켜 둡니다.

사육 Q & A

Q  <작은 동물>
달팽이를 번식시키고 싶은데 어떻게 키우며, 먹이는 어떤 것을 주면 좋을까요?

A 달팽이의 사육 방법은 사육 상자에 흙과 나뭇가지를 넣고, 흙이 축축할 정도로 물을 뿌려 줍니다. 달팽이의 번식은 한몸에 수컷과 암컷을 둘 다 가지고 있으므로 2마리를 넣어 주면 짝짓기를 하여 알을 낳습니다. 먹이는 당근, 양배추와 같은 야채를 주면 됩니다.

Q  <애완동물>
난방 장치가 없는데 햄스터의 겨울나기를 위하여 애완동물용 히터만으로는 무리일까요? 난로가 필요한지요?

A 난로는 주인이 외출하거나 하였을 때, 켜 놓은 상태로 두면 위험합니다. 애완동물용 히터 이외에 사육 상자의 주위를 골판지 등으로 막아 주면 훨씬 달라집니다. 매년, 겨울 동안에 죽어 버리는 햄스터가 많기 때문에, 겨울철 보온에 특별히 주의하도록 합니다.

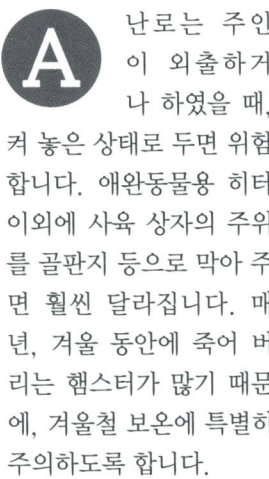

Q  <애완동물>
햄스터의 물 먹는 병에 물을 넣어 두면, 햄스터가 입을 대지 않았는데도 물이 흐릅니다. 고장 난 것일까요?

A 제일 먼저 생각할 수 있는 것은, 물병 뚜껑에 있는 고무가 원인일지도 모릅니다. 뚜껑을 열면 고무가 들어 있습니다만, 이것이 늘어져 있거나 꼭 맞게 놓여 있지 않으면 물이 계속하여 흘러내립니다. 또한, 고무가 너무 낡아 있어도 물이 샙니다. 두 번째는 뚜껑을 잠그는 방법이 문제입니다. 확실하게 잠그지 않으면, 그곳으로 공기가 들어가 역시 물이 새는 원인이 됩니다. 어느 편이나 물병의 뚜껑을 열어 점검해 봅니다.

Q  <애완동물>
집에서 기르는 모르모트는 보금자리에 오줌을 누기 때문에 나무가 아닌 플라스틱 상자에 구멍을 내어 집 상자로 쓰고 있습니다. 이런 경우에는 성격이 난폭해지기 쉬운데, 다른 모르모트의 경우도 이러한가요?

A 모르모트는 원래부터 똥과 오줌의 양이 많은 동물입니다. 그러나 거의가 화장실을 기억하지 않기 때문에 무척 곤란한 동물입니다. 그 때문에, 대오리로 만든 것을 사용하여 기르는 것이 가장 일반적입니다. 플라스틱 용기에 구멍을 내어 보금자리로 이용하는 아이디어는 매우 유익하다고 생각합니다.

Q  <애완동물>
다람쥐가 그다지 길들여지지 않습니다. 지금부터라도 길들일 수 있을까요?

A 다람쥐의 성격에 따라 차이가 있지만, 어른이 되어도 길들여질 수 있습니다. 우선 기르는 다람쥐가 가장 좋아하는 것으로 먹이 작전을 해 봅니다. 호두나 땅콩, 치즈 등을 손에서 받아먹도록 해 봅니다. 그 후에, 고

양이와 개용의 우유를 작은 동물용 우유병으로 줍니다. 이것을 매일 조금씩 계속해 나가면 반드시 좋은 결과가 있을 것입니다.

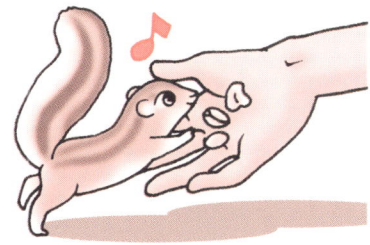

 **<애완동물>**
한 번 밖으로 달아난 다람쥐가 그 이후에는 철망을 물어뜯고 가만히 있지 않습니다. 달아나고 싶은 습관이 들은 것 같아 걱정입니다.

 사육 상자의 철망을 물어뜯는 행동은 달아나기 위해서 하는 행동만은 아닙니다. 그러나 어떻든 밖에 나가고 싶은 생각이 들어서 그런 행동을 하는 것입니다. 이러한 행동을 계속하면 코끝의 털이 빠져 버릴 위험이 있습니다. 만약 달아나고 싶은 습관에 의한 것이라면, 상자를 바꾸어 주는 등 새로운 환경으로 만들어 주는 것이 좋습니다. 될수록 넓은 사육 상자를 이용하면, 상자의 철망을 물어뜯는 행동이 사라질지도 모릅니다.

 **<애완동물>**
다람쥐를 기르고 있는데 개도 기를 생각입니다. 다람쥐와 사이좋게 할 수 있을까요?

 주인의 길들이기 나름입니다. 또한 다람쥐와 개를 기르는 장소를 분명히 구별하여 두는 것이 중요합니다. 개는 매일 산책을 시켜 주면, 다람쥐에게 나쁜 짓을 하지 않을 거라고 생각합니다. 그러나 역시 최종적으로는 훈련을 해 두는 것이 가장 좋습니다. 다람쥐에게 나쁜 행동을 하면 개에게 엄하게 꾸짖는 것입니다. 영리한 개라면, 해서는 안 되는 행동에 대해 즉시 이해할 것입니다.

 **<애완동물>**
토끼는 몇 살이 되면 어른이 되나요?

양쪽 모두 6개월

 토끼는 태어나서 약 6개월이 되면 새끼를 낳을 수 있게 됩니다. 토끼는 성장이 빠른 동물이므로, 몇 년이 아닌 몇 개월에 어른이 되는 것입니다.

 **<애완동물>**
개가 근처의 도로를 다니는 구급차의 사이렌 소리를 들으면, 이상한 울음소리를 냅니다. 그 이유는 무엇인가요?

 개의 선조는 늑대입니다. 늑대는 멀리 울부짖음으로 다른 늑대들과 교신을 하는 것으로 알려져 있는데, 개에게도 그런 습성이 남아 있는 것입니다. 구급차의 사이렌 소리는 어딘가 늑대의 울부짖는 소리와 닮아 있어 개가 그 소리에 무의식적으로 반응하는 것입니다.

 **<애완동물>**
개가 정원의 풀을 먹어 버립니다. 괜찮을까요?

 개가 풀을 뜯어먹는 것은 위가 울컥거리는 경우일 것입니다. 그 중에는 습관이 되어 있는 개도 있지만, 일반적으로는 배 속의 상태가 나쁠 가능성이 있습니다. 풀 가운데서도 개가 배를 안정시키기 위하여 먹는 것은 가늘고 끝이 뾰족한 벼과 초본입니다. 길가에 나 있는 잡초도 그러합니다. 이 풀을 먹고, 배에 자극을 주어 먹은 것과 위액을 구역질해 냅니다. 기르고 있는 개가 평소 있는 장소의 주위를 둘러보면, 어딘가에 풀을 구토한 것이 있을 것입니다.

 **<애완동물>**
9개월이 된 수컷 치와와입니다. 외출하고 돌아오면 반가운 나머지 오줌을 여기저기에 쌉니다. 조금 더 자라면 괜찮아질까요?

 흔히 있는 일입니다. 조금 외로움을 타는 개인 것 같습니다. 어느 정도 성장하면 저절로 고쳐질 것입니다. 또한 조금 놀라게 하면 오줌을 싸는 개도 있습니다. 개는 각각의 성격이 있기 때문에, 그 성격에 맞추어 기르려고 하는 마음이 필요합니다.

사육 Q&A

 **<애완동물>**
고양이의 혓바닥은 왜 까칠까칠합니까?

A 그것은 고양이뿐만 아니라 고양이과 동물의 대부분에게 나타나는 현상입니다. 육식을 하는 고양이는 뼈에 붙어 있는 고기를 이러한 까칠까칠한 혀를 이용해서 줄처럼 엷게 긁어내듯이 먹습니다. 또한 자신의 몸을 핥아 털 다듬기를 하는 경우에는 빗과 같은 역할도 합니다. 더욱이 혀 사이에 물이 고이기 쉬워, 물을 마실 때도 편리합니다.

 **<애완동물>**
새끼 고양이는 태어난 지 10일이 지나면 눈을 뜨지만, 얼마 동안은 보이지 않는다고 들었습니다. 언제부터 볼 수 있는 건가요?

A 새끼 고양이는 처음에 사물을 분명하게 볼 수 없고, 빛 등의 밝기만을 느낄 수 있습니다. 2주간이 지나면 거의 볼 수 있게 되며, 눈동자의 색도 녹색을 띤 청색에서 검은색으로 변합니다.

 **<애완동물>**
고양이를 기르고 있습니다. 아기가 있으면 동물을 기르는 것은 무리라고 들었습니다. 동물과 아기가 함께 살 수 있는 좋은 방법은 없을까요?

A 앞으로 아기를 낳고 싶은 생각이 있다면, 특히 고양이가 갖고 있는 '토킨플라즈마'라는 원충에 의한 병이 걱정입니다. 주로 고양이의 똥으로부터 입 등으로 감염됩니다. 항체를 가지고 있지 않는 임신부가 감염되면, 아기가 장애를 가지는 경우가 있습니다. 확률

적으로는 낮습니다. 기르는 고양이라면 동물 병원에서 검사를 받아 두면 안심이 되겠습니다.

 **<애완동물>**
애완동물이 죽었을 때, 어떤 방법으로 사체를 처리하면 좋습니까?

A 가장 좋은 방법으로는 애완동물 묘지에 묻어 두는 것입니다. 개나 고양이 외에도 토끼나 다람쥐와 같은 작은 동물의 경우에도 받아 줍니다. 사체를 가지러 오는 곳도 있습니다. 또한 근처에 그러한 시설이 없는 경우에는, 동물 병원이나 동사무소 등에서 물어보면 됩니다.

Q **<양서·파충류>**
집에서 기르고 있는 거북은 매우 사람에게 길들여져 있고, 정원에 나가고 싶어해서 산책을 시키고 있습니다. 거북에게 있어 산책은 필요한 것인가요? 그리고 햇볕을 많이 쬐면 몸에 좋지 않나요?

A 거북에게 있어 산책을 하는 것은 스트레스 발산과 운동 부족 해소를 위해 좋은 일입니다. 무엇보다 정원에서의 산책이라면, 일광욕도 되어 몸에 나쁜 것이 생겨나지 않습니다. 또한 일광욕을 하는 것에 의해, 몸속에서 칼슘을 흡수하는 데 필요한 비타민 D_3가 만들어져 등 갑옷이나 뼈가 건강하게 됩니다.

Q <양서·파충류>
거북이를 기르고 있습니다. 매일 물을 갈아 주고, 산책이나 일광욕을 시켜 주는데 최근에 먹이를 그다지 먹지 않고 있습니다. 괜찮을까요?

A 물을 너무 자주 바꾸어 주는 것이 원인일지도 모릅니다. 물의 관리는 아주 중요합니다. 너무 빈번하게 물을 교환하면 거북은 물에 친숙하지 못하고 불안해합니다. 당연히 식욕도 사라집니다. 아무리 하여도 식욕이 되돌아오지 않는 경우에는 영양제를 줄 필요가 있습니다. 양동이 등의 그릇에 미지근한 물을 10cm 정도 담아 놓고, 영양제를 넣은 뒤에 거북이가 헤엄치도록 합니다.

Q <양서·파충류>
도마뱀붙이의 암수 구별하는 법을 알고 싶습니다.

A 도마뱀붙이나 이구아나 등의 암수의 차이는 뒷다리의 배와 접촉 면을 보면 알 수 있습니다. 수컷은 배 측에 있는 주머니와 같은 부분이 발달해 있습니다. 새끼 때에는 잘 알 수 없을지도 모릅니다. 어느 정도 성장하면 잘 관찰해 봅니다.

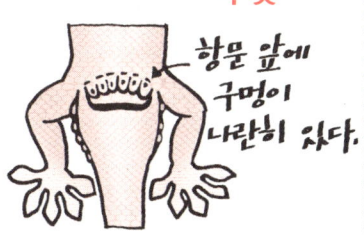
수컷 — 항문 앞에 구멍이 나란히 있다.

암컷

Q <양서·파충류>
우리 집의 그린이구아나는 사람이 접근하면 머리를 아래위로 흔듭니다. 이것은 어떤 의미를 갖고 있는 것입니까?

A 아마도 경계하고 있는 행동이라고 생각합니다. 이러한 행동을 나타낼 때, 더욱 가까이 접근하거나 싫어하는 것을 하면 긴 채찍처럼 생긴 꼬리로 '찰싹' 하고 치는 경우가 있으니 주의합니다.

Q <양서·파충류>
그린이구아나(30~40cm 정도)를 선물 받았지만, 꽤 사람을 겁내어 친밀감도 보이지 않고, 때때로 공격하는 경우도 있습니다. 어떻게 길들이면 좋을까요?

A 모든 동물의 경우가 마찬가지인데, 천천히 시간을 들여 끈기 있게 반복하는 것입니다. 먹이는 직접 손으로 주도록 하고, 동물의 심하지 않은 공격에는 참도록 합니다. 동물이 온순해지면, 조금씩 몸을 만져 줍니다. 끈기 있게 계속해 나가면, 반드시 사이좋게 지낼 수 있습니다.

Q <새>
9개월이 된 홍단잉꼬의 암컷입니다. 사육 상자 안에서 잘 활동하고 있어서 꼬리깃의 반 정도가 부러져 버렸습니다. 다시 자라날 것으로 생각되지만, 앞으로 어떤 일에 주의해야 할까요?

A 사육 상자가 좁은 것일지도 모르겠습니다. 좁은 경우에는 날개랑 꼬리가 상자에 부딪혀 상처가 납니다. 꼬리깃만 부러지는 경우에는 홰의 높이에 문제가 있을 수도 있습니다. 잉꼬가 홰에 앉아 있는 상태에서 꼬리가 바닥에 닿으면 너무 낮은 것입니다. 상자의 크기를 교환하거나, 홰의 높이를 조절해 주도록 합니다.

사육 Q&A

Q <새>
홍단잉꼬를 기르고 싶은데, 암컷의 경우 무정란은 언제 낳습니까?

A 어른 홍단잉꼬인 경우에는 일조 시간이 길어지는 이른 봄에 산란을 시작합니다. 이후, 보통 일 년 내내 낳지만, 무정란은 특히 추운 시기에 많이 낳습니다. 또한, 무정란을 많이 낳는 경우에는 칼슘 부족이라고 생각됩니다. 곤충가루나 소금 흙 등을 매일 주도록 합니다.

Q <새>
손 위에서 재롱을 피우는 잉꼬의 새끼를 기릅니다. 1개월이 되면서부터 스스로 먹이를 먹기 시작하였는데, 암컷인지 혹은 수컷인지를 알 수 있는 시기는 언제인가요?

A 전문가는 꽤 어릴 때일지라도 구별을 하지만, 거의 대부분의 사람들은 알 수 없습니다. 6개월 정도 지나면 부리의 콧등 부분에 있는 양막의 색으로 판단할 수 있습니다. 수컷은 청백색, 암컷은 피부색을 하고 있습니다.

 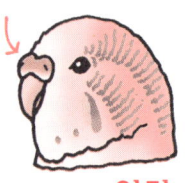

청백색 / 피부색

수컷 / 암컷

Q <새>
새들에게 똥을 한 곳에 누도록 하는 훈련이 가능한가요?

A 할 수 없습니다. 그래도 식사 직후에 똥을 누는 경우가 많기 때문에 조금만 주의하면 청소가 간편해집니다. 먹이 그릇 아래에 보다 더 큰 그릇 등을 받쳐 둡니다. 그렇게 하면, 먹이를 먹고 있는 새의 똥이 그 큰 그릇에 쌓여지기 때문에 청소할 때, 큰 그릇만 새장에서 밖으로 꺼내어 깨끗이 씻어 주면 됩니다.

Q <곤충>
새나 도마뱀의 먹이로 곤충을 준다고 쓰여 있는데 먹이 곤충은 무엇인가요?

A 먹이 곤충은 거저리의 애벌레입니다. 일본 같은 곳에서는 애완 용품 판매점에서 팩으로 나와 있는 것을 팔고 있습니다. 먹이로 사 왔어도 잘 관리하면 쉽게 늘릴 수 있습니다. 시원한 장소에 두고 가끔 똥으로 더러워진 곤충 매트를 바꿔 줍니다.

애벌레 / 어른벌레

Q <수서 생물>
금붕어를 기르고 있습니다. 소독약 제거 약품을 사용하여도 1주일 정도가 되면 죽어 버립니다. 어떻게 하면 좋을까요?

A 물의 문제가 아니라, 다른 원인이 있을 수가 있습니다. 예를 들면, 크기가 작은 금붕어 어항 등에 많이 넣어 두면 곧 산소가 부족해 버립니다. 또한 수조를 창가에 두면 태양열 때문에 수온이 높아져 죽어 버리기도 합니다. 창가가 아닌 습하고 더운 방에서도 수온이 올라갑니다. 금붕어는 비교적 간단히 기를 수 있지만, 수조를 놓는 장소에 주의해야 하고, 공기 펌프랑 필터 등으로써 수질을 안정시키는 것을 생각해 볼 수 있습니다.

Q <수서 생물>
에인절피시를 한 쌍 기르고 있습니다. 산란하여 부화도 잘하고 있습니다만, 헤엄칠 수 있을 정도로 자라게 되면 어미가 잡아먹습니다. 왜 그런가요?

A '에인절피시'라고 하는 물고기는 육식성이 강하여 네온테트라 등의 작은 물고기와 함께 기르면, 잡아먹어 버리는 일도 있습니다. 새끼를 먹어 버리는 것도 같은 이유입니다. 어미에게 쫓기는 새끼의 숨을 장소로서 수초 등을 많이 넣어 두면 좋습니다.

Q <수서 생물>
사 온 물고기를 수조로 옮길 때 주의해야 할 사항을 알려 주세요.

A 물고기가 들어 있는 비닐 주머니를 그대로 수조 속에 10~15분 정도 넣어 둡니다. 이것은 가지고 온 비닐 속의 물과 수조의 물 온도를 같이 맞추기 위한 것입니다. 그 후에, 비닐 주머니를 열어 수조의 물과 섞은 뒤에 다시 10~15분 정도 기다려 물고기가 충분히 적응한 후에 비닐 주머니를 치웁니다.

Q <수서 생물>
미국가재의 새끼가 태어났습니다. 지금 수조가 없어 어미와 함께 있는데, 괜찮을까요?

A 태어난 뒤 잠시 동안은 괜찮습니다. 하지만 2번 탈피(성장하면서 피부 껍질을 바꾸는 작용)하여 어미로부터 떨어지게 되면 다른 장소로 옮겨 줍니다. 또한 물의 교환을 반드시 해 줍니다.

Q <수서 생물>
수조 안에 더러운 것이 떠 있어 곤란합니다. 좋은 방법이 없을까요?

A 간단히 쓰레기 청소를 할 수 있는 장치를 스스로 만들어 봅니다. 작은 플라스틱 병의 반을 잘라 입구에 해당하는 부분에 호스를 붙이면 완성입니다. 플라스틱의 끝을 수조 속에 넣고 다른 쪽은 양동이에 넣습니다. 이때, 양동이는 수조보다 낮은 위치

에 있지 않으면 안 됩니다. 플라스틱의 넓은 입구에서 물을 빨아들일 때, 자갈이나 작은 돌 사이에 쌓여 있는 쓰레기도 함께 빨려 나갑니다.

Q <수서 생물>
열대어를 기르고 있으면, 수조의 유리 면에 녹색이나 갈색의 이끼가 생겨나서 아주 더러워 보입니다. 이끼를 제거하는 기구는 없을까요?

A 이끼가 자주 발생하는 수조는 조명 시간이 너무 길거나, 물고기의 배설물에 있는 질소량이 많거나, 물이 오래된 것 등 여러 가지 원인이 있습니다. 이끼를 방지하는 약품 등을 팔고 있지만, 정기적으로 물을 교환해 주거나 남는 영양분을 흡수하는 수초를 많이 심어 주는 것으로 상당히 해소할 수 있습니다. 아무리 하여도 이끼가 눈에 거슬리면, 판매용의 긴 막대가 있는 이끼 청소용 솔을 사용합니다. 플라스틱의 삼각 걸레 등을 이용하여도 간단히 제거됩니다. 또 늪새우나 조개 등 이끼를 먹어 주는 생물을 넣어 두면 이끼 제거를 하지 않아도 될 정도로 편리합니다.

Q <수서 생물>
열대어를 기르고 있습니다. 수조에 있는 필터 청소 방법을 알려 주세요.

A 필터 청소는 물 교환과 함께 중요합니다. 면 수건이나 여과재가 막히면 물의 흐름이 나빠져서 기능이 떨어지게 되므로, 1개월에 1~2회 정도 정기적으로 청소해 줍니다. 상부 필터의 경우는 수조로부터 떼어 내어 속에 있는 면 수건을 물로 문질러 씻어 줍니다. 여과재는 양동이 등에 옮겨 더러움을 떨어냅니다. 면 수건이나 여과재는 너무 세심하게 더러움을 떼어 내려고 하지 않는 것이 요령입니다. 조금 더러워진 상태로 두는 편이 여과 능력을 유지합니다. 면 수건과 여과재는 6개월에서 1년에 한 번, 반 정도를 교환합니다. 바닥 면 필터의 경우에는 모래와 면 수건을 가볍게 물로 씻습니다. 이때, 수조에 들어 있는 물을 사용하면 효과적입니다.

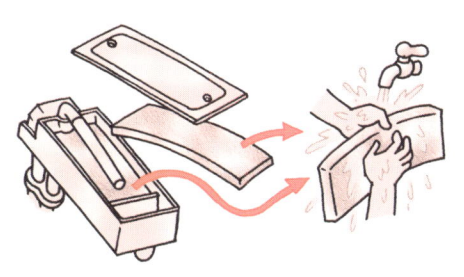

사육 Q & A

Q 생물이 병이 들었을 때, 어떻게 하면 좋을까요?

물고기의 병

● 몸과 피부에 작은 반점이 생겼을 때

흰 반점병이나 질병을 일으키는 병원충이 붙어 있는 것입니다. 반점의 수가 적을 때 살균제를 넣은 물에 물고기를 넣어 둡니다. 5일에 한 번 물을 교환해 주고, 약을 새것으로 넣어 줍니다.

● 몸 표면이나 비늘 속에 작은 벌레가 기생하고 있을 때

진드기 등이 붙어 있는 경우가 많으며, 보이면 핀셋으로 잡아 줍니다. 그 뒤에 수조에 살균제를 조금 넣어 줍니다.

● 금붕어가 배를 보이며 떠 있거나, 가라앉아 있을 경우

공기주머니와 그 속의 가스의 이상에 의한 병이라고 생각됩니다. 아직까지 적절한 치료 방법은 없습니다. 가을부터 겨울 사이에 급격한 수온 저하에 의해 일어나기 쉽고, 특히 살이 통통하게 붙은 큰 물고기일수록 주의가 필요합니다. 2~3일간 수온을 25℃ 정도로 올려 줄 것과, 먹이 양을 적게 하여 살 빼기를 시키면 효과가 있습니다.

● 눈이 희게 탁해져 변해 있을 때

눈동자의 '백탁증' 이라고 불립니다. 원인은 잘 모릅니다. 금방 죽거나 하는 일은 없지만, 다른 물고기에게 괴롭힘을 당하거나 먹이를 빼앗기는 경우가 있으니 다른 수조로 옮겨 줍니다.

거북의 병

● 등 갑옷의 모양이 변하거나 부드러워져 있거나, 또 발을 끌듯이 걸을 때

비타민과 일광욕 부족으로 일어나는 구루병입니다. 한 번 변형된 갑옷은 치료되기 어려운 것으로 전해집니다. 매일 일광욕을 시키고, 먹이나 마시는 물에 종합 비타민제를 섞어 줍니다. 먹이를 먹지 않을 때에는, 물약을 코로 먹을 수 있게 합니다. 평소에 여러 가지 먹이를 먹여 두는 것이 이 병을 예방할 수 있습니다.

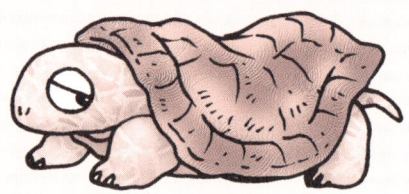

● 등 갑옷이 충치처럼 변했을 때

세균에 의한 갑옷의 병입니다. 덧난 부분을 건조시킨 후에 사람이 바르는 항생 물질 연고를 발라 줍니다.

● 피부에 둥근 벌레가 붙어 있을 때

벼룩 종류의 기생충입니다. 벌레를 핀셋으로 잡아 줍니다. 몸 전체를 꼼꼼히 살펴봅니다.

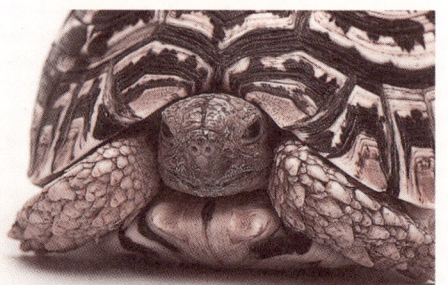

● 먹이를 먹지 않거나, 건강하지 않을 때

사육 상자 내의 온도, 습도, 수질, 빛, 먹이 등 사육 환경이 나쁜 경우라고 생각됩니다. 사육 기구나 환경을 다시 점검하여 원인을 조사하는 것부터 시작합니다.

관상어용 살균제(그린 F 등)는 열대어 가게에서 팔고 있습니다.

도마뱀의 병

● 등뼈가 굽고, 발을 끌듯이 걸을 때

비타민과 일광욕 부족이 원인인 구루병입니다. 종합 비타민제를 먹이나 마시는 물에 섞고, 일광욕을 시켜 줍니다. 평소에 여러 가지 먹이를 주도록 합니다.

● 코, 입에서 거품을 내고, 축 늘어져 있을 때

체온이 너무 올라서 생긴 열사병입니다. 분무기로 물을 뿌려 몸을 식혀 줍니다. 심한 경우에는 죽는 경우도 있기 때문에 일광욕이나 히터의 조절에 주의해 줍니다.

● 몸에 낡은 탈피 껍질이 남아 있고, 부스럼 딱지처럼 되어 있을 때

피부가 너무 건조하거나, 대사 균형이 불량하였을 때 일어나는 탈피 부전입니다. 그다지 심하지 않을 경우에는 핀셋으로 딱지를 떼어 줍니다. 사육 상자 안의 습도와 온도 관리에 주의하고, 좋은 먹이를 주는 것이 예방 방법입니다.

● 먹이를 먹지 않고, 여위어 갈 때

여러 가지 원인을 생각할 수 있지만, 사육 환경이 나쁠 경우에 일어나기 쉬운 현상입니다. 사육 상자와 주변 환경을 점검하여 원인을 알아봅니다.

작은 포유동물의 병

● 설사할 때

식욕이 없는 경우에는 수의사에게 데려갑니다. 설사를 하여도 식욕이 있을 때에는 장을 편안하게 해 주는 약을 물에 조금 타서 먹입니다. 그때, 하루 동안은 먹이를 주지 않습니다. 그래도 고쳐지지 않으면 수의사에게 보이는 편이 좋습니다.

● 토끼가 감기 든 것처럼 콧물을 흘리고, 고통스러운 듯이 호흡할 때

전염병의 일종인 '스나플병'으로 수의사에게 보이도록 합니다. 몇 마리를 기르고 있는 경우에는 전염되기 때문에, 병든 토끼를 다른 장소로 옮겨 줍니다.

● 토끼의 귀가 검게 변하고, 그 귀를 가려운 듯이 긁고 있을 때

귀에 기생하는 회선벼룩에 의한 것입니다. 직접 면봉 등을 사용하여 귓속을 치료해 줄 경우에 상처를 입힐 위험이 있으니, 수의사에게 보여 주도록 합니다.

● 발의 관절이 어긋나 걷는 것이 이상할 때

먹이 영양 균형이 나쁠 경우, 비타민의 부족입니다. 물에 비타민제를 섞어 마시도록 합니다. 먹이는 당분간 전용의 배합 사료만 줍니다.

● 건강을 잃고, 발을 끌듯이 걸을 때

영양 장애라고 생각됩니다. 우유나 개의 사료를 주고, 급수기에 종합 비타민제를 넣어 둡니다. 또한 매일 일광욕을 시켜 주는 것도 효과적입니다.

● 다람쥐가 콧물을 흘리고, 자주 기침을 할 때

코와 호흡기의 병입니다. 수의사에게 데려가도록 합니다. 응급조치로서 유아용 감기약을 조금 물에 타서 먹이면 좋습니다.

● 털에 윤기가 없는 느낌이 들고, 눈이나 코, 항문 주위가 더러워져 있을 때

사육 환경이 나빠서 생기는 경우라고 생각됩니다. 사육 상자를 언제나 청결하게 유지하고, 기르는 마리 수도 적게 합니다. 먹이는 전용의 배합 사료와 먹는 물만을 줍니다. 사육 환경을 점검하여, 나쁜 환경을 개선하면 다시 건강해질 수 있습니다.

동물 병원의 일

생물을 기르고 있으면, 병에 걸리거나 부상을 입는 일이 있습니다. 그런 경우에 기르는 주인이 어떻게 할 수 있는 일이 없을 수도 있습니다. 만일의 때를 대비하여 믿을 수 있는 동물 병원을 미리 알아 둡니다.

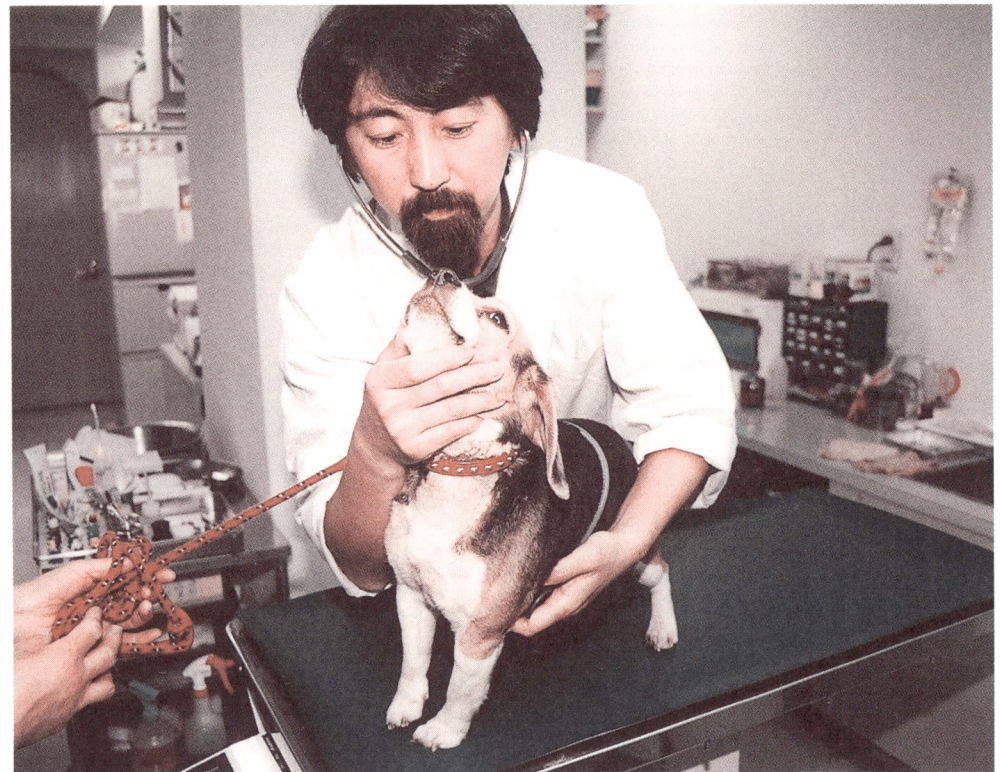

동물 병원에는 매일 병에 걸렸거나 부상을 당한 애완동물들이 찾아옵니다. 수의사는 그런 애완동물들이 빨리 건강을 되찾을 수 있도록 열심히 치료합니다.
그러나 동물 병원의 일은 그것만이 아닙니다. 건강한 애완동물들도 찾아옵니다.
건강 진단이나 병을 예방하는 주사를 맞기 위해서입니다. 가족이 잠시 동안 여행을 갈 때 애완동물을 맡기기 위해서도 찾아옵니다. 동물들을 상대로 하고 있기 때문에, 쉬는 일도 어렵습니다. 동물 병원이 쉬는 날도 수의사들은 입원하고 있는 애완동물이나 애완동물 호텔에 있는 애완동물들을 보살펴야 합니다.

어디가 아픈지 애완동물을 세심하게 진찰합니다.

● 똥 검사도 매우 중요한 일

똥과 오줌 검사는 동물 병원에서 언제나 하는 일입니다. 특히 똥은 현미경으로 검사하면, 소화 기관이 잘 기능하고 있는지 또는 나쁜 기생충에 감염되어 있는 것은 아닌지를 알 수 있습니다. 똥으로부터 그 동물의 건강 상태를 알 수 있습니다.

● 예방을 위한 혈액 검사

개에게는 혈액이나 심장에 기생하는 '파이오 피라리아(심장사상충)'라고 하는 벌레에 감염되는 질병이 있습니다. 그 병에 걸린 개의 피를 빤 모기가 건강한 개의 피를 빨 때, 전염되는 질병입니다. 병을 예방하기 위해서는 우선 혈액 검사를 하고, 파이오 피라리아에 감염되어 있지 않으면 예방약을 줍니다. 이 약은 반드시 매월 1개씩 먹입니다.

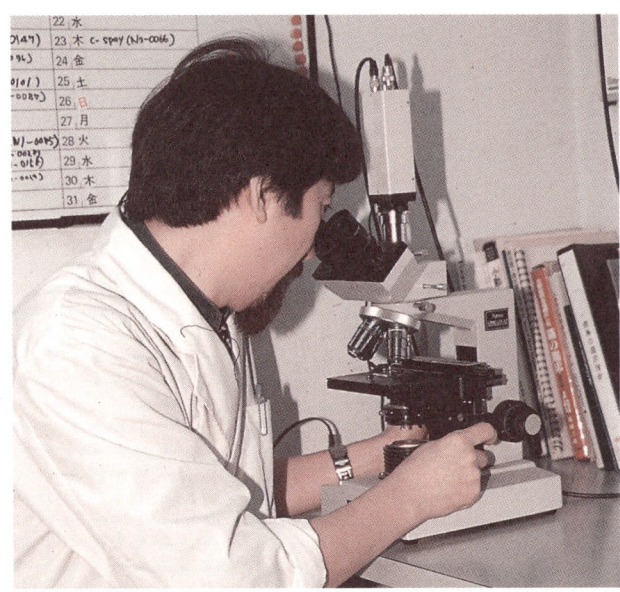

똥의 상태를 현미경으로 검사합니다. 배의 상태가 나쁜 애완동물의 똥에는 눈에 보이지 않는 기생충이 있는 경우가 있습니다.

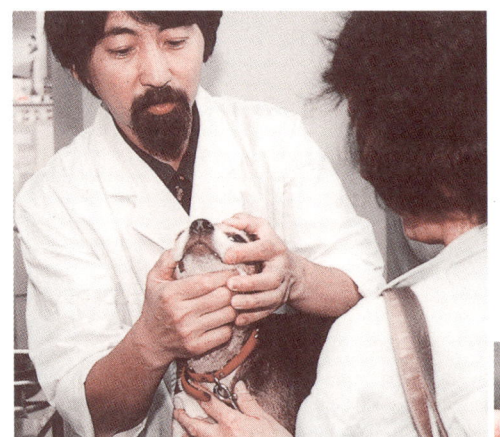

주인에게 건강 상태를 설명합니다.

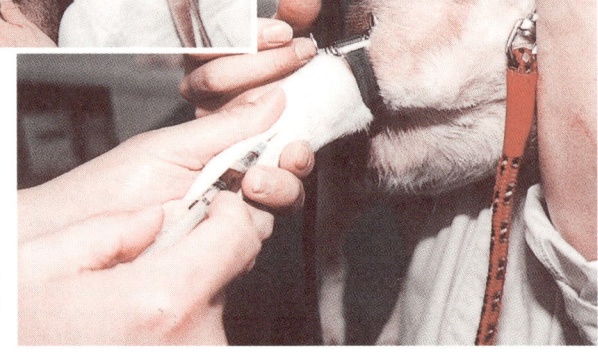

피를 뽑아 파이오 피라리아에 걸려 있는지를 검사합니다.

애완동물의 상태가 나빠 동물 병원에 갈 경우, 전화로 미리 수의사와 상담하여 똥과 오줌을 가져가야 하는지를 알아봅니다.

● 건강 진단도 동물 병원의 일

병을 고치는 일뿐만 아니라, 건강 진단도 수의사의 일입니다. 정기적으로 수의사에게 진찰받으면, 안심할 수 있습니다. 동물 병원에서는 카르테(각각의 애완동물의 질병 및 진단 기록)를 만들어 두어 어떤 이상이 있으면 재빨리 발견할 수가 있고, 병이 악화되기 전에 고칠 수도 있습니다.

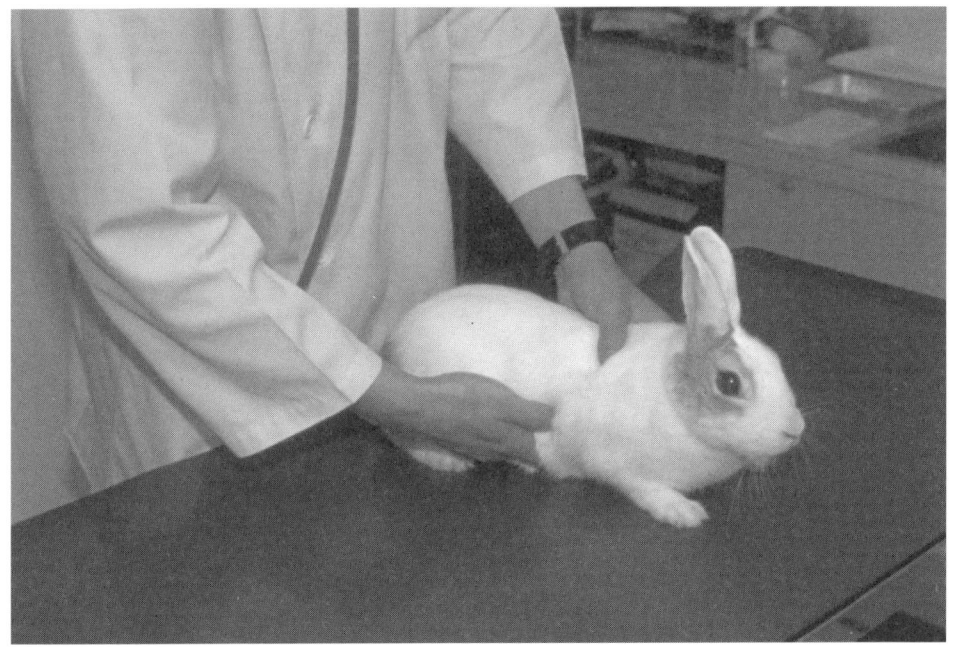

건강 진단을 위해 찾아온 토끼. 몸을 만져 보고, 어디에 이상이 있는지 진찰합니다.

진찰대
진찰대는 체중계 역할도 합니다. 몸무게를 측정하고, 정상적으로 성장하고 있는지, 갑자기 살이 빠졌거나 늘어났는지를 점검합니다.

● 상처 치료

싸움이나 교통사고 등의 원인으로 부상을 입은 애완동물은 응급조치를 하지 않으면, 생명이 위험할 수도 있습니다. 수의사에게 어디서 어떻게 부상을 하였는지, 분명하고 알기 쉽게 전달합니다. 또한 부상의 정도에 따라서는 마취를 할 수도 있기 때문에, 지금까지 어떤 질병이 있었는지 말해 주는 것도 좋습니다.

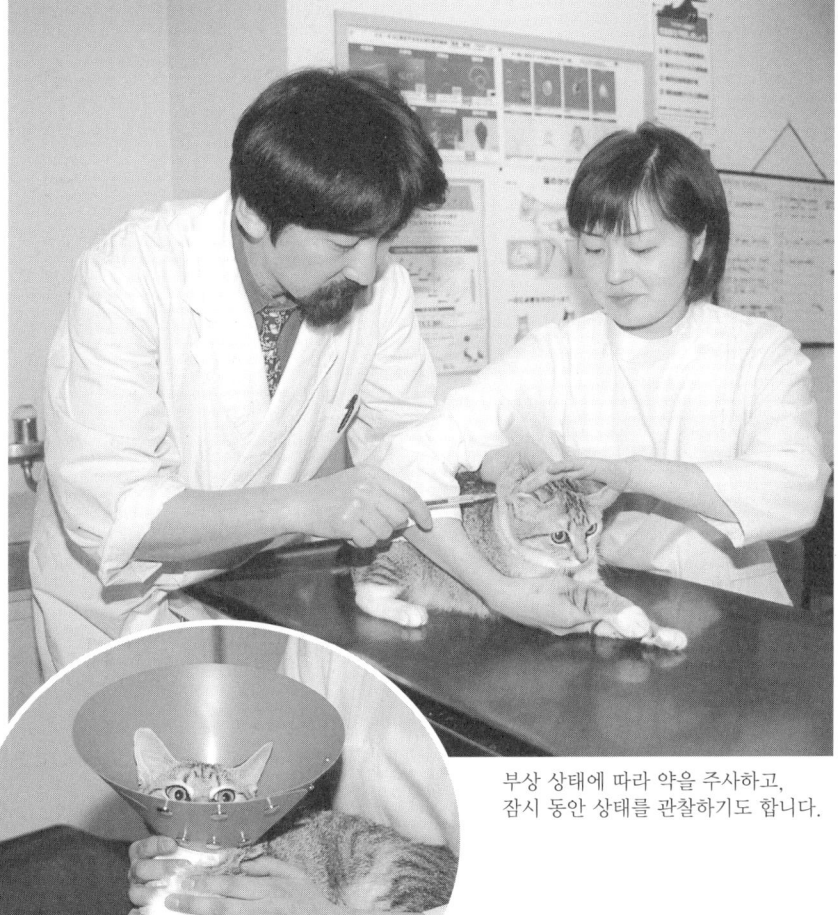

부상 상태에 따라 약을 주사하고, 잠시 동안 상태를 관찰하기도 합니다.

상처 부위를 입으로 핥지 못하도록 '엘리자베스칼라'라고 하는 도구를 목에 겁니다.

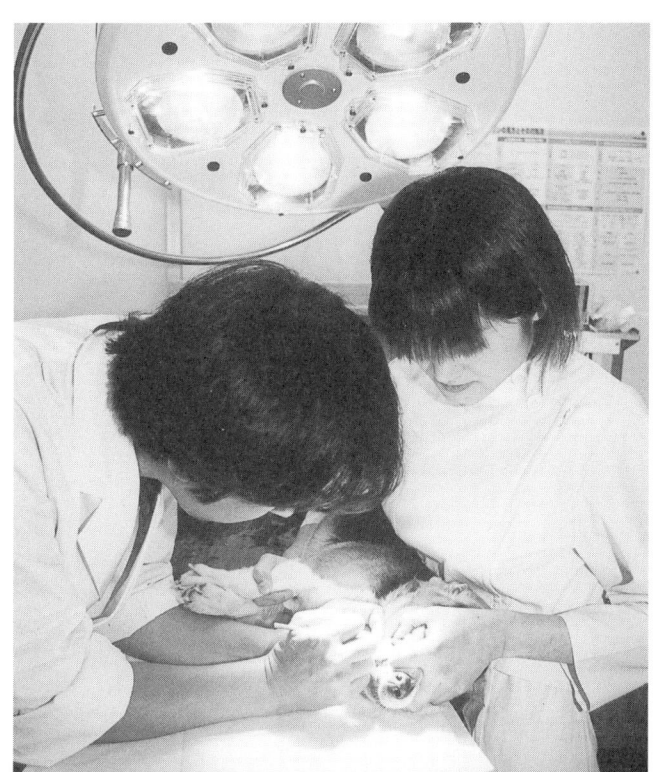

치료받고 있는 개
큰 부상을 입었을 경우에는 수술실에서 치료를 합니다.

동물 병원의 일

● 여러 가지 종류의 동물이 찾아옵니다

페럿이나 햄스터, 친칠라 등 우리에게 생소한 애완동물의 질병에 대하여, 대처하는 방법을 찾아내는 데에 어려움이 많아, 담당 수의사들은 매일 매일 연구에 힘을 쏟고 있습니다. 페럿이랑 햄스터 등 최근 인기가 높은 애완동물들을 진찰해 주는 동물 병원도 점차 많아져, 개와 고양이 이외에 전문적으로 진찰해 주는 동물 병원도 있습니다. 동물 병원에 가기 전에 반드시 전화로 진찰받고 싶은 동물의 종류를 알려 줘 진찰이 가능한지를 확인해 둡니다.

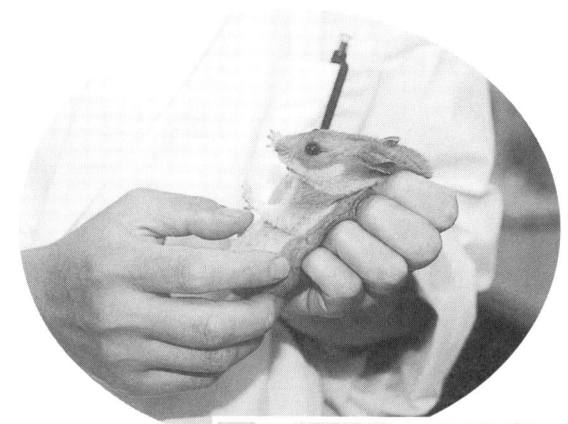

햄스터
몸이 작아 진찰하기도 어렵습니다.

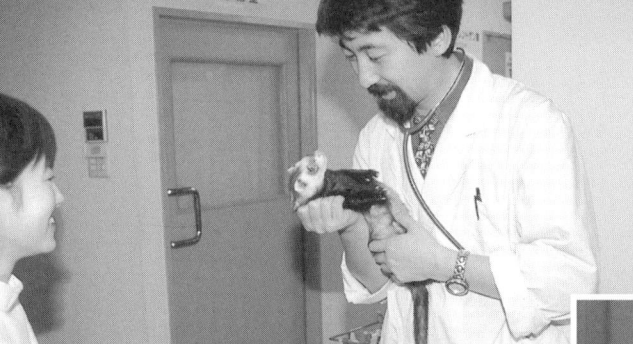

동물 병원에 데려온 동물은 긴장하고 있기 때문에 꽉 잡습니다.

다람쥐
꼬리털이 빠졌습니다. 수의사들은 작은 동물에 대해서도 공부하고 있습니다.

페럿
처음에는 건강한지, 배가 부풀어 있지 않은지 등의 몸의 상태를 점검합니다.

● 애완동물에게 맞는 약을 조제합니다

여러 가지 애완동물이 찾아오는 동물 병원에서는 언제나 같은 약을 같은 양으로 줄 수는 없습니다. 몸무게가 30kg을 넘는 큰 개, 몸무게가 120g인 햄스터도 찾아옵니다. 그런 경우에는 각각의 애완동물에게 맞는 분량의 약을 만들어 줍니다.

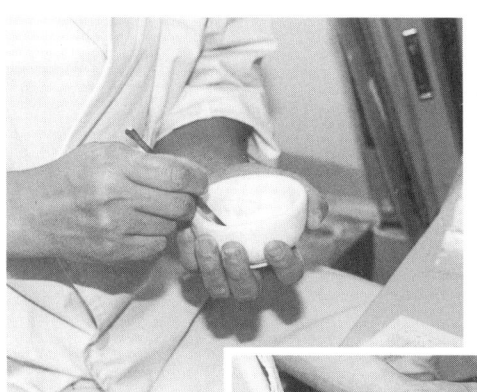

부상과 병의 원인을 알면 그 증상에 맞는 약을 조제해 줍니다.

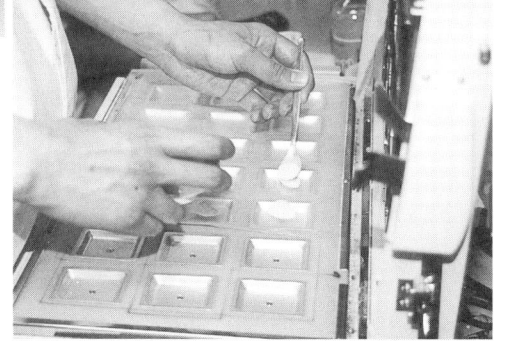

만들어진 약을 각각 1회분씩 나누어, 주인이 바르게 먹일 수 있도록 설명해 줍니다.

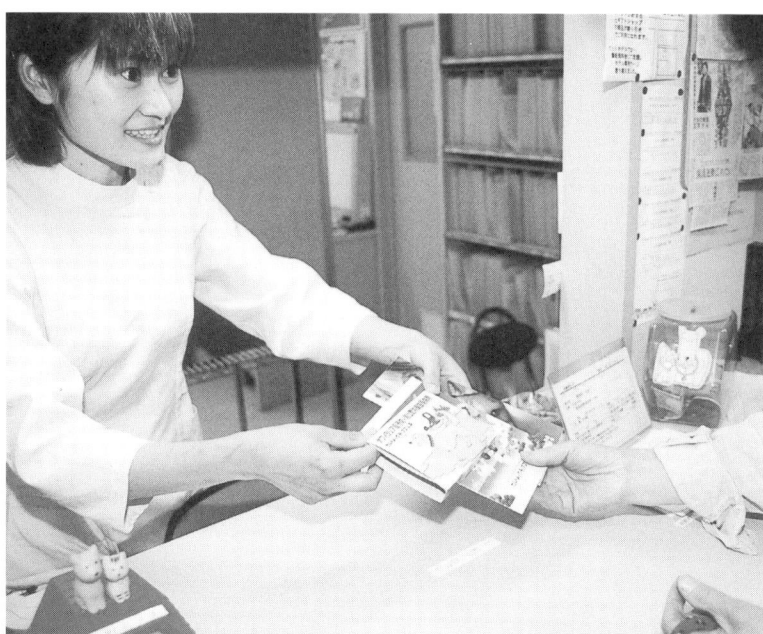

진찰이 끝나면, 접수대에서 요금을 지불하고 약을 받습니다.

애완동물을 동물 병원에 데려갈 때는 반드시 상자에 넣습니다. 개는 줄로 묶어서 데리고 갑니다.

● 입원 중의 건강관리

질병과 부상 상태가 심한 경우에는, 동물 병원에 입원시켜 확실히 치료합니다. 주인은 안심하고, 매일 입원 중인 애완동물과 만날 수도 있습니다.

부상을 입고 입원 중인 고양이. 상처 부위를 핥지 못하도록 엘리자베스칼라를 목에 달고 있습니다.

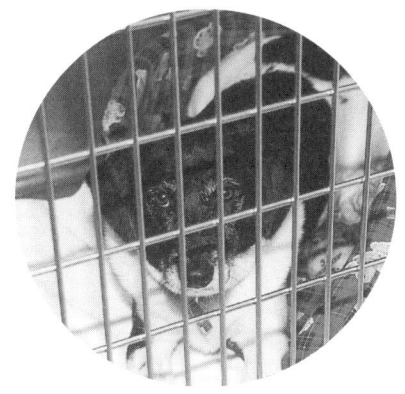

질병으로 입원한 개. 완전히 치료되어 조금 있으면 퇴원합니다.

● 애완동물 호텔과 미용원이 있는 곳도 있어요

동물 병원에서는 질병과 부상의 치료 이외에도 애완동물 호텔과 미용원 서비스를 하는 곳도 있습니다. 가까운 동물 병원 등에서 확인해 봅니다.

애완동물 호텔의 하루 요금은 제각각이지만, 식사는 물론 개의 경우에는 산책과 운동도 시켜 줍니다.

개와 고양이, 토끼 등 긴 털을 지닌 애완동물은 때때로 털을 깎아 줍니다.

● 동물 병원을 선택하는 법

애완동물을 기르고 있을 경우에는 반드시 좋은 동물 병원을 찾아 둡니다. 주의할 점은 다음과 같습니다.

● 병원 내부가 깨끗하고 청결할 것
● 수의사가 주인에게 상세하게 질병과 부상 상태를 설명해 주는 곳
● 요금의 내용을 상세히 알 수 있도록 설명해 주는 곳
● 애완동물을 기르는 다른 사람에게 그 동물 병원의 소문을 들어 볼 것
● 그 동물 병원에서는 무엇이 전문인지 확인할 것

애완동물 주인도 수의사에 대해 실례가 없도록 하고, 친절하게 대응합니다.

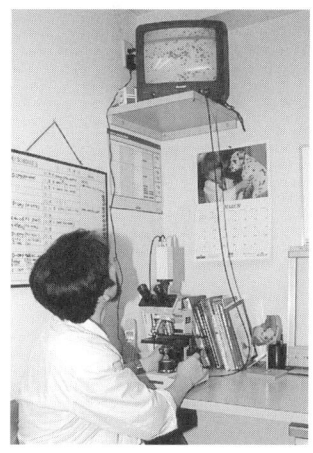

현미경의 영상을 텔레비전으로 설명하는 수의사

● 야생 동물의 보호

동물 병원 중에는 야생 동물을 보호해서 부상 등을 치료해 주는 곳도 있습니다. 만약 부상을 입은 동물이나 둥지에서 떨어진 새의 새끼를 발견하면 동물 병원에 상담하도록 합니다.

부상을 입은 야생 동물을 치료하여 완전히 나으면 다시 자연으로 되돌려 주는 훈련을 합니다.

날개가 부러진 멧비둘기

둥지에서 떨어진 참새 새끼

부상한 야생 동물을 발견하면, 동물 병원에 전화하여 치료해 줄 수 있는지 확인한 후에 데려가도록 합니다.

사육에 관한 법률

■일본의 야생 동물 적색 목록

외국에는 생물에 관한 법률이나 조약이 많이 있습니다. 특히 개체 수가 매우 적어진 야생 동물은 채집하는 것도 기르는 것도 금지되어 있습니다. 그리고 그러한 법률에 해당되지 않는 곤충이나 물고기 등도 무분별하게 채집하지 말아야 하며, 사육하고 표본을 만들기 위한 필요 최소한의 채집만 하도록 합니다.

일본 환경성이 발표한 멸종 위기에 처해 있는 야생 동물의 목록입니다. 조사 이외에는 채집도 사육도 금지되어 보호받고 있습니다. 아래에는 주요한 멸종 위기에 처해 있는 야생 동물의 목록을 나타냅니다. 얼마나 많은 야생 동물이 멸종 위기에 있는지 잘 알 수 있을 것입니다.

http://www.eic.or.jp/index.html
일본 환경성이 적색 목록 등을 게시한 인터넷 홈페이지입니다.

일본수달
가장 멸종 위기에 처해 있는 포유류의 한 종입니다.

뿔매
매의 종류는 모든 종이 멸종 위기에 처해 있습니다.

●포유류
멸종 위기 I A류(CR)
- 센가쿠섬두더지
- 다이토우섬과일박쥐
- 에라부과일박쥐
- 미야코작은관박쥐
- 양바루큰수염박쥐
- 대마도삵
- 일본수달
- 일본바다사자
- 등줄쥐
- 오키나와가시털쥐

멸종 위기 I B류(EN)
- 오리이땃쥐
- 오키나와작은관박쥐
- 야에야마작은관박쥐
- 긴꼬리수염박쥐
- 중국쇠큰수염박쥐
- 쇠큰수염박쥐
- 북해도쇠수염박쥐
- 검은쇠큰수염박쥐
- 혼슈아무르박쥐
- 숲집박쥐
- 생박쥐
- 목줄박쥐
- 작은멧박쥐
- 류큐긴가락박쥐
- 류큐뿔박쥐
- 이리오모테삵
- 엽전무늬물범
- 아마미가시털쥐
- 긴털쥐
- 아마미검은토끼

●조류
멸종 위기 I A류(CR)
- 치시마바다가마우지
- 황새
- 저어새
- 개리
- 다이토우섬솔개
- 관수리
- 청다리도요사촌
- 쇠부리도요
- 바다오리
- 바다쇠오리
- 에토피리카
- 수리부엉이
- 섬부엉이
- 오키나와딱따구리
- 세가락딱따구리
- 류큐붉은가슴울새
- 큰호랑지빠귀

멸종 위기 I B류(EN)
- 작은알바트로스
- 붉은발가다랑이잡이새
- 알락해오라기
- 큰덤불해오라기
- 혹부리오리
- 흰꼬리수리
- 오가사와라솔개
- 뿔매
- 검독수리
- 섬매
- 양바루물닭
- 치시마도요
- 넓적부리도요
- 아마미멧도요
- 장다리물떼새
- 붉은머리흑비둘기
- 요나쿠니흑비둘기
- 에메랄드비둘기
- 금눈올빼미
- 오스톤큰오색딱따구리
- 팔색조
- 모스케굴뚝새
- 큰개개비사촌
- 오가사와라방울새

●파충류
멸종 위기 I A류(CR)
- 이에야섬도마뱀사촌
- 키쿠자토계류뱀

멸종 위기 I B류(EN)
- 타이마이(바다거북)
- 얼룩도마뱀사촌
- 띠무늬도마뱀사촌
- 야마시나도마뱀사촌
- 지렁이뱀

●양서류
멸종 위기 I A류(CR)
- 아베도롱뇽

멸종 위기 I B류(EN)
- 호쿠리쿠도롱뇽
- 하쿠바도롱뇽
- 이시카와개구리
- 작은하나사키개구리

●어류(기수·담수)
멸종 위기 I A류(CR)
- 류큐은어
- 아리아케뱅어
- 아리아케실뱅어
- 왜몰개
- 소참붕어
- 미야코납자루
- 흰납줄개
- 납줄갱이
- 우라우치물통돔 등

'종의 보존법(멸종 위기에 있는 야생 동식물 종의 보존에 관한 법률)'에 기재되어 있는 동식물은 채집도 사육도 금지되어 있습니다.

■ 조수 보호에 관한 법률

일본에 있는 야생 동물과 야생 조류는 거의 모든 종이 채집 금지입니다. 물론 기르는 것도 불가능합니다. 참새, 너구리 등 기간을 정하여 허가제로 수렵을 할 수 있는 동물은 있지만, 사육 목적의 채집은 인정되지 않습니다. 특히 야생 조류는 채집하는 것도 사육하는 것도 금지되어 있다고 생각하는 편이 좋습니다.

흰뺨검둥오리도 포획·사육은 금지되어 있습니다.

■ 천연기념물

황새

우리나라와 일본에서 문화재 보호법에 의해 지정되어 있는 동식물 등입니다. 종 그 자체를 지정한 종 지정 천연기념물과 지역을 지정한 지역 지정 천연기념물이 있습니다. 특히 일본에서는 보호할 필요가 높은 것은 특별천연기념물로 지정하였습니다. 국가가 지정한 것 이외에도, 각 지방 자치 단체(도, 시, 군, 읍, 면 등)가 지정한 천연기념물도 있습니다. 모두 허가 없이 채집·사육하는 것은 금지되어 있습니다.

우리나라와 일본에서 종 자체를 지정한 천연기념물(일부)
- **곤충** (한국) 장수하늘소
  (일본) 황모시나비, 북방표범나비, 남방먹부전사촌나비, 오가사와라북방잠자리, 앞장다리풍뎅이 등
- **포유류** (한국) 수달, 사향노루, 하늘다람쥐, 반달가슴곰, 산양 등
  (일본) 이리오모테삵, 대마도삵, 긴털쥐, 겨울잠쥐, 케라마사슴, 아마미검은토끼 등
- **조류** (한국) 따오기, 크낙새, 저어새, 먹황새, 느시, 검독수리 등
  (일본) 참수리, 오키나와딱구리, 황새, 알바트로스, 단정학, 얀바루물닭, 섬부엉이 등
- **그 외** (한국) 어름치, 무태장어, 한강의 황쏘가리 등
  (일본) 장수도롱뇽, 일본장수도마뱀, 세마르상자거북, 오키나와산거북, 미야코납자루, 일본동자개 등

■ CITES(워싱턴 조약)

멸종 위험에 처해 있는 야생 동식물의 국제적 무역에 관한 조약입니다. 1973년에 미국의 워싱턴에서 채택되었기 때문에 '워싱턴 조약'이라고도 불립니다. 일반적으로 영어의 머리글자를 따서 'CITES'라고 합니다. 여기에 기재된 것은 일부 예외(인공적으로 번식한 것 등)를 제외하고, 채집도 사육도 할 수 없습니다. 특히 부속서 I에 기재되어 있는 대형 고양이과 동물이나 여우원숭이 등은 허가된 학술 목적 이외의 거래는 금지되어 있습니다. 부속서에는 다음과 같은 종이 기재되어 있습니다(일부).

- **곤충** 알렉산드리아새날개나비, 몰포나비 무리 등
- **포유류** 사자, 호랑이, 치타, 원숭이 무리 전 종, 과일박쥐 전 종, 멕시코토끼 등
- **조류** 수리·매 무리 전 종, 올빼미 무리 전 종, 벌새 무리 전 종 등
- **그 외** 장수도롱뇽 무리 전 종, 갈라파고스코끼리거북, 바다거북의 무리 전 종, 코모도도마뱀, 카멜레온 무리 전 종, 아시아알로와나 등

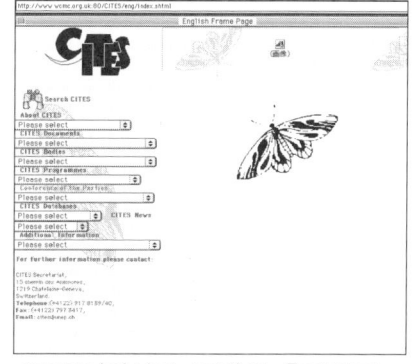

CITES(워싱턴 조약)의 홈페이지

■ IUCN 적색 목록

IUCN(국제자연보전연맹)이 발행하는 '멸종 위기 동식물 적색 목록'입니다. 책의 표지가 붉은색으로 되어 있어 '적색자료집'이라고도 불립니다. Ex(멸종), EW(야생 멸종), CR(멸종 위기 I A류=멸종 직전), EN(멸종 위기 I B류=멸종 위기), VU(멸종 위기 II류=위급) 등의 기준이 있습니다. CR은 가장 멸종이 염려되는 종으로서, 여우원숭이 무리, 한국호랑이(시베리아호랑이), 일본수달, 샴악어, 오가사와라과일박쥐 등이 포함되어 있습니다.
IUCN 목록 자체에는 법률적인 의미는 없지만, CITES 부속서와 일본 환경성의 목록은 IUCN의 것을 참고로 하여 결정되기 때문에, 여기에 기재된 종의 채집은 불가능하다고 생각하면 좋습니다.

IUCN의 홈페이지
IUCN(국제자연보전연맹)은 1948년에 유네스코 등의 지원을 받아 설립된 자연보호단체입니다. 스위스 글랜드에 본부가 있고, 한국에서는 환경부와 국립공원관리공단 등이, 일본에서는 국립공원협회 등이 가맹하고 있습니다.

흰오릭스(CR)

벵골호랑이 (EN)

 독이 있는 동물(독사, 독도마뱀), 크게 자라는 동물(악어, 비단뱀)의 사육에는 허가와 시설이 필요합니다.

찾아보기

ㄱ

가는줄무늬고둥	130
가면사슴벌레	19
가시땅거미	50
가재	112
갈색십자매	91
개	66
개구리	74·76
개미	26
개미귀신	36
거위	88
거위벌레	25
검독수리	144
검둥붉은발말똥게	114
검은배햄스터	56
검은툭눈금붕어	97·98
검정날개거위벌레	25
검정녹색부전나비	12
게(해수)	126
게아재비	43
게집게쌍이빨사슴벌레	19
겐고로붕어	102
고높은분지성게	122
고리뿔고둥	130
고슴도치	61
고양이	70
골든리트리버	66
골든햄스터	54·56
공벌레	48
관찰 일기 쓰는 방법	146
구피	106·110
국제자연보전연맹(IUCN)	165
국화하늘소	23
귀뚜라미	28
그리마	49
그린이구아나	84
그물우산해파리	120
극동귀뚜라미	28·29
금붕어	96
기름종개	104
긴꼬리제비나비	8
긴어금니톱사슴벌레	19
길앞잡이	35

ㄴ

꽃우산산호	123
나비꼬리붕어(접미붕어)	99
나팔성게	122
난주	99
남방노랑나비	11
남방부전나비	12
남방제비나비	9
남방차주머니나방	14·15
남생이	79
남생이무당벌레	25
남양쥐치	119
낮표스라소니거미	52
넓적배사마귀	33
네덜란드드워프	64
네온테트라	110
넵튠장수풍뎅이	18
노란줄무늬고둥	130
노랑나비	11
노랑쥐치	118
노랑초파리	35
논우렁이	116
높은머리진주붕어	99
뉴기니세뿔장수풍뎅이	18
늪거북	78
니고로붕어	102

ㄷ

다금붕어	98
다람쥐	60
단정붕어	99
단풍잎불가사리	121
달팽이	46·47
닭	86
닭새우	127
대왕넓적사슴벌레	19
더블소도텔	110
도롱뇽사촌	77
도롱이벌레	14
도마뱀	83
도마뱀붙이	82
도사금붕어	99
독일솔잎황금비단잉어(독일계송엽)	103
돌거북	79
돌고래	140·141
동금붕어	99
동물 병원의 일	160
두꺼비	76
두점박이긴눈집게	124
드워프구라미	111
드워프이집트마우스블루다	111
들풀거미	52
등빨간쌍이빨사슴벌레	19

ㄹ

래브라도리트리버	66
레포리누스·아피니스	110
렛키스	64
로보롭스키햄스터	56
롭이어	64

ㅁ

마우스(생쥐)	58
만두불가사리	121
말	138
말미잘	123
말씹조개	116
메기	105
메뚜기	30
명주잠자리	36
모대가리귀뚜라미	28·29
모르모트	57
모시조개	129
몽고야생말	138
무늬발게	126
무당벌레	24
문닫이거미	51
문어해파리	120
문조	91
물구나무해파리	120
물맴이	45
물방개	40
물자라	41

물장군 42	비단고둥사촌 130	십이흰점무당벌레 25
물총고기 110	비단잉어 103	십자매 90
물해파리 120	비둘기 89	쏠배감펭 118
미국가재 112	빨간꽃하늘소 23	
미국짧은털고양이 70	빨간비단잉어(적사) 103	**ㅇ**
미꾸라지 104	뼈고둥 130	아이유시엔(IUCN) 165
미니어처 닥스훈트 66	뾰족부전나비 12	아프리카코끼리 136
미시시피붉은귀거북 78		알락곰치 118
민물게(담수) 114	**ㅅ**	알락하늘소 23
민집게벌레 34	사마귀 32·33	양비둘기 89
밀잠자리 38	사슴벌레 20	에도비단금붕어 99
	사육에 관한 법률 164	에인절피시 111
ㅂ	사육 Q & A 150	엘레파스장수풍뎅이 18
박각시 13	사자 132	여덟팔불가사리 121
밤색줄무늬계란고둥 130	사쿠라문조 91	여덟혹먼지거미 52
방울벌레 29	사향제비나비 9	열대어 106·108
배추흰나비 10	산왕거미 52	염소 139
백문조 91	산제비나비 8	옆줄기름종개 104
백색레그혼 86	산팔랑나비 13	오리 88
범부전나비 12	산호 123	오색잉꼬 93
범하늘소 23	산호랑나비 9	올빼미 144
베타 106·107	살깃염낭거미 52	올챙이 75
별박이명주잠자리 36	새우(담수) 115	왕귀뚜라미 28·29
병아리 87	새우(해수) 127	왕넓적사슴벌레 19
부전나비 12	성게 122	왕물맴이 45
북방여치 31	성탑고둥 130	왕사마귀 32·33
분홍성게 122	세줄달팽이 46	왕사슴벌레 20·21
불가사리 121	소금쟁이 44	왕잠자리 39
붉은귀거북 78·79	소라 128	우렁이 116
붉은꼬리블랙잭 110	소라게 124	우치다가재 113
붉은등줄새우 127	소면집게 125	워싱턴 조약 165
붉은발말똥게 114	솔방울고둥 130	유금붕어 96·99
붉은배도롱뇽사촌 77	송사리 100	유럽깊은산사슴벌레 19
붉은불가사리 121	송장헤엄치개 45	유럽햄스터 56
붉은소도텔 110	쇠송사리 100·101	유리고둥 130
붉은카나리아 94	쇼와삼색비단잉어(소화삼색) 103	유리자리돔 118·119
붉은프라티 110	수리 144	육지거북 80
붕어 102	수채 38	은붕어 102
브라운디스커스 111	수포안붕어 98	은색솔잎비단잉어(은송엽) 103
블루구라미 106	수풀떠들썩팔랑나비 13	이구아나 84
블루글래스구피 110	시바견 66	일본가재 113
비글 66	시아이티이에스(CITES) 165	일본고추잠자리 39

167

일본도마뱀	83	**ㅊ**		**ㅍ**	
일본도마뱀붙이	82	차이니즈햄스터	56	파푸아은색사슴벌레	19
일본미꾸리	104	차주머니나방	14·15	팔랑나비	13
일본백색종	65	참개구리	76	페럿	62
일본비단잉어(대화금)	103	참나무하늘소	22	펭귄	143
일본왕개미	26·27	참집게	124	포메라니안	66
일본장지뱀	83	천연기념물	165	표범무늬거북	80
일본줄깡충거미	52	청개구리	74	표본 만들기	148
잉글리시스폿	65	청거북	78	푸른부전나비	12
잉꼬	92	청띠제비나비	8	푸른자리돔	118
잉어	102	청문붕어	99	푸른큰수리팔랑나비	13
		초파리	35	풀무치	30·31
ㅈ		추금붕어	99	풀잠자리	37
자이언트황색피라니아	108	친칠라	59	프레밋슈자이언트	64
작은녹색부전나비	12	칠레사슴벌레	19	프레임에인절피시	118
작은부리십자매	91	칠성무당벌레	24	피라니아	108·109
작은주홍부전나비	12			피사탑장수풍뎅이	18
잠자리의 애벌레	38	**ㅋ**			
장수측범잠자리	39	카나리아	94	**ㅎ**	
장수풍뎅이	16·17	카디널테트라	110	하늘소	22
장지뱀	83	칼라붓고둥	130	할리퀸	65
재첩	116	캘리코	98	하루샤고둥	130
잭댐프시	111	캠벨햄스터	56	해마	142
쟌가리언햄스터	56	켄타우루스장수풍뎅이	18	해수어(바닷물고기)	118
적색 목록(적색 자료)	164	코끼리	136·137	해파리	120
절인매실말미잘	123	코밋	98	햄스터	54·56
제비나비	8	코알라	134·135	헤라클레스장수풍뎅이	18
제주꼬마팔랑나비	13	코카서스장수풍뎅이	18	호랑거미	52
조개(담수)	116	크라운로치	111	호랑나비	6
조개(해수)	128	큰가시성게	122	호트	65
좀사마귀	33	큰귀고슴도치	61	혹불가사리	121
종꼬마거미	52	큰돌고래	140	홍단잉꼬	93
주문금붕어	98	큰바다사자	142	홍테무당벌레	25
줄녹색박각시	13	큰이십팔점박이무당벌레	25	화금붕어	96·97·98
줄점팔랑나비	13	큰줄흰나비	11	화란사자머리붕어	99
줄지렁이	49	큰청실잠자리	39	화방붕어	98
중국거위	88	키싱구라미	111	활모양뿔풍뎅이	18
중형 잉꼬	93			황금비단잉어(황금)	103
지금붕어	97·98	**ㅌ**		황금색사슴벌레	19
지렁이	49	토끼	64	훔볼트펭귄	143
진딧물	25	토종붕어	102	흰날개푸른수리	144
집비둘기	89	톱사슴벌레	21	흰띠제비나비	9
집토끼	64	트랜스루센트유리고양이	111	흰올빼미	144
징거미새우	115			흰점무늬빨간새우	127
				흰쥐	58

자연학습도감 사육과 관찰

2004년 4월 20일 1판1쇄 발행
2006년 6월 30일 1판3쇄 발행

펴낸이 문제천
펴낸곳 (주)은하수미디어
출판등록 제22-590호(2000. 7. 10)
주소 서울시 송파구 문정동 99-10
전화 (02)449-2701
팩스 (02)404-8768
홈페이지 http://www.ieunhasoo.com
한글인터넷주소 은하수미디어

총괄 이사 이보상
편집 책임 경영미
편집 진행 김현숙
디자인 이선원 정현숙 남주희
영업 책임 문제상
영업 김기만 구정남 한진희 박근식
제작 백현
원색 출력 원프로세스
인쇄·제본 영림인쇄
ISBN 89-7533-749-9   76490

Gakken's New Wide Illustrated Reference Books
"Breeding & Watching of Animals"
ⓒ GAKKEN 2000
All rights reserved.
First published in Japan 2000 by Gakken Co., Ltd.
Korean translation rights arranged with Gakken Co., Ltd.
through ShinWon Agency

이 책의 한국어판 저작권은 신원 에이전시를 통해 Gakken Co., Ltd.와의 독점 계약으로 (주)은하수미디어에 있습니다. 신저작권법에 의해 한국 내에서 보호를 받는 저작물이므로 무단 전재 및 무단 복제를 금합니다.

수서 생물을 기르기 위한 기구

수서 생물을 기르기 위해서는 각각의 생물에 맞는 환경을 만들어 줘야 합니다. 많은 기구 가운데 알맞은 것을 선택하고 기구의 올바른 사용법을 기억해 두도록 합니다.

● **수조** 생물의 크기랑 마리 수에 따라 수조의 크기를 결정합니다.

30cm 수조
수서 곤충이나 청개구리 등의 작은 생물을 기릅니다.

45cm 수조
미국가재라면 1마리, 금붕어라면 10마리 정도를 기를 수 있습니다.

60cm 수조
작은 잉어와 붕어, 열대어, 작은 바닷물고기, 2~3마리의 해파리 등을 기를 수가 있습니다.

● **전등** 일반적으로 수조의 너비에 맞는 것을 사용하지만 수조에 유리로 된 뚜껑을 하면 수조보다 작은 것도 사용할 수가 있습니다. 전등은 수조 속을 아름답게 보여 주거나, 수초의 광합성에 도움을 줍니다.

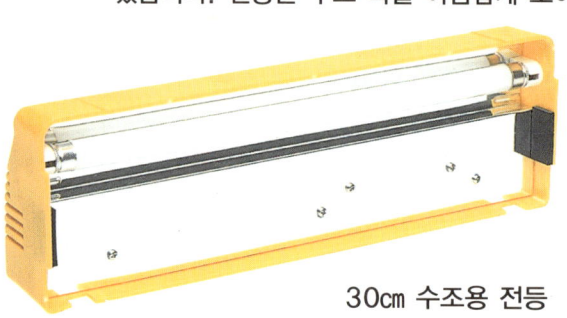
30cm 수조용 전등
30cm 수조, 그 이상의 수조에서도 작은 자외선 전등을 사용할 때에는 편리합니다.

60cm 수조용 전등
60cm 수조에 가장 잘 맞습니다. 2개의 형광등을 장착할 수 있기 때문에, 1개는 보통 형광등, 또 하나는 자외선이 나오는 형광등(블랙 라이트)을 장착할 수가 있습니다.

● **히터** 수서 생물에게 있어 수온의 관리는 대단히 중요합니다. 종류에 따라 히터가 필요합니다.

자동 온도계 부착 히터
자동 온도계 스위치
히터 부분

수온을 항상 안정시키는 데 필요한 것이 자동 온도계 부착 히터입니다. 기르는 생물에 적합한 수온을 설정할 수가 있으며, 수온이 내려가면 히터의 스위치가 작동하고, 온도가 높으면 전력을 자동으로 끊어 줍니다.

● **바닷물 생물 상품**

바닷물고기나 바다에 사는 게, 새우, 성게, 불가사리 등의 사육에 없어서는 안 될 상품이 인공 바닷물입니다. 많은 인공 바닷물이 판매되고 있기 때문에, 만드는 법을 읽고, 정확한 분량을 만들도록 합니다. 또한 정확한 농도의 바닷물이 만들어졌는가를 점검할 수 있는 비중계도 잊지 말고 준비해 둡니다.

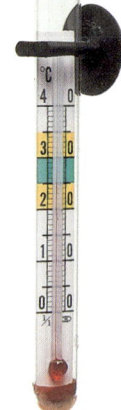
수온계
수온을 점검하는 데 필요합니다.

인공 바닷물　**비중계**